Le destin d'Ina

Le destin d'Ina

" Dans la douce confiance de la vérité "

Tony Hemery

Table des matières

Prologue

Lorsqu'il parle aux esprits, sa voix se perd dans le silence… Le vide lui fait peur, alors il se raccroche à ses croyances pour ne pas s'égarer. L'esprit questionne et ouvre les chemins du possible ; il cherche, tâtonne… mais, par la force incessante, il lutte et s'épuise. Délaissé, il croit se perdre et abandonne. C'est à ce moment que la mémoire se délivre et que s'ouvre la vision sur ce monde tant désiré. Subitement, la lumière se fait, la présence change sa perception. Ce qu'il a cru n'existe plus, à cet instant, il sait. Lorsqu'il est habité, l'Homme ressent son pouvoir, tout devient accessible, le voile tombe, il est comblé de vérités. Ainsi rempli, le cœur confiant se transforme et libère cette joie qu'il pensait oubliée. Maintenant, il est vivant, tout prend sens. D'ici, il voit le passé, le présent et le futur. L'espace et le temps sont réunis dans sa conscience, il découvre un monde infini : tout est là ! Ainsi ouvert et uni, l'Homme, maître de sa vie, contemple l'issue de sa quête. Au fond de lui, advient cet instant de liberté dans lequel l'imperceptible ne demande qu'à scintiller, se laisser aller le révèle au grand jour : voilà la clef ! Il est l'éclat initial.

Avant de rejoindre la mémoire commune des Hommes, maintenant, mon corps éreinté de tant d'années m'abandonne à son tour. Au creux de ma main se tient celle de la fille de mon fils : " Ton cœur innocent gardera mes dernières paroles. Avant que ne s'échappe la flamme de mon regard, mon esprit te livrera les secrets de l'infini pouvoir. Après cette épreuve, ta naïveté s'évaporera pour laisser place à ce que ton cœur ne peut comprendre immédiatement et lentement, tu distilleras cette expérience. Puis, à ton tour, tu ouvriras ton esprit à des questions ; tu entreprendras le voyage que chaque Homme parcourt, parfois, jusqu'à s'éprouver... Puis, viendra le moment où tu comprendras qu'il n'y a rien à comprendre, simplement à expérimenter avec l'essence de vie. Chacun de tes pas laissera un signe de ma présence. Au plus profond de toi, même dans ta solitude, je serai là. ".

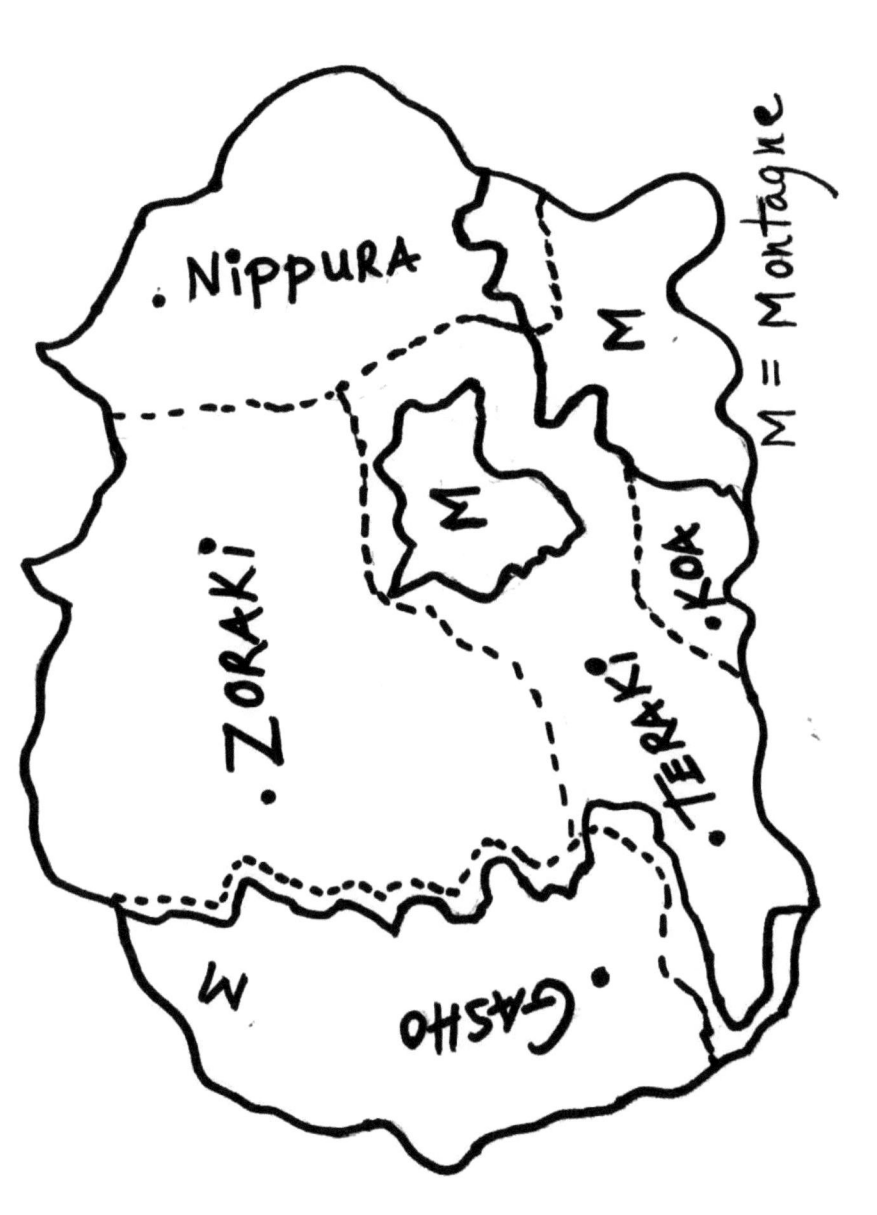

NIPPURA

M

ZORAKI

M

TERAKI

KOA

GASHO

M = Montagne

Lorsque le destin s'impose...

« Lorsque la confiance habitera votre cœur et que vous connaîtrez votre vérité intérieure, alors votre destin commencera ! ».

La première nuit loin de ma demeure fut marquée par l'homme au visage sombre et la peur qu'il engendra immédiatement en moi. L'administrateur se présenta devant mon père et d'un geste assuré, il sortit de sa ceinture un rouleau avant de commencer à présenter son organisation. Puis, hâtivement, en vint aux membres de ma famille, avant de conclure que ceux-ci autorisaient à saisir l'enfant dénommée Ina Isora Koä pour le bien de l'administration. Les jours précédents, mes parents m'avaient expliqué qu'un représentant viendrait et que je devrais le suivre : ce jour-là est arrivé !
Être choisie par la Demeure Blanche est honorable pour la famille, j'y serai bien éduquée. Ils avaient consulté les ancêtres à ce sujet qui leur avaient annoncé que j'étais destinée au service de l'administration ou d'un temple, sans y connaître de grandes souffrances et ce fut le cas ! Mais, je ne comprenais pas, c'était tellement soudain... Le regard apeuré, mes deux jeunes sœurs assistaient impuissantes à mon enlèvement, pendant que je montais dans la carriole. À l'intérieur, six jeunes filles assises m'attendaient, figées comme des statues, leur attitude n'avait rien de rassurant. Nos voiles respectifs nous empêchaient de nous reconnaître et l'obscurité ambiante maquillait tout repère. Nous empruntions la grande allée d'arbres dont même leurs ombres avaient disparu. C'est à ce moment que je fis connaissance avec celle qui s'imposait en moi : l'angoissante incertitude, comme une ombre lourde dans un vide immense obstruant soudainement le passage de la lumière. Dans l'incompréhension, je restais béate, arrachée de

mon village, ma maison, ma famille... je n'étais plus rien. Peu de temps après, une des six jeunes filles racla sa gorge, je reconnus la voie de Kimaë : Je n'étais plus complètement seule. La première rencontre se déroula dans une pièce éclairée par des bougies où nous attendaient trois femmes. L'une d'elles nous dirigea jusqu'à un long paravent. Je restais devant un moment et remarquais qu'il comportait de discrètes ouvertures. Derrière le paravent, sur le sol de lattes vernies, des pas glissaient : nous étions observées... L'instant d'après, nous sortions pour emprunter la grande place en marbre blanc qui menait jusqu'à la Demeure Blanche. À l'entrée, se trouvaient des sentinelles de femmes postées et figées, le regard sévère. Habillées d'une longue tenue noire, elles tenaient une lance bien plus haute que moi : A cet âge, j'étais impressionnée. L'homme au visage sombre s'arrêta ici. Nous suivions maintenant les femmes jusqu'à une dame en robe blanche, garnie d'une haute coiffe formant deux sphères au-dessus de sa tête. À sa hauteur, les trois jeunes filles s'inclinèrent, nous fîmes de même. La dame en robe blanche prit alors la parole : « Bienvenue dans la demeure de Maharisha ! Ici vos pieds se posent dans l'incertitude. Ils se reposeront à cet endroit lorsque la confiance habitera votre cœur et que vous éprouverez votre vérité intérieure, alors votre destin commencera ! ».

Maharisha

« Dans la douce confiance de la vérité. ».

S'il y a une personne de qui j'aime parler, c'est bien de Maharisha ; son talent s'est exprimé dans les contrées les plus éloignées, mais l'essence de son rêve, elle l'a puisé sur les terres de mon village. D'après la légende, la première fois que Maharisha a posé son pied divin, c'était à Koä, mon pied a suivi son empreinte. Cela nous rapproche encore, probablement est-elle même de ma lignée familiale. C'est ce que se plaisait à me chuchoter ma mère, m'assurant que notre vieille famille s'est aguerrie de ces premières racines à Koä. Mon grand-père disait que nous sommes là depuis toujours. Mais le plus important, c'est que depuis mon premier âge, elle habite en moi et je vis à travers elle. Maharisha donne réponse à tout, il suffit que je me confie et j'eus bien des occasions de le faire pour sentir sa présence rassurante.

Maharisha possède un tel pouvoir, que sa tête est à la hauteur de celle des dieux créateurs. De son œuvre, l'histoire relate que les terres les plus proches et les plus éloignées étaient en guerre, car les dieux divisés entre eux ne s'entendaient pas sur leurs territoires. Maharisha aurait alors usé d'un doux langage de vérité et au dernier mot prononcé, les créateurs désemparés devant l'évidence arrêtèrent immédiatement la guerre. Elle ajouta ensuite que lorsque l'esprit de douceur reprendrait place dans le cœur des créateurs, encore sous l'emprise de la colère, elle pourrait enfin choisir celui qui serait le père d'un fils des cieux. La déesse avait aussi ses charmes, et ceux-ci étaient chargés de lumière : ils enveloppaient son corps céleste d'une telle intensité que les créateurs ne pouvaient jamais l'apercevoir entièrement. L'attention des créateurs en était accrue et légèrement, leur cœur rigide se fissura. Cette brèche permit au désir d'émerger de leur profondeur, il s'y nidifia si solidement que l'instant d'après, devant cette beauté, que même leurs yeux divins ne pouvaient saisir, les créateurs se proposèrent comme géniteurs. Maharisha avait ce souhait : celui d'enfanter. En tant que déesse, la raison aurait abandonné ce projet, mais son cœur n'avait pas choisi ce chemin : il chérissait au plus profond d'elle le rapprochement de la chair, sentir le bonheur que ses bras s'affectionnent d'un être sans défense. Elle souhaitait accompagner le regard émerveillé de l'enfant qui s'ouvre à la vie. Cela, Maharisha le désirait plus que tout depuis longtemps. Dans cet élan, des pensées d'amour maternel traversaient son esprit, elle se délectait déjà de les vivre. Son corps vibrait lui aussi pour cette aventure. Elle se sentait mère, mère pour tous certes, mais à cet instant, ces pensées l'appelaient vers un amour tourné vers son futur descendant. Aussi, Maharisha rencontrait ses propres difficultés : elle n'avait jamais connu l'amour maternel. Du ciel, admirative, elle enviait le regard attendri d'une mère posée sur son enfant et les sentiments de plénitude qui habitent le cœur lorsque le bambin accomplit ses premiers exploits. Même si elle sondait parfaitement le cœur des Hommes, le sien restait chargé d'ignorance. Elle se dit que cette incertitude prenait naissance de son manque d'expérience. Cependant, l'adage des dieux est bien le pouvoir et elle pouvait facilement remédier à cela : il lui suffirait de prendre possession du prochain enfant qui naîtrait. Dans son village préféré, elle n'y avait vu aucune mauvaise mère. C'est à cet endroit qu'elle vivrait à son tour la joie de la naissance et accomplirait elle aussi plus tard, un destin de femme. Maharisha savait aussi que rien ne devrait troubler cette aventure et qu'une fois dans l'enfant, elle ne pourrait ni user de pouvoirs magiques, ni changer le cours d'un seul destin. Elle devrait donc attendre et vivre une simple vie jusqu'à ce que le corps qu'elle emprunterait use sa dernière goutte de vie. Elle demanda aux créateurs que dans le village de Koä, aucune guerre n'éclate. Bien sûr ! Les créateurs, déjà sous le charme, se proposèrent de mener à terme son souhait ; mais ils doutaient de pouvoir la reconnaître parmi les autres enfants. Prévoyante, Maharisha userait de son pouvoir : elle cacherait dans l'enfant qu'elle emprunterait un secret qu'aucun Homme ne pourrait voir, seuls les dieux auraient ce privilège. Au moment venu, de son index, elle saisirait un éclat divin et le glisserait a doucement jusqu'au plus profond du cœur du nouveau-né avant de l'intégrer. Mais les créateurs ont aussi leurs faiblesses, Maharisha se nourrissait d'impatience et oublia deux détails essentiels : le premier, c'est que les Hommes dans leurs difficultés entretiennent aussi l'esprit de solidarité et du partage et lorsqu'elle serait femme et voudrait enfanter à son tour, son cœur par moments s'ouvrirait et certains Hommes sensibles pourraient voir cet éclat brillant. Ce qu'elle avait oublié aussi, c'est que l'Homme dans son effort de vie, donne le meilleur à ses enfants et c'est justement ce qu'elle ferait en partageant avec le sien sa lumière. Ainsi, l'Homme sage tirerait un sérieux bénéfice sur sa condition humaine.

Le pouvoir du verbe

« Lorsque le temps est venu, l'eau déborde et s'échappe déjà... Ce qui voulait encore la retenir n'est plus. Dans la douce confiance de cette vérité, de même au temps venu, les pas d'Ina reviendront jusqu'à moi. ».

Ce premier soir, puis chaque soir, avant le coucher et au réveil, j'ai appliqué l'usage du verbe afin d'accompagner le chemin de la vie par l'intention. Cette expérience libératrice m'apportait le réconfort dont j'avais le plus besoin à cet instant. Les jours précédant mon départ, je conversais souvent avec ma mère, elle me préparait « au monde » comme elle disait. Déjà immergée dans l'inconnu, je me raccrochais à ses mots.

« L'énergie donne vie et ouvre le chemin du possible à tout ce qui existe. Pour l'Homme, elle nourrit les fonctions du corps et lui permet de grandir en force, se mouvoir, afin de s'adapter à son environnement. Mais ce n'est pas tout ! Elle nourrit aussi les pensées, les rêves… Elle te permet de croire et de réaliser ce qui initialement ne l'était pas par des voies connues. Son pouvoir est immense et pourtant, elle reste insaisissable : nul ne peut la contenir dans un bocal, c'est pourquoi le monde a besoin de toi. Lorsque tu donnes ce pouvoir, tu es le bocal et sers les projets et les rêves du monde. Si tu n'y prends pas garde, tu deviendras ce monde jusqu'à oublier ce que tu es profondément. Ce qui t'entoure cherchera souvent à s'approprier ton temps, soit en te l'imposant, soit par la collaboration. Que ce soit par un travail imposé ou l'occupation de ton esprit, l'objectif réel est de s'emparer de ton énergie vitale à son propre intérêt. Par les projets qu'il sert, le monde te fera souvent perdre le fil de ton destin : Il déstabilisera tes pensées, en t'installant dans des croyances. Ne sous-estime jamais le pouvoir et la générosité de l'énergie de vie, car c'est la seule qui te donnera sans mesure, c'est la seule qui peut changer le désespoir en espoir, l'impossible en possible. Ma fille, tu es maintenant livrée au monde sans aucun choix, de même que les tiens seront limités par la cause que tu serviras. Rappelle-toi Ina que la seule cause que tu peux servir est ta propre source, ce n'est pas celle dont on te parlera, ni celle qui te demandera : C'est celle qui est en toi. Lorsque tu prendras le temps de remonter jusqu'à elle, personne ne la connaîtra mieux que toi, c'est ton lieu de refuge. Afin de comprendre et dépasser tes épreuves, tu serviras l'esprit de justice et de liberté. Parfois, ce monde te fera perdre l'équilibre, mais afin de te préserver, la source t'accordera un pouvoir : celui du verbe. C'est l'alliance entre toi et ton créateur, lorsque les deux se réunissent, l'énergie de vie est là. Le pouvoir du verbe est ton lien avec le grand esprit de vie. Avec lui, tu pourras changer ce que le monde tentera de t'imposer dans ces choix, parfois les plus fous. Accompagnée de l'énergie de vie, que tes pas soient dirigés vers ce que tu souhaites atteindre. Le pouvoir du verbe sera ton meilleur allié. Comme je te l'ai appris, accorde-toi un temps chaque soir à donner un nouveau sens par le verbe à ce que le monde et ses croyances pourraient imposer à ton esprit. Au fond de moi vivent des peurs, celle de ne pas te revoir, comme beaucoup de jeunes filles qui s'éloignent de la terre de leurs ancêtres. Mon esprit est aussi chargé de cette culpabilité à laquelle je ne peux me soustraire, celle de te livrer à l'administration. Face à ces dilemmes, il convient de rediriger l'esprit afin que s'ouvre un chemin qui apaise le cœur et que les voies de la création œuvrent dans notre sens. ». Ma mère traça alors le symbole de l'éclat initial et à partir de son centre remonta le long de la direction jusqu'au grand cercle en affirmant : « Lorsque le temps est venu, l'eau déborde et s'échappe déjà… Ce qui voulait encore la retenir n'est plus. Dans la douce confiance de cette vérité, de même, au temps venu, les pas d'Ina reviendront jusqu'à moi. Je fais ce vœu avec toi Ina et répéterai cette phrase chaque jour jusqu'à ton retour avec l'éclat d'accomplissement. »

La présentation

« La vie offre des matières, le talent les transforme en trésors. ».

La première journée, toutes les habitantes de la Demeure Blanche s'étaient réunies dans la grande salle principale afin de faire les présentations avec les nouvelles prétendantes, c'est-à-dire : nous.
Une centaine de prétendantes cohabitaient, une trentaine y était à demeure et parfois certaines revenaient pour y finir leurs

jours. On les nommait ainsi, ce sont les « élevées » à la Demeure Blanche. Les prétendantes ayant fini leur apprentissage étaient vendues selon leurs spécialités et leurs qualités. C'est aussi ce que j'allais devenir... mais à cet âge, je n'en avais pas encore conscience.

Chacune portait une tenue distincte selon sa fonction ; les femmes d'administrations et d'aménagements s'habillaient en noir, ou en bleu lorsqu'elles travaillaient aux jardins. La couleur ocre rouge était réservée aux artisanes, chacune en changeait selon ses activités. Elles pouvaient tout aussi bien travailler la poterie le matin et finir l'après-midi à l'administration ou aux tâches collectives ; ce qui était fréquent avec les jardins immenses et les champs de cultures.

On nous expliqua comment se déroulerait la première saison, nous devions acquérir des savoir-faire de fabrications manuelles qui comprenaient ce que chacune aurait à utiliser régulièrement : ustensiles de cuisine, couverts, bols, jusqu'aux vêtements, chaussures... Pratiquement tout ce que nous utiliserions durant notre instruction serait fabriqué de nos mains. Les tissus, les cuirs, le bois, le métal, la poterie et les ustensiles d'études : les façonnages deviendraient notre savoir-faire. L'enseignement se porterait aussi sur les sciences de la vie afin d'être particulièrement bien adaptée au monde extérieur : être formée à la Demeure Blanche avait un avantage certain. Lorsqu'une prétendante avait fini son instruction, elle pouvait accéder aux plus hautes fonctions dans l'administration : servir un temple, être choisie par un riche marchand ou même un seigneur...

Deux prétendantes aidèrent une femme âgée à prendre place parmi nous, elles l'assirent sur un petit banc. À première vue, la vieille femme paraissait n'avoir aucune fonction ; ces pointes de cheveux épars donnaient l'impression d'un halo translucide autour de sa tête, elle me faisait un peu peur. Comme un objet exposé, elle restait immobile. Mes yeux oscillaient vers elle durant toute la cérémonie.

Lorsque tout le monde fut installé, Hirosha prit alors la parole : « Au début, une immense étendue d'eau limpide, entière et sans mouvement : elle est tout ce qui est. Sans début, ni fin, aucune partie d'elle ne se trouve éloignée. De l'infiniment petit au plus immense, la même présence est imprégnée. Une goutte d'eau vit à l'intérieur, elle se plaît à regarder le cœur de l'eau qui la nourrit ; il n'y a aucune différence entre son cœur et celui de l'infinie étendue. Plus haut, une lueur attire son attention. D'où cela peut-il venir ? Le moins dense s'éloigne du centre et remonte à la surface ; en regardant encore, elle s'aperçoit alors qu'elle s'en rapproche. Au contact avec l'extérieur, une douce chaleur la balance. Légère et portée par les hauteurs du céleste, le regard vers la lumière l'entraîne toujours plus haut ; elle s'évapore jusqu'à devenir aussi légère que l'air qui la porte, s'élève jusqu'à oublier qu'elle a été une goutte d'eau. Comme toutes celles qui ont fait le même voyage, elle se laissera porter par le vent avant de retomber dans l'eau afin de se fondre à nouveau. Poursuivra-t-elle son voyage en glissant le long d'une tige humide, à moins qu'elle ne rebondisse sur une roche solide avant d'être absorbée par le champ ? Au fil de son périple, elle goûte des saveurs, s'imprègne des couleurs rencontrées et partage aussi un peu de sa substance. Après de multiples aventures, elle retrouvera cette immense étendue d'eau. Chaque goutte est consacrée à son destin, du sombre au clair, elle change au contact de ce qu'elle rencontre. Toute nouvelle relation laisse des empreintes, parfois jusqu'à la changer complètement. Il en est de même pour chaque chose qui vit… jusqu'à nous. De cette salle, nous venons tous de cette source fondamentale. Pourtant, même si nous nous ressemblons, l'expérience de nos ancêtres a façonné cette singularité : ce sont les trésors que chacun porte en soi. Comme cette goutte d'eau, durant notre cheminement et parfois jusqu'à l'égarement, nous vivons différentes vies. La Demeure ouvre l'esprit et offre les clefs pour se forger à la vie. Lorsque vous sortirez, vous serez aussi confrontées à la connaissance et à l'ignorance de ce qui vous entoure ; ce sera sûrement le plus difficile. À cela, vous vous adapterez : Votre éducation et votre expérience vous y aideront. Les sciences vous ouvriront à la forme qui vous entoure, mais la connaissance sans expérience est vaine. Aussi, vous pratiquerez les activités manuelles afin de développer votre agilité, c'est ainsi que le corps et l'esprit s'associeront. Si vous souhaitez comprendre ce qui vous entoure, la Demeure ouvrira votre conscience, enrichira votre regard et vous rapprochera de votre présence intérieure. Tout est là : la relation entre vous et ce qui vous entoure afin de comprendre profondément votre nature. ».

De l'extérieur, les hauts murs blancs cachaient bien ses trésors. À l'intérieur, une vie autonome vibrait d'intensité. Les trois premières journées s'annonçaient plutôt bien, nous devions visiter librement l'étendue de la demeure. Les espaces de l'entrée principale offraient des jardins géométriques, fleuris de multiples couleurs. Sur la gauche ; les bâtisses de stockage, les jardins et les vergers. Plus bas, sur la droite, le long du chemin qui menait au bois se trouvaient les ateliers du bois, de la terre, du métal, du cuir et du tissu… En surplomb, cohabitaient les champs de cultures, les étables et les animaux domestiques. Au plus loin, j'apercevais encore une grande forêt. Certaines des nouvelles arrivantes restaient à contempler les tissus ou regardaient les pots de terre prendre forme dans les mains expertes des artisanes, alors que d'autres exploraient les jardins. Je me pliais au jeu de la découverte. Chaque spécialité exprimait devant nos yeux les savoirs faire dont nous avait parlé Hirosha : « La vie offre des matières, le talent les transforme en trésors». Aux étages, se trouvaient l'administration et les salles d'enseignements où j'accédais afin de contempler ce panorama. De cette hauteur, derrière la forêt, j'apercevais un temple blanc…

L'esprit sans demeure

« L'esprit n'a pas de demeure, il est la demeure. ».

Au troisième jour, j'avais fait le tour de ce qu'il y avait à voir, mais quelque chose m'intriguait : Inlassablement, mon corps me dirigeait vers cette vieille femme immobile. Je ne savais pas ce qu'elle faisait là, assise, comme une aveugle fixant le vide.

- Dis-moi jeune fille, je te vois passer, me regarder et repasser en essayant de ne pas faire de bruit, mais tu peux aussi t'arrêter : Que souhaites-tu savoir ?

- Je ne sais pas, je ne sais pas pourquoi je passe…

Surprise dans ma curiosité, je ne pensais pas qu'elle me voyait. Sans en connaître la raison, j'étais attirée par elle, mais aussi, elle m'intimidait.

- C'est déjà une bonne chose, ne pas savoir est le premier pas vers l'interrogation, celle-ci t'oblige à emprunter le même chemin. Peut-être pourrais-tu t'arrêter afin d'en comprendre davantage la raison, ainsi, ferais-tu bien moins d'efforts ?

Je ne savais pas quoi répondre et commençais par me présenter : « Je suis Ina… ». Elle tentait de me mettre à l'aise.

- Mon cœur est rempli de joie de te connaître, je suis Mossi. As-tu trouvé ton bonheur parmi tout ce que tu as vu ?

- Il y a tellement à connaître que je ne sais vers où me tourner : tout me plaît. Je suis allé jusqu'au Temple Blanc, mais je ne suis pas rentré.

- Tu expérimentes, puis finalement ton cœur te dirige vers ce qui lui donne du plaisir, laisse-toi le temps…

- Tu t'occupes du Temple ?

- C'est un peu ça, je suis ce que nous appelons une emora.

Je connaissais les emoras : elles sont consacrées au Temple, la déesse Maharisha parle à travers elles. À Koä, cette croyance fait partie de notre village, nous parlons à Maharisha pour lui exprimer nos joies ou donner un sens à ce qui pèse. Comme une confidente intime, je ressentais sa présence. Prise d'un élan, ma bouche se délia.

- Je fais cela aussi !

- Ah bon, tu fais aussi cela ! Demain, je resterai au Temple toute la journée, si tu viens me voir, nous pourrons lui parler ensemble.

Je me sentais gênée de parler à Maharisha avec la vieille dame comme je le faisais avec Kimaë ou ma mère. Mais plus je la regardais, plus je ressentais une familiarité entre nous, une retrouvaille... Je connaissais l'esprit de son cœur, mais c'est le corps que je ne reconnaissais pas. Voilà pourquoi mon regard était attiré par elle, comme si je cherchais à la retrouver.

- Ma mère m'enseignait souvent sur les esprits des Hommes, ils sont sculptés dans le jardin du temple de Maharisha. Ce sont tous les visages que Maharisha a rencontrés lors de son incarnation. Je suis née à côté du temple où est née Maharisha. Ma mère y allume les encens du matin, j'aimais l'aider pour entretenir le temple. Lorsque tout était fini, les ablutions commençaient, ensuite nous parlions avec Maharisha...

- Connaître ces esprits, c'est connaître les esprits de tout ce qui nous entoure. Libre des esprits humains et de ses tracasseries se trouve l'esprit silencieux, celui que Maharisha a transmis aux Hommes : elle est le lien entre nous et le monde des divinités. Tu en sais déjà beaucoup ! Maharisha connaît le chemin jusqu'au cœur de chacun, elle t'a déjà choisie depuis longtemps...

Comme pour justifier cette marque de confiance, mon corps se redressa, prit une profonde inspiration, puis baissait la tête en signe de remerciement. Juste après, elle ajouta : « Depuis trois jours, j'attends ici une prétendante, mais maintenant je te vois. Je te connais déjà, et je voulais voir ton nouveau visage de près, tu es toute mignonne et tu possèdes déjà cette droiture. ». Elle tâtait mon avant-bras en ajoutant : « Nous avons souvent marché ensemble sur le chemin de la vie, parfois longtemps, d'autres moins lorsque le destin nous rappelait. Cette essence douce et profonde, de vies en vies, tu la portes en toi. Dès ton arrivée, je t'avais déjà reconnu parmi toutes grâce à elle, mais tu devais te présenter à moi. Mes visions me voyaient assise ici, c'est là que devait se faire notre rencontre, alors j'y suis depuis ce temps... Je te voyais me parler des visages de Maharisha, et voilà ma réponse. Depuis tes premiers pas, tu as parcouru ces visages, tu dois maintenant bien en apprécier chacun. ».

Depuis le jour où je l'avais rencontré, je n'avais fait que passer autour d'elle, sans savoir comment m'approcher pour m'arrêter, ni pourquoi je devais le faire : alors je tournais. Maintenant, j'étais tout près d'elle, et naturellement, je voulais lui parler. Comme un intermède du temps duquel jaillit une vie d'un autre temps à un autre lieu... Ne sachant que répondre, comme une leçon si bien apprise, je continuais d'expliquer ce que je savais.

- Les mille et un visages... Le premier est vide, c'est le visage illuminé de Maharisha, puis viennent les visages de la douceur, la joie, la tristesse, la colère... jusqu'aux mille visages. J'ai encore du mal à comprendre que tous les visages de Maharisha habitent chacun.

- Chacun porte ses mémoires et résonne avec elle. Observer les esprits qui habitent la présence humaine révèle progressivement leurs caractères, leurs potentiels et leurs limites. Plus l'approche est naturelle et plus ils se sentent entendus et respectés. Lorsqu'ils se présentent et que nous les accueillons, le partage a lieu : le cœur ouvert, les secrets se dévoilent... L'objectivité ouvre les profondeurs, celles des douleurs des corps, parfois jusqu'à arracher la chair, mais aussi celles qui réunissent l'être en un instant ; le contentement suprême... jusqu'à l'illumination libérant d'immenses joies. À cet instant, si la vie nous reprenait, nous partirions le cœur confiant d'être accomplis.

- Tous ces esprits vivent en nous : les rencontrer nous rapproche de notre nature silencieuse. Ma mère m'a dit que nous venons les chercher pour vivre avec eux dans la lumière.

- La présence humaine est la présence de l'incarnation, nos racines. Elle est en lien avec les masques, les esprits qui nous habitent afin d'être reliés à l'esprit de la terre. Lorsque nous rencontrons une personne, le premier ressenti prend naissance : c'est la trace de la présence humaine. Lorsque nous ressentons quelque chose de nous, que nous le jugeons bon ou mauvais, tranquille, agité ou joyeux ou même triste… nous expérimentons la trace de la présence humaine.

- Il n'est pas toujours aisé de les différencier les unes des autres. La présence silencieuse est tellement fine et pourtant, elle révèle l'immensité.

- Ce que tu me décris peut demander une longue observation ou même plusieurs vies, afin que se révèle la présence silencieuse au-delà de la présence humaine. Pour ce voyage, nous avons l'avantage du temps. Des vies nous en rapprochent, d'autres nous en éloignent… On ne peut la voir, la toucher ou la sentir, mais on peut savoir que l'on voit, que l'on touche, que l'on entend et que l'on sent. On peut se déplacer à l'intérieur de soi, la présence silencieuse ne laisse pas d'empreinte, car elle est au-delà de la forme.

- Ma mère me disait que la vie nous entraîne à travers différents masques, mais que l'essentiel est celui de Maharisha, il n'en comporte aucun et il existe en chacun : c'est l'éclat de vie initial. Elle m'a dit aussi que lorsqu'elle était encore jeune, cette présence s'est révélée en elle. À partir de ce jour-là, sa vision du monde a changé, elle en a ressenti une grande force et comprenait la vie de chaque chose, de la plus grande à la plus petite, depuis, elle en a découvert une profonde sagesse.

- Les expériences de la vie peuvent nous éloigner ou nous rapprocher de ce ressenti : c'est l'initial de chacun. L'esprit de recherche et d'effort est inutile, il ne suffit que d'être présent dans l'instant. Il est au-delà de la création, c'est celui de l'abondance initiale. Nul besoin de la regarder, car elle est elle-même ce regard. Ce corps a des besoins et alimente aussi l'illusion de séparation avec la conscience, jusqu'à la pensée qui frôle la perfection dans ce domaine. Nous croyons être nos pensées, ce qui est vrai bien sûr, mais n'oublions pas que nous sommes nos pensées autant que nous ne le sommes pas. Au-delà, immuable, se trouve la présence silencieuse. Au-delà de l'empreinte de la terre, dans toutes ses sensations, le jeu de la vie se déroule devant elle. Être proche de la présence silencieuse n'a pas vocation à se libérer de tout, mais tout au moins à ne pas s'y confondre, ni accomplir d'actes sans notre consentement profond. L'esprit de séparation s'insinue dans l'esprit du corps et lui fait croire qu'il en est toujours proche ou éloigné. L'esprit du corps finira par se préoccuper, dans une recherche incessante, elle provoquera de la peur dans ce qu'il doit réaliser ou ce qu'il va devenir. Les croyances dans la dualité nourrissent les racines de l'humanité : c'est le monde d'expérimentation de la séparation. Intégrer la présence c'est retrouver le silence, la liberté au-delà des peurs, sa vérité.

Ma rencontre avec Mossi était un cadeau merveilleux, je venais déjà de grandir. Sur le moment, je ne comprenais pas tout ce qu'elle me disait, mais une partie de moi y adhérait, comme évidence immédiate.

Je suis...

Ici et au-delà tout est là.
Je suis la présence silencieuse,
l'énergie de vie manifeste le
génie.

Par l'éclat initial,
le cœur uni à l'élan, l'esprit
éclaire les pas.

Par l'éclat de vérité,
Je perçois l'esprit de la vie en
chaque chose.

Par l'éclat de compréhension,

L'évidence libère la vision.
L'invisible devient clair, le
confus se précise.

Par l'éclat d'accomplissement,
le pouvoir du verbe révèle le
destin.

Je suis le chemin et la
demeure,
ici et au-delà, Je suis là.

Les esprits de l'être

« L'être que nous regardons révèle différents visages, ce sont les esprits de l'être. L'esprit exprime son histoire et l'art de l'acuité permet d'en révéler la nature profonde. ».

S'ouvrir au monde laisse une saveur : qu'elle soit inconnue ou reconnue, elle interpelle avant d'être rejetée, apprivoisée ou ignorée. Qu'elle soit attirante, répugnante, à son contact, notre profondeur s'imprègne de son goût. L'impalpable n'a pas de limite, l'expérimenter et le reconnaître dans l'Homme est une aventure si riche que le découvrir, pas à pas, est source de révélations palpitantes. Certains esprits sont acquis dès la naissance, alors que d'autres se révèlent au fil de notre expérience. Ils habitent notre être et imprègnent le sens de nos pensées, même les plus profondes, les habillant de nouvelles saveurs. Ils influencent nos raisonnements, nos choix et prennent une orientation que nous n'aurions pu imaginer sans eux. Quelques fois, leur pouvoir peut soudainement donner une tournure immédiate et définitive à notre destin. Ainsi, les esprits sont innombrables, ils représentent notre corps, notre maison, notre quartier, notre ville, notre pays... De l'infime brindille, jusqu'au plus loin que nos yeux puissent percevoir, les esprits de chaque chose sont là !
Si les esprits sont différents les uns des autres, lorsqu'ils se rencontrent, ils forment alors un nouvel esprit qui contiendra les particularités des deux. La femme rencontre l'homme et donne un enfant qui aura l'apparence des deux : L'environnement contient d'innombrables exemples...
Approfondir un visage révèle que les esprits s'expriment aussi à travers le corps. De la simple expression d'un regard, d'une dent éraflée... chaque parcelle, aussi infime soit elle, révèle une histoire. De la pointe d'un cheveu, jusqu'au bout de l'ongle, nous observons ce phénomène et comprenons ce qui fait vivre

l'être et lui donne des couleurs en l'habillant de nouvelles saveurs. L'être que nous regardons révèle différents visages, ce sont les esprits de l'être. L'esprit exprime son histoire et l'art de l'acuité permet d'en révéler la nature profonde.

Le jeu des attitudes

« Tous ces esprits vivent en moi, je les chéris de la richesse qu'ils partagent autant que je n'y suis pas attachée. Ils recèlent les expériences du monde qui m'entoure, parfois opposés, ils ouvrent la vision aux infinis potentiels de la vie. ».

Hirosha offrait généreusement la présence rassurante d'une mère lorsque nous en avions besoin. Sa personnalité contrastée envoûtait dès la première rencontre. Elle représentait dignement la demeure, elle était l'exemple vivant de son enseignement et ne semblait pas avoir fourni d'efforts inouïs pour parvenir à ce niveau d'excellence : C'est vrai ! Nous en étions admiratives. L'inquiétude des premiers jours de l'arrivée était dissipée par sa présence maternante. Lorsque nous lui posions nos peurs, sa tranquillité nous apaisait : Aucun chagrin n'était ignoré en sa présence. Chez elle, la rigueur s'associait à la douceur, ses valeurs s'exprimaient avec simplicité. Lorsqu'elle expliquait le monde de la vie subtile ou simplement s'asseyait près de nous, nous nous_rapprochions d'elle. Ce besoin naquit quelques jours après notre première rencontre : une jeune prétendante en larmes s'était effondrée à ses pieds avant de demander, implorante, si elle reverrait ses parents quand elle serait grande. Cette question nous touchait toutes ! Dans un silence lourd et inquiet, nos regards s'étaient tournés vers cette grande dame blanche : nous souhaitions toutes savoir. Alors, Hirosha nous demanda de nous rapprocher, jusqu'à se coller contre elle, elle ouvrit ses bras pour nous serrer fort afin de nous rassurer. Nos familles avaient des droits de visite, la plupart étaient éloignées... en fait, aucune n'était proche. Alors, tous les soirs, chacune spéculait et s'imaginait leurs venues, jusqu'au jour où cela arriva. La grand-mère de Kimaë fit son apparition et j'eus même le droit de la rencontrer, car elle était de mon village et mes parents lui avaient remis de la nourriture. À cette vue, je me dis qu'ici, cela ne nous manquait pas le moins du monde. Puis, elle sortit de son sac une couverture de laine qu'elle me tendit, je la touchai minutieusement, imaginant que ma mère avait tissé chaque fil de ses mains pour me l'offrir : mon cœur s'effondra.

Mais revenons à Hirosha, qui ce jour-là, souhaitait partager sa connaissance des esprits qui habitent l'Homme par l'expérience pratique. Cette perspective fit naître en moi un profond effroi, une mise à nue. J'avais le sentiment que nous serions contraintes de nous ridiculiser les unes les autres, mais également, de révéler ce qu'au fond chacune cherchait à enfouir et j'étais justement dans ce cas. Pourtant, lors de ces révélations spontanées, la honte d'être se libérait. Après plusieurs jours de pratiques, cela devint un jeu intime qui finalement nous rapprocha.

Hirosha nous avait toutes réunies, afin que nous découvrions les grandes lignes d'esprits qui habitent chacune, par le jeu des attitudes.

- Voyez-vous, vous êtes vêtues dans la tenue que vous impose la Demeure Blanche. Vos cheveux ont suivi la forme de la coiffe que nous posons sur votre tête, respectant ainsi votre signe d'appartenance. Vous êtes guidées dans chacun de vos pas et votre conduite est tournée vers un objectif : appartenir à la Demeure Blanche ; par le corps, la pensée et l'esprit. En contrepartie, la demeure vous apportera aussi son esprit qui habillera les traits de votre visage en leur donnant forme et présence, dans la droiture avec subtilité. Vos pensées nous appartiennent aussi, en ce sens que vous parlerez selon nos préceptes et l'on reconnaîtra dans votre bouche les paroles de la Demeure Blanche. Tout de vous se perfectionnera, s'anoblira. Cette pratique vous façonnera de l'enfance jusqu'à l'âge adulte. Lorsque vous serez prêtes, alors vous partagerez ce que vous avez reçu. Comme vous le voyez, autant que la nôtre, votre responsabilité n'est pas moindre. Vous serez l'esprit de la demeure et celui-ci coulera en vous durant votre vie. Et pourtant, malgré cette pratique, ces couches ajoutées et ce martelage incessant, rien au fond de vous ne changera. Vous resterez les mêmes ; mais simplement, vous serez vêtues d'une tenue adaptée et lisserez chaque fil pour leur donner la forme choisie. Par la connaissance, vous percevrez la subtilité de ce qui vous entoure et posséderez les capacités à y répondre en toute liberté : concilier ce qui vous habite avec ce que vous offrirez. Discerner ce qui est en vous de ce qui vous entoure et l'adapter pour le meilleur est une forme d'intelligence. De cette façon, vous ne serez plus jamais seules, notre esprit devenu vôtre, vous accompagnera. Deux grandes qualités sont difficiles à préserver dans la vie : la maîtrise de soi et la maîtrise de ce qui nous entoure. Pour ce faire, nous possédons une arme dont l'art consiste à l'utiliser à bon escient : c'est la connaissance par l'expérience et c'est que je vous propose de découvrir maintenant.

Hirosha nous demanda de nous asseoir en ligne. Une à une, nous devions nous présenter devant chacune et exprimer par notre expression son attitude. Hirosha avait bien insisté, l'esprit de la personne devait vivre en nous. Pour cela, la méthode à employer était simple. À genoux, face à Kimaë, je baissais la tête, puis la relevais : un sourire tendu à l'extrême, mes dents voyaient le jour en signe d'agressivité. Mon regard rond se figea face à elle. Je me sentais habitée par un esprit de Kimaë, il prenait vie en moi pour imprégner mes chairs : je devenais Kimaë…

L'instant d'après, Hirosha nous demanda de continuer avec d'autres prétendantes. Ainsi, mon esprit se laissait habiter par l'esprit de chacune. L'expérience qui devait en découler est que chaque être possède plusieurs esprits. Ainsi, nous devions les comprendre et les vivre un à un.

Il en fut de même pour moi, je restais marquée par ce que montrèrent les élèves à mon sujet : un esprit sans caractère, presque vide, sans personnalité… Puis, un autre moment, les regards qui se posèrent sur moi prirent une tout autre signification. Ils reconnaissaient un esprit fort, confiant et déterminé ou s'insinuaient à peine masquée, celui de la prétention. Leurs expressions à mon égard s'étaient clairement affichées. Je mettais un peu de temps à m'adapter, mais j'avais remarqué que lorsque l'environnement extérieur ne représentait pas de dangers, je commençais à m'ouvrir. Dans l'intimité, c'était encore mieux, comme le singe s'accroche de branches en branches, je me plaisais à jouer et même si cela n'avait parfois aucun sens, je me sentais libre de n'avoir aucun contenu.

J'avais bien compris que tous ces esprits vivent en moi. Je les chéris de la richesse qu'ils partagent autant que je n'y suis pas attachée. Ils recèlent les expériences du monde qui m'entoure, parfois opposés, ils ouvrent la vision aux infinis potentiels de la vie.

Kimaë Dikina Koä

« Je ne pensais pas que c'était difficile de voir, alors c'était facile. ».

À Koä, une coutume très populaire nous enseigne que toutes les filles qui naissent durant les trois premiers jours du printemps attendent leur « reflet ». Ce rôle est attribué à la jeune fille suivante qui naît dans le village : Kimaë était mon reflet. Les familles se rencontrent et lorsque les jeunes enfants

sont en âge de comprendre, elles deviendront alors « sœur de cœur. ». Pour la cérémonie au temple, au crépuscule, les jeunes filles sont assises l'une face à l'autre et se regardent dans les yeux. Pendant ce temps, les sages récitent les textes d'alliances. Au milieu de la nuit, les sons profonds et répétés des gongs clôturent la cérémonie. Cette tradition est née lorsque la déesse Maharisha est venue sur terre. Sounindra, sa sœur, s'est cachée à la place de l'enfant suivant qui est né dans le village pour la protéger à son insu. En tant que déesse, Sounindra est connue pour son esprit de compassion et de loyauté, mais c'est aussi une guerrière redoutable. Les dieux n'ont pas les mêmes préoccupations que les Hommes. Sounindra s'ennuyait déjà de Maharisha, elle n'avait personne d'autre à qui confier ses secrets, mais de celui-ci, elle n'en saurait rien... L'histoire raconte que malgré leurs précautions, Sounindra et Maharisha ont été enlevées alors qu'elles longeaient la forêt. Des hommes de passage les piégèrent et les enfermèrent dans une cage pour les vendre comme esclaves. Voyant sa sœur dans le désarroi de devoir supporter les pires souffrances et la peur de mourir sans connaître la joie d'être mère, Sounindra usa alors de ses pouvoirs : par un simple balancement de ses bras de haut en bas, elle brisa la cage dans laquelle elles étaient prisonnières. Ensuite, la facilité avec laquelle elle mit les hommes en déroute, fit comprendre à Maharisha que ce pouvoir n'était pas humain. Une mémoire venue d'un passé lointain surgit et elle reconnut Sounindra qui se cachait derrière ses exploits. Elle ne lui en voulut guère et bien au contraire fut reconnaissante de l'avoir épargnée d'une telle souffrance. Maharisha s'était promis de ne pas faire intervenir les pouvoirs célestes, car elle pensait que la vie d'humain ne peut se vivre qu'avec la richesse de ses avantages et de ses inconvénients. Mais, elle concéda que la vie des Hommes ne manque pas d'opportunités de faire appel aux pouvoirs des dieux ou même de manquer à ses promesses...
En effet, au fil de ces incarnations l'Homme a bien lieu de se

plaindre. Du dur labeur de la terre, à la blessure innocente, la vie offre souvent la rudesse là où la douceur apaiserait les cœurs meurtris. Alors que la condition humaine accaparait ses pensées, une mémoire lui revint… elle comprit qu'elle avait déjà été humaine et avait déjà suivi le long cycle des incarnations. Lors d'une précédente vie, elle avait été sensibilisée par l'esprit de compassion, cela l'avait tellement fragilisé que lorsque son corps mourut, elle s'approchait des âmes souffrantes et tentait de les consoler. Maharisha erra aux confins de la terre jusqu'à se perdre elle-même, tant la souffrance du monde était immense. Ce qui la touchait le plus était le chagrin des enfants, la peur dans leurs regards. Elle ne supportait pas la violence, l'injustice ou le pouvoir arbitraire qu'exerçaient les adultes sur des êtres sans défense. Très tôt, ils étaient assujettis à des tâches difficiles et la pauvreté en accentuait davantage les effets. C'est pour cela que dans cette vie-là, son cœur avait renoué naturellement avec la compassion. Elle comprit qu'une partie d'elle était redescendue sur terre pour s'en détacher, mais qu'elle n'en avait pas encore trouvé le chemin. Elle savait aussi qu'elle ne pourrait être libre que lorsque son regard se porterait au-delà de l'attrait ou de la répulsion du monde. Elle pensa à invoquer sa sœur Sounindra, la tentation était grande… mais, elle avait fait vœu avant son incarnation de ne jamais faire appel au pouvoir divin. Maharisha savait aussi que son temps était compté et qu'ensuite elle remonterait au royaume des divinités. Ce qu'elle voulait, c'était laisser une empreinte éternelle que chacun pourrait utiliser même après son départ. Ainsi, tout le monde pourrait se libérer des conditions humaines trop pesantes. Mais pour cela, elle devait emprunter le chemin de l'Homme qui ne s'appuie sur rien. Le premier pas l'éloigne de sa condition, les suivants, même s'ils demeurent incertains, sont portés par l'élan et la confiance : c'est ce qu'elle devait révéler. Élégante comme une déesse, mais dotée de simples pouvoirs humains, Maharisha eut cependant la merveilleuse idée d'adopter ce pouvoir divin qui était au fond de son cœur. Avec un bâtonnet, elle en traça sur le sable l'éclat, puis, se laissa le temps d'en comprendre le sens, en caressant l'air juste au-dessus... Progressivement, dans une douce vibration l'éclat raconta son histoire, laissant apparaître des reflets successifs de couleur jaunes, ocres, puis blancs. Maharisha remarqua que ces variations oscillaient selon ses pensées. Alors, elle fit le vide et une intensité lumineuse indescriptible jaillit de l'éclat, vecteur de la lumière initiale... puis universelle. À cet instant, son corps se laissa absorber par la lumière et fusionna avec elle. Elle y insuffla des mots et demeura attentive à ce qu'ils livraient. Ils exprimaient les couleurs de leurs vibrations. Dans un potentiel infini, ils racontaient leurs histoires. Elle remarqua que tout, autour d'elle, était chargé de la même vibration, à la fois sienne et en même temps commune : tout était lié. Maharisha se sentait habitée par cette présence humaine, mais aussi cette autre dimension, plus grande, silencieuse, comme si de cette présence, tout était possible. Plus elle s'y ouvrait et plus la compréhension faisait jour. À partir de cet éclat, elle pouvait tout voir et tout connaître.

Les nuits tombèrent, puis d'autres encore, mais son regard était ailleurs et ses questions innombrables. Elle voulait connaître l'histoire de chaque chose... jusqu'à celle de l'arbre qui lutte inlassablement contre le vent, ou encore, la mer dans ses marées qui entraîne le sable et le ramène la saison d'après. De l'infime au grandiose, elle comprenait la condition du monde. Après un long moment, le corps las de temps d'efforts s'écroula, mais l'esprit avait trouvé cette voie de libération. Il suffisait de regarder ce qui venait à elle, puis de le laisser s'évanouir pour renaître libre de ce qui le retenait. Ses pas épuisés la ramenèrent jusqu'au village qui l'avait nourrie et abritée. Mais dans cet instant, son cœur restait léger car elle savait qu'elle possédait ce trésor à partager, cet éclat qu'aucune condition ne pourrait saisir.

On dit que les regards livrent les messages que les mots ne peuvent exprimer. Nos parents répétaient qu'avoir une sœur de cœur permet de grandir plus vite, car nous devenons responsables de quelqu'un. Notre culture a nourri nos veines depuis longtemps et maintenant cela est naturel. Cette activité qui consiste à se confondre, s'oublier et comprendre ce qui traverse l'autre est riche d'enseignement. Progressivement, Kimaë devenait ma sœur de cœur. Dès notre première rencontre, cette attirance fut indescriptible l'une pour l'autre, comme quelque chose que l'on ne comprend pas encore, mais qu'une partie de nous sait déjà. Un intérêt immédiat, nourri par l'inconnu pour laisser place à un sentiment de reconnaissance. Je sentais autour de moi une présence bienveillante reflétant la promesse que tout ceci avait un sens. Cela signait notre alliance éternelle. À cette époque, nos jambes commençaient seulement à arpenter de façon incertaine la vie. Nous jouions à terre et lorsque nous fûmes plus grandes, les fêtes aux divinités du village nous réunissaient. Kimaë n'était pas grande, ses os à peine épais et plutôt courts, préservaient une relative féminité. Les traits de son visage fin étaient marqués par une mâchoire saillante caractérisant une forte énergie. Mais, le secret de Kimaë était ailleurs. De toute ma vie, je n'ai jamais rencontré une telle qualité de peau. Toutes nos nouvelles connaissances de la Demeure Blanche voulaient toucher Kimaë. Les doigts étaient comme appelés à la palper. Certaines, sous des excuses aussi diverses que variées, touchaient, frôlaient ou appuyaient sur sa peau. Ce que nous ressentions était alors étrange : l'aspect blanc poudré semblait se parer d'un fluide vaporeux qui attirait irrésistiblement. Avec cette magie, Kimaë offrait aussi un visage de porcelaine, mais peu expressif.

Dans ce lieu aussi éloigné de notre village natal, quelle surprise de nous retrouver à la Demeure Blanche. Ce lien nous rapprochait de notre famille, nous n'étions plus complètement seules. Kimaë était liée à la tradition et avant son départ, ses parents lui avaient remis un sac d'argile. Nous étions réunis toutes les deux, elle ouvrit délicatement, presque cérémonieusement le sac...

- Je ne t'ai jamais montré cela Ina.
- Qu'est-ce que c'est ?
- Depuis toute petite je pratique le Kitosa.
- Le Kito, c'est le petit temple qui est dans ta maison avec les statues, cela m'a toujours interrogé, mais tu ne me répondais rien à ce propos. J'avais demandé à mon père pourquoi nous n'en avions pas, il m'avait répondu que cela faisait partie des croyances du village, mais que nous ne le pratiquions plus dans notre famille.

Kimaë était un peu gênée que je ne connaisse pas.

- Ta mère avait demandé que nous ne pratiquions pas devant toi, afin de respecter les choix de ton père. Ce soir, je décide de rompre cet engagement, car nous ne devons pas avoir de secret entre nous, c'est notre alliance. « Si les paroles ne peuvent être prononcées à l'instant, elles doivent être livrées dès l'instant propice. ». C'est ce que nous a enseigné Hirosha hier, cela m'a fait beaucoup réfléchir. L'esprit de Maharisha m'en est témoin : Tu es ma première loyauté, le temple nous a scellées à jamais et aujourd'hui est le bon moment.

- Je le ressentais depuis longtemps, reste sans inquiétudes avec tout cela. Parle-moi des Kitos.
- Ma famille pratique le Kitosa, mais celle qui m'en a appris le plus à ce sujet est ma grand-mère : Depuis toute petite, je réunis les esprits avec elle.
- Que veux-tu dire par réunir les esprits ?
- Oui, grand mère m'a appris que chaque pensée, chaque geste, tout ce qui existe parmi nous possède un esprit et nous pouvons nous réunir à lui.

Nous avions ce point commun, ma famille ainsi que les villages voisins croyaient aussi à l'esprit en chaque chose.

Après un instant de recueillement, Kimaë poursuivit son explication. « Grand-mère m'a appris que nous avons deux vies : celle que nous vivons ici en tant qu'humain et celle que nous vivons en tant qu'esprit. Elle m'a dit aussi que souvent l'esprit de la terre et l'esprit du ciel ne s'entendent pas. L'esprit du ciel propose les grandes lignes à l'esprit de la terre, mais celui-ci ne veut pas toujours écouter. Il est entraîné par la vie qui tente de le séduire continuellement. Lorsque l'esprit de la terre a des ennuis ou bien qu'il souhaite quelque chose, alors, quelquefois seulement, il se tourne vers l'esprit du ciel. L'esprit du ciel et celui de la terre ont trouvé un moyen pour que les pensées ne s'oublient pas dans le tourbillon de la vie. Nous fabriquons des kitos. Attends, je vais te montrer ».

Kimaë saisit alors un peu de terre, la mouilla, et m'en donna la moitié. Nous les roulâmes dans nos mains jusqu'à en faire une petite boule. « Lorsque tu roules la terre dans tes mains, tu peux penser à quelque chose qui concerne l'esprit de la terre, nous pouvons le faire pour notre alliance. ».

- Oui, c'est une bonne idée.

- Voilà, ces boules représentent notre alliance, nous allons les réunir et lorsqu'elles ne feront plus qu'une, nous la laisserons parler. L'argile que je manipule maintenant est l'argile de l'esprit du ciel, il me donne des informations sur notre alliance, ce que nous sommes et parfois ce que nous allons faire ou ce qui peut arriver. Ma grand-mère était très douée à cela, elle passait de longs moments à me raconter la vie des esprits du ciel, comment ils nous écoutent, nous répondent et comment notre esprit de la terre a souvent des difficultés à comprendre le langage du ciel. Pour bien comprendre ce que veut nous dire l'esprit du ciel, il faut l'écouter, faire le vide. Les messages des esprits peuvent être variés, ils donnent des conseils ou des choses à faire pour nous relier avec la vie et les esprits. Ainsi, je me laisse aller afin qu'il puisse vivre en moi et nous livrer son message.

Progressivement, Kimaë changeait et ne ressemblait plus à celle que je connaissais, comme si elle s'abandonnait à l'esprit.

- Est-ce que les esprits te disent quelque chose en ce moment ?

J'étais passionnée. Comme une évaporation, une brume dans ses yeux m'enlevait. À travers elle, le voyage commençait, je me laissais entraîner.

- Oui, mais je ne comprends pas tout, cette vision est étrange, je ressens de la rapidité, une fuite, un mouvement : je te vois avancer sur une ombre.

- Avancer sur une ombre ! C'est étrange.

- L'esprit me dit que tu devras beaucoup pratiquer, comme un pas glissé en avant, presque imperceptible... et que c'est ainsi que tu mettras fin à l'ombre de nos vies à toutes les deux. Je nous vois séparées, mais en même temps unies, l'esprit me dit qu'à ce moment il sera autour de nous, que les gestes quotidiens que nous effectuons aujourd'hui sont tournés vers ce que nous devrons accomplir plus tard. Je vois aussi que beaucoup combattent cette ombre, mais toi, tu la tueras !

J'étais saisie ! Le visage de Kimaë si grave, avec ses mots : « ... tu la tueras ! » Nous avions grandi ensemble, mais aujourd'hui, c'était différent, elle partageait avec moi son secret. Ma vue devenait trouble, j'étais dépassée, son corps tremblait, je me sentais entraînée, tout s'enchaînait...

D'une infime secousse, Kimaë se redressa, suivi d'un léger balancement. Kimaë revenait à elle. Après s'être ressaisie, elle prit mes mains, puis me regarda fixement avant de me dire : Je suis de la lignée des kitosas. Je te remets cela Ina, c'est le vœu que tu pourras faire lorsque ton cœur t'y appellera. Tu verras que ce texte a un immense pouvoir. Je ne t'en dis pas davantage, je te laisse le découvrir. Lorsque tu sentiras le bon moment, tu n'auras qu'une seule chose à faire, prononcer cette alliance, ensuite, y ajouter cette dernière phrase : « Cela est maintenant » avec l'intention de poursuivre la lignée et d'être enseignée, alors cela sera.

Libre à l'infini,
rien ne m'affecte, ni ne me
trouble.
Dans la vision,
rien du destin n'est caché.

Devant moi,
les esprits du ciel et de la terre
se réunissent,
ils forment la vie et me livrent
l'histoire.

Paisible avec l'existence,

Les esprits de la lignée
facilitent les pas.
Dans la présence à l'essentiel,
j'accomplis ma voie sur les
bons chemins.

Cela est maintenant.

Allongée, je ne parvenais pas à trouver le sommeil. Irrépressiblement, je pensais encore aux derniers mots de Kimaë et revenais aussi inlassablement sur les pensées du rouleau qu'elle m'avait laissé. Je décidais de le lire maintenant. De toute façon, l'état ne m'avait pas encore vraiment quitté, je ressentais sa présence. Pendant que je lisais le texte, en un instant, l'état second s'empara de mes sens. Je ressentis un léger étourdissement, mais ce n'était pas désagréable. J'entrai pour la première fois dans l'autre monde. C'est comme ça que je l'appelle, l'autre monde ; celui qui connaît et voit, celui qui sait et informe. Depuis lors, Lui et moi, nous ne nous sommes plus jamais vraiment quittés. Chaque jour, j'ouvre l'esprit de mon cœur à la vision : Tout grandit en moi.

Avec le temps, à ma façon, j'ai cultivé ce que Kimaë m'a donné. Mon esprit s'est épanoui et la vision s'est développée facilement. À cette époque, je ne pensais pas que c'était difficile de voir, alors c'était facile. C'est aussi ce que me demandait Hirosha. Elle me posait des questions, je devais y répondre et écrire une pensée d'intention à son sujet. Souvent, le soir, je m'exerçais à la calligraphie et laissais l'esprit de ses formes se manifester librement devant moi.

Lorsque j'avais fini, comme me l'avait montré ma mère, j'associais la pratique de l'éclat initial. Les vraies visions ont commencé à ce moment… Avec la tige de bambou, j'effleurais l'air en caressant les formes des messages laissés par l'empreinte manuscrite sur la feuille de riz. Dans ces instants, je percevais les fluides qui l'entouraient, si les énergies aidaient, dérangeaient ou s'opposaient à la manifestation. Parfois, un simple oui ou non m'était donné par une sensation corporelle. Une ambiance, des scènes de vies, des visages expressifs, des couleurs divines passaient ou s'attardaient… Il suffisait de laisser vivre l'état, à ce moment, des formes vivaient : chacune d'elles racontait l'histoire et délivrait son message…

Dans la compréhension de ses faiblesses

"Voyez combien ce que vous pensez peut facilement changer... C'est pourquoi, vous explorez les esprits, les masques de vos pensées et faites la paix avec eux, en comprenant qu'ils sont une part des peurs, des doutes et des frustrations, mais aussi des richesses et des potentiels variés par l'expression de leurs saveurs.".

Les esprits qui nous habitent s'expriment à travers nous et influencent tous les domaines de notre vie. Il en est de même pour la vie sentimentale, chacun a sa propre essence. Lorsque les deux s'acceptent ou sont attirées, une fusion se forme. Il en résulte des sentiments de bien-être, de joie et de bonheur partagés. Parfois, avec le temps, des différences s'accumulent... C'est le réveil des masques, ils dénaturent la relation initiale. Des réactions et des nouveaux sentiments prennent forme : de la tristesse, de la colère, du rejet, parfois jusqu'à de l'aversion. Ensuite, ce que nous ressentons sera perçu par l'autre qui réagira par des sentiments d'oppositions. La situation peut ainsi évoluer défavorablement alors qu'au début, sans un mot, d'un simple regard la compréhension était naturellement là. Avec le temps, vous réalisez que plus aucune parole venant de l'autre ne prend sens en vous. Les ressentiments se confondent, vous ne faites plus la part des choses entre ce que vous ressentez maintenant et votre ressenti initial. Ce sera la fête aux esprits ! Ils se mélangeront ou s'opposeront et chacun aura son point de vue diamétralement opposé. Face à de telles situations, la conscience et le positionnement sont essentiels.

Prenons l'exemple d'une femme qui ressent initialement de l'amour pour un homme ; puis, progressivement, leurs comportements ou leurs attentes divergent... Plus le temps passe et plus les masques qu'ils se projettent mutuellement

auront une influence sur leur relation : une dissociation
s'installe... elle commencera à ressentir une différence entre
eux. Une séparation de vision, de rejet s'installera... jusqu'à se
surprendre à le détester : le temps passera ainsi... Puis, la vie
voudra qu'il tombe malade ; cette situation la laissera dans
l'obligation de le soutenir. Avec le temps, il se dégradera...
Cela finira par l'épuiser, elle s'inquiétera déjà... de l'après... ou
un jour, elle entendra ses pensées souhaiter secrètement sa
mort ! Venant d'elle, cette idée sera insupportable ! Et pourtant,
elle y pensera souvent. Afin de se déculpabiliser, elle
souhaitera alors que les souffrances de l'homme s'abrègent
pour leur bien-être mutuel. Empreinte d'une telle fatigue, elle
n'aura plus la force de penser, mais irrémédiablement ne
pensera qu'à cela. Le sort s'abattra sur cette famille et lorsque
l'homme mourra, elle ressentira de l'abattement. Comme il se
doit, des larmes glisseront le long de son visage durant la
cérémonie pendant que le corps de l'homme avec qui elle a
vécu s'élèvera vers les esprits par les flammes. Ensuite, elle
rentrera dans la demeure qui a abrité leur histoire et ressentira
la lourde souffrance qu'elle a vécue dans ce lieu, ce qui sera
tout aussi insupportable... Son esprit lui fera aussi ressentir de
la joie, car cela ne sera plus... et cette joie aussi la dérangera.
Elle se jugera comme une mauvaise personne et cela la rendra
triste. Elle s'accordera du temps et repensera à leur histoire
commune, et justifiera que finalement tout est bien ainsi et
s'accordera le droit de ressentir de la tristesse pour lui et de la
tranquillité pour elle : ce sera un savant mélange de tout ce
qu'elle aura ressenti durant leur histoire. Mais, elle n'en parlera
pas, ce sera son jardin secret.
Puis ses enfants vont grandir et un jour, sa fille lui demandera
de lui parler de son père. Elle lui montrera combien elle aimait
son défunt père et les projections qu'elle aura de lui ne seront
que force, courage et travail. Elle l'implorera de lui parler de
lui et la mère s'exécutera en sachant qu'elle pense autre

chose... mais elle aime sa fille et ne souhaitera pas la décevoir.

Au fil de l'histoire, les mots se libèrent et entraînent avec eux un monde d'émotions, elle s'apercevra alors qu'elle ressentait pour cet homme une passion folle. Elle désirait qu'il la câline, elle voulait le sentir : avec lui, elle était rassurée. Finalement, elle commencera à se convaincre de ce qu'elle aura conté à sa fille. Puis, elle se souviendra que maintenant, il ne sera plus là pour la rassurer. Envahie par le remords et la honte pour tout le mal qu'elle aura pensé de lui... jusqu'à vouloir sa mort. La répulsion qu'elle aura ressentie pour cet homme se retournera contre elle. Alors elle commencera à parler aux esprits, pensant qu'il pourrait même lui répondre. Mais, il ne lui répondra pas et elle pensera qu'elle ne mérite pas de réponse. Son esprit s'enfoncera progressivement dans la culpabilité et la tristesse. Puis un jour, alors qu'elle ne s'y attendra pas, elle recevra un signe de lui, cela la rassurera et elle pensera être pardonnée. Un sentiment de quiétude prendra naissance en elle, avant de ressentir un élan de joie. Elle pensera en définitive que c'était un homme bon.

« Voyez combien ce que vous pensez peut facilement changer... C'est pourquoi, vous explorez les esprits, les masques de vos pensées et faites la paix avec eux, en comprenant qu'ils sont une part des peurs, des doutes et des frustrations, mais aussi des richesses et des potentiels variés par l'expression de leurs saveurs.

Ceci est mon histoire : nous n'avons pas qu'une seule vie, souvent le destin est joueur...».

Un tourbillon s'abattit autour de nous, aucune ne s'attendait à cette révélation, Hirosha poursuivit son idée et me demanda :

- Ina, as-tu des souvenirs de lorsque tu étais bébé ?

- Je me souviens de ce que me racontaient ma mère et ma grand-mère, mais mes souvenirs restent lointains. Quelques fois, des scènes me reviennent. Lorsque je voulais m'endormir, je remuais les pieds pour évaporer l'esprit et mon index plié revenait chaque jour à ma bouche, cela me berçait et je me laissais aller à l'endormissement. Toute petite, je me rappelle que j'avais déjà mon caractère et je me sentais bien. Mais, ça vient d'où le caractère ?

- Dès sa naissance, le nouveau-né se tourne aisément vers son centre, car il a peu de sollicitations extérieures. Il y trouve la présence rassurante de son essence et de son caractère qui sont les mémoires de sa lignée familiale, les masques de ses ancêtres et de ses anciennes incarnations où l'enfant s'y blottit naturellement pour se rassurer. Au départ, les jambes ne peuvent marcher, mais le corps possède ses réflexes : la main saisit et va à la bouche, le cri exprime un besoin. Cependant, cette mobilité réduite le laisse dépendant de ceux qui le nourrissent à la vie. Progressivement, il reconnaît la présence de son entourage, un sentiment s'en dégage. Ainsi, il les différencie et apprend à interagir avec eux. Avec le temps, l'intention s'associe avec le corps. L'indépendance s'acquiert gestes après gestes, puis pas après pas... Lorsque le corps gagne en autonomie, il commence à explorer son environnement proche. Chaque action produit une réaction au contact du monde extérieur ; le chaud, le froid, le doux, le piquant... C'est à ce moment qu'il se forgera ses propres masques de compréhension qui s'associeront aux plus anciens : les masques évoluent aussi de leurs nouvelles expériences. L'énergie de vie remplit tout ce qui vit, elle est associée à notre présence intérieure. Ensemble, ils se projettent vers l'extérieur pour remplir un besoin ou un désir. Les masques interagissent avec l'élan. Selon leurs vibrations, ils peuvent faciliter la victoire. Dans ce cas, la personne ressentira la joie de cette maîtrise acquise, ainsi que l'apaisement de la réussite : la confiance s'installera. Quelques fois, les masques peuvent réduire, voire s'opposer à la réussite. La frustration amène à un retour vers les masques qui semblent nous donner toutes les bonnes raisons de ne pas les dépasser. Selon leurs intensités, la personne peut se fermer ou même abandonner son objectif. La peur grandit, les murs se referment, parfois jusqu'à l'isolement. Le retranchement amène la frustration qui se transforme en tristesse, en colère, en dégoût... À cet instant, les masques s'expriment, ils sont vécus comme la seule alternative et l'unique réalité. Ainsi nourris, les masques grandissent et, à leur tour, nous font des propositions qui correspondent à leur source. Ils nous habitent d'une sensation et nous pouvons les confondre avec la présence intérieure, mais ce n'est qu'une l'illusion, ce ne sont que des masques qui voilent la réalité. Afin de dépasser ses limites, l'intérêt est de ressentir ce qui vit en nous et reconnaître les rôles qu'ils nous font jouer. En y accordant du temps et en regardant la force qui nous fait vivre et nous lever pour nous accomplir, nous comprenons la différence entre la réalité et l'illusion. Faire le premier pas est difficile et risqué, mais par la répétition et l'adaptation, la confiance s'installe et nous connaîtrons la joie de courir librement. Le jardinier se promène chaque jour dans son jardin, il remarque ce qui grandit, ce qui décroît. Son regard se porte sur ce qui est là, ainsi, il sait ce qu'il doit faire. Il en est de même à l'intérieur de soi.

Prendre le temps de regarder en soi imprègne notre présence intérieure. Ainsi, nous occupons notre espace par l'attention que nous lui accordons. Dans la nature, chaque espace aussi infime soit-il est occupé. Lorsqu'il se libère, si c'est un lieu propice qui permet l'expansion, il sera rapidement occupé : c'est une règle de la nature liée à la croissance. Il en est de même à l'intérieur de nous, lorsque nous n'y sommes pas présents, les esprits qui occupent notre demeure intérieure prendront place afin de bénéficier de l'énergie qu'elle procure. La première énergie que nous leur donnons est notre attention : un simple passage laissera une empreinte. À l'inverse, lorsque le jardinier délaisse son jardin durant un temps, lorsqu'il y revient, ce qu'il a cultivé n'est plus et il y retrouve ce qui, auparavant, était au loin. Les mauvaises herbes sont revenues, les légumes plantés à la saison précédente ont servi de repas aux insectes qui ont pris possession des lieux. Dans cette vie, vous avez besoin de votre espace d'expression afin de vous réaliser. Si vous ne l'occupez pas, lorsque vous reviendrez, vous devrez reprendre votre labeur. La tâche peut être difficile, dès lors que votre présence n'est pas, les esprits prennent place...

L'esprit dans l'esprit

« Lorsque l'esprit regarde, il perçoit le monde qui l'entoure, mais ce qu'il ne perçoit pas, c'est qu'il ne peut voir que ce qui existe déjà en lui. ».

L'ouverture se fait et un espace se crée, comme sortie de nulle part, je la reconnais : une vision. Elle se présente subitement ou apparaît comme quelque chose qui passe comme ça. Plus nous la fréquentons, plus elle se précise. Proche ou loin, lente ou soudaine, mais elle est là ! Le nouvel esprit montre son visage et raconte son histoire et nous l'expliquons avec nos mots : voilà ma capacité. L'esprit silencieux me permet de la fréquenter, il m'ouvre les portes de sa connaissance et me délivre son message.

Percevoir le monde subtil demande beaucoup autant qu'il ne demande rien. Quel que soit le chemin, la perception s'ouvre sur un autre univers et ce qui était inconnu apparaît. Au fil du temps, j'ai découvert que ce qui m'entoure, c'est moi : je suis toute parcelle de vie que je recueille. Il n'y a aucune difficulté pour celui qui perçoit, autant qu'il peut être impossible de voir pour celui qui ne voit pas : tout réside dans ce que nous croyons et l'évolution de chacun. Finalement, tout est possible ! Voir dans cet éventail de vie, c'est accepter de regarder ce qui nous entoure, vivre comme un instant. Souvent l'esprit trouve l'esprit qu'il cherche, alors il le suit, jusqu'à sortir de lui-même. Il s'oublie et perd de sa consistance, il n'est déjà plus là et revient autant amoindri qu'enrichi. La perception ouvre l'intériorité en voyant ce qui existe, elle garde aussi ses racines pour ne pas se perdre...

Ouvrir les portes de la vision enrichit l'expérience et procure de grands changements. De nouveaux paysages apparaissent, cela peut aussi être éprouvant et nous aurions sur le moment préféré ne pas savoir. Mais comment échapper à la connaissance, celle qui fait grandir. Lorsque nous l'appelons, l'esprit qui questionne trouve l'esprit qui répond. Lorsqu'il revient de ce voyage, il ramène ce qu'il cherchait, mais aussi parfois bien au-delà...

Mais finalement, que doit-il découvrir ? Rien, abandonner toute volonté de voir. Et rien, c'est déjà trop. Il n'y a l'effort d'aller ni dans un sens, ni dans l'autre. En demeurant dans la présence et la confiance de l'être, la vie s'occupe de tout et nous protège.

Voilà une clef du changement, m'adapter à ce qui m'entoure, être présente, à l'écoute, sans effort, ni relâchement, juste attentive à ce que j'attends : la réponse. Pour le regard qui cherche dans cette voie, le chemin est tellement simple, que l'on a peine à croire que cela soit, et pourtant...

Avant que la vie ne m'ouvre les portes de la connaissance du destin, même si je m'intégrais au groupe, je manquais de spontanéité. Mes efforts étaient plutôt tournés vers l'apprentissage sans vraiment y trouver ma place. De nature, j'observais beaucoup et j'aimais les écouter. Ma vie a fait un grand pas lorsque j'ai été choisie pour devenir emora par Mossi. Mon destin se présentait, je deviendrais quelqu'un, celle qui apprendrait à parler avec l'esprit des divinités. Je pourrais alors converser avec elle, c'était mon souhait le plus cher et je savais qu'à la Demeure Blanche, les emoras parlaient directement avec Maharisha et transmettaient les messages reçus. Chacune a sa spécialité, mais ce qui les unit toutes est l'esprit d'ouverture. Je les vois encore, entières, expressives... Quelquefois, cela prenait des allures de scène qui contrastait avec cette spontanéité qui nous transportait.

Depuis quelques jours, j'avais fait une nouvelle acquisition, j'avais souvent vu les emoras avec des sacs en cuir qui se fermaient par une lanière. À l'intérieur, il y avait du sable.

Ce matin-là, je me promenais à l'intérieur du temple et, tout en regardant ce qui s'y trouvait, j'empruntais le couloir qui menait à une grande salle dans laquelle étaient posés les différents accessoires qu'utilisaient les emoras. Comme attirée par une lueur, mes yeux fixaient les sacs de divination. Sans me poser de question, j'en pris un et l'ouvris en grand, comme le faisaient les emoras. Puis, je commençais à caresser la surface du sable en faisant des cercles ; puis encore des cercles... J'élargissais, j'ouvrais et restais inerte. Un brin songeuse, des mots voulaient sortir... Je les entendais au loin et je continuais inlassablement à caresser le sable. Plus je le caressais, plus je m'abandonnais et plus les mots venaient, comme des sons, des vibrations. L'espace s'ouvrait, la magie opérait. J'étais venu ici pour prendre ce sac, mais maintenant, c'est lui qui m'appelait à faire corps avec lui jusqu'à nous réunir : c'était une évidence...

De l'entrée de la pièce, Mossi me regardait :

- Ah, je vois que tu as trouvé ton chemin, ce sac a l'air de bien t'aimer, tu peux le garder si tu veux, il est à toi. Tu vois, nous l'accrochons à la ceinture.

Sur le moment, je ne lui répondais pas et mettais en scène ce qu'elle me disait de faire : j'accrochais le sac à ma ceinture et le nouais.

- Merci beaucoup Mère Mossi. Dois-je toujours le garder sur moi ?

- Tu fais comme tu veux : c'est à toi. Lorsque tu ouvriras ton temps intérieur avec lui, ton nouvel ami t'ouvrira les portes de l'univers.

À cette époque, je ne savais pas encore si je voulais parler à l'esprit du sac ou si simplement, je me sentais heureuse de l'accrocher à ma ceinture. En fait, avec lui sur la hanche, je me sentais fière. J'avais l'impression d'être celle qui accédait au monde des esprits et ce sac en contenait les trésors cachés... Durant la journée, je ne participai à aucun enseignement, je préférai m'isoler et cherchai un endroit tranquille. La première fois, je me rendis dans la pièce principale, mais il y avait trop de passage. Je préférai sortir et longeai un peu les sentiers des jardins. Sur la gauche, un arbre couché sur une grosse roche grise, et derrière moi, un petit talus me protégeait de tout regard. C'était l'endroit idéal pour s'asseoir tranquillement. Je pris le sac et commençai à y faire des mouvements circulaires. Naturellement, je commençais à parler.

- Je te salue l'esprit...

Quelque chose en moi luttait, comme une opposition qui s'éveille subitement par une montée forte et soudaine dans le cœur. Fixant le sac, je le voyais se refermer lorsque mon esprit s'approchait de lui. Je décidais de refermer le sac et me levais. Je restais ainsi à me promener. Autour de moi, d'autres endroits paisibles m'appelaient, mais je ne m'y rendis point, je n'en ressentais pas l'envie. Finalement, je quittais les jardins, le sac à la ceinture. Il me restait encore de la fierté de l'avoir avec moi, j'avais quelque chose que d'autres n'avaient pas. Le lendemain, le sac était toujours à ma ceinture, bien noué mais rien ne se passait. Je savais que nous allions reparler, mais en même temps, je ne le faisais pas. Je marchais sans vraiment m'arrêter. Je ressentais un esprit de confusion intérieure. J'avais vu ce sac et l'avais voulu, mais en fait, je ne savais pas ce que je devais en faire. Depuis que je le portais, tout m'était étranger... jusqu'à moi.

Hirosha, vint s'asseoir près de moi.
- Alors Ina, comment te sens-tu ?

- Je ne sais pas trop : comme de l'étrangeté, de l'isolement. Je cherche un chemin, mais quelque chose reste fermé et je ne réussis pas à avancer.

- À quoi penses-tu ?

- Depuis que j'ai parlé avec l'esprit du sac, je ressens un poids sur moi, comme une présence. Lorsque je l'ouvre, l'esprit est loin et lorsque j'attends, je ressens un malaise, alors je ferme le sac.

- Loin de ta famille, tu as dû faire face à beaucoup de changement, cela n'est pas toujours facile : laisse-toi du temps... Te rappelles-tu comment s'est passée ta rencontre lorsque tu as rejoint l'esprit du sac ?

- Oui, je m'en souviens... le quatrième jour de mon arrivée, Mossi m'a fait visiter le temple et lorsque j'ai vu les sacs posés, j'ai été attirée. Durant plusieurs jours, je pensais à eux, j'avais l'impression qu'ils me rendaient heureuse, mais je ne savais pas pourquoi. À un autre moment, j'ai vu une jeune emora passer dans le jardin qui avait un sac noué autour de la taille. Alors, j'y ai pensé encore et encore... Jusqu'au jour où je suis allé au temple et je suis retourné voir les sacs. C'est ainsi que j'en ai pris un, je l'ai ouvert et je me suis sentie étrange. J'avais comme l'impression qu'un esprit me parlait... j'ai vu des formes, mais je ne comprenais pas...

- Et ces derniers jours, à quoi penses-tu depuis que tu as fermé le sac ?

- Je pense à ma famille, ça me hante.

- Lorsque tu laisses venir cette pensée, qu'est-ce que tu ressens ?

Je me laissai aller et la sensation revint immédiatement :

- Je vois le visage de mon père, il n'est pas content.

- Il n'est pas content... Est-ce que tu peux dire ce que tu vois ?

- Je le vois de loin rentrer à la maison, il y a comme de la fumée autour de lui, il n'est pas content à cause des villageois. Ensuite, j'ai appris que les anciens ont consulté les esprits parce que mon père voulait construire un grenier afin de stocker des denrées alimentaires pour le village. Les anciens ont dit que les esprits ne voulaient pas. Je vois mon père, très en colère, qui exprime à ma mère que ces histoires d'esprits, c'est n'importe quoi, que les villageois sont des arriérés et que leur tête se tourne vers des choses sans valeurs et que depuis que nous sommes au service de ces esprits, rien n'avance et qu'ils ne viendraient pas se plaindre ensuite lorsque la famine toucherait le village… Il a dit ensuite que dorénavant, puisque les esprits ne voulaient pas nous aider, alors personne ne parlerait aux esprits dans cette maison. Il a ensuite détruit l'autel de la maison afin que nous n'allions plus saluer les esprits : c'est ainsi qu'ils étaient partis… Finalement, nous avions uniquement le droit de parler à Maharisha. Tout cela a laissé un grand trouble dans la maison et mon père n'était plus le même. Ensuite, la chaleur s'est installée, les pluies ont cessé. Il n'était presque plus possible de cultiver et les terres asséchées ne produisaient plus : la famine est venue. Des villageois se sont ralliés avec mon père et ils ont décidé de construire, malgré tout, un grenier de stockage. À ce moment, le village s'est divisé, mais à la saison suivante, notre village a pu manger à sa faim. En te parlant, je comprends que depuis quelques jours, je ressens le même nuage de fumée que celui de mon père. J'ai l'impression qu'il serait en colère après moi s'il apprenait que je parlais aux esprits, j'ai un nuage de fumée autour de la tête depuis que j'ai parlé à l'esprit du sac.

- Est-ce que ton père accepterait que tu parles à Maharisha ?
- Oui, nous avons le droit, je lui parle tous les jours.
- Est-ce que ta maman a respecté la décision de ton papa ?
- Oui, mais elle n'était plus heureuse et comme son bonheur ne revenait pas, mon père a reconstruit un autel pour nos ancêtres… ensuite tout est rentré dans l'ordre.
- Est-ce que tu allais saluer les ancêtres ?
- Non, je n'y allais pas, car au fond de moi, je revoyais mon

père en colère et cela me faisait peur. Donc, je ne parlais qu'à Maharisha.

- Est-ce que ta mère allait saluer les ancêtres de ta maison ?

- Oui, elle y va encore tous les jours pour poser des offrandes.

- Qu'est-ce que fait ton papa lorsque ta mère pose les offrandes sur l'autel, est-ce que tu peux aller voir comment il se sent ?

- Il fait des travaux, il travaille beaucoup, il ne pense rien.

- Est-ce que tu vois toujours ce nuage de fumée au-dessus de la tête de ton père lorsque ta maman salue les esprits ?

- Non, pas du tout, je crois que finalement, il aime aussi les esprits familiaux… mais il n'ose pas revenir vers eux car il a un peu honte… je vois cela dans son cœur. Avant, je ne voyais que le nuage de fumée et la colère de mon père… alors j'arrêtais de regarder, mais je ne vois plus de nuages au-dessus de lui. En fin de compte, je crois qu'il aime bien les esprits, mais qu'il ne le dit pas.

- Pendant que tu vois son visage, peux-tu lui dire que tu es fière qu'il soit ton papa, qu'est-ce qu'il te répond ?

- Je le vois sourire, il est triste que je sois loin, mais nos yeux sont heureux de se regarder… je ne l'avais pas vu depuis si longtemps…

En ressentant sa présence si intense, les larmes coulaient. Je ne m'étais jamais laissée aller à écouter ce que mon père vivait et ressentait au fond de lui. Finalement, il était comme moi, j'étais comme lui, mais je ne l'avais jamais vu ni même penser jusqu'à ce que la vie nous sépare.

- Peux-tu montrer le sac à ton père ?

- Oui, je lui montre et je vois qu'il est fier que je sois sa fille. Il y a de la lumière autour de nous, je ne vois plus de nuages et ma tête est légère. Je vois qu'il travaille aux champs pendant que j'ouvre le sac et consulte les esprits. Hirosha, j'ai envie d'ouvrir le sac et de parler à l'esprit.

Hirosha posa sa main sur la mienne en signe d'acquiescement.

- « Tu peux être libre et heureuse Ina. » La chaleur qui s'en dégageait me fit retomber immédiatement. J'eus l'impression de me réveiller d'un profond sommeil. Je restais habitée de joie libératrice, la même que celle où j'ai rencontré ce sac pour la première fois, lorsque mon cœur s'est ouvert à lui...

- Merci Hirosha, tu m'as libérée d'un poids immense. J'aimerais parler avec le sac pour toi. J'ouvris la bourse en grand et regardai le sable sans vraiment le regarder. Pleine de confiance, ma bouche se délia immédiatement... Je vois des jambes qui marchent, elles sont découvertes, elles marchent vite... Il fait chaud, très chaud, le sol est sec... Il y a de la poussière sous ses pas, elle est fatiguée. Elle fuit quelque chose, ses pieds ont besoin de se reposer. Il y a du monde autour d'elle... Ils sont dans le même état... Je vois des personnes qui marchent depuis longtemps... C'est leur vie, ils sont vieux... Je vois autour des personnes plus jeunes qui bougent quand les vieux s'arrêtent, on dirait que cette énergie sera la suite de l'histoire... Les jambes que je vois sont celles d'une jeune femme.

- Est-ce que tu peux regarder cette personne ?
- Oui, je la vois...
- Parle-moi de son caractère...
- Je vois comme du vide en elle, en même temps c'est chaud. Il lui manque quelque chose... je la vois regarder autour d'elle, elle se sent seule, inquiète, cela lui fait mal. Je la vois prendre des décisions, elle a besoin de s'exprimer à cause de la chaleur qu'il y a dans son cœur. Elle a besoin de lumière, de briller, elle souhaite que le soleil soit sur sa peau afin d'être reconnue, de se rassurer et d'éloigner d'elle un passé trop pesant et incertain... On dirait qu'un destin l'attend...

- Est-ce que tu peux aller à un moment où il se passe un évènement ?
- Il y a du monde autour d'elle ; beaucoup de bruit, une tension... Je la vois inquiète...
- Elle est inquiète, est-ce que tu peux voir la cause ?
- Je la vois toucher quelque chose, elle fait des cercles, comme

Mossi dans le sable, mais on dirait que ça s'enfonce, c'est de l'eau. Lorsqu'elle touche, il y a quelque chose de sombre qui gêne, un problème... Je vois du monde autour d'elle, elle pleure.
- Est-ce que tu peux te rendre à un moment ou cette situation s'arrête ?
- Je vois des racines qui poussent dans les pieds, elle vit maintenant dans une maison. Il y a un homme aimant à côté d'elle, elle y puise ses racines, cela la rassure, on dirait qu'ils ne font qu'un. Je les vois heureux...

Le pot de terre

Le soir Venu, Hirosha raconta son histoire familiale à toutes les prétendantes : c'était l'explication aux visions que j'avais eues la concernant :
- Dans un village lointain, chaque villageois avait sa place et malgré les déboires répétitifs, le clan survivait. L'eau puisée depuis une colline verdoyante était ouverte par un large chemin. À l'entrée, un imposant rocher surplombait la scène. De son cœur, une petite source s'écoulait dans un immense pot de terre, aussi large qu'un homme allongé et aussi haute qu'un homme debout. Alors que les hommes étaient partis venger un frère assassiné, des membres d'un village lointain attaquèrent le village et volèrent cinq femmes qui ne furent jamais retrouvées. À la fin de la saison suivante, une famille dans le besoin, composée d'un vieux couple, de deux jeunes hommes et sept jeunes filles arrivèrent au moment où les premiers bourgeons disparaissent pour laisser place à la floraison. Etait-ce un signe ? C'est ce que firent remarquer les jeunes hommes du village.
D'après les villages voisins, ces voyageurs étaient possédés d'esprits maléfiques. À les regarder, ils ne semblaient pas méchants et étaient très bien vêtus. Ils décidèrent de les

héberger jusqu'à la saison suivante. Rapidement acceptée, cette famille riche d'épreuves et novatrice organisa progressivement la vie du village pour le meilleur et chacun trouvait sa place. La gardienne du pot de terre était âgée, elle souffrait de solitude. Elle serait maintenant aidée par une des jeunes filles qui l'accompagnerait pour surveiller et descendre les lourds convois d'eau. Quelques jours plus tard, malgré sa longue expérience, un sort s'abattit sur elle lors du chargement d'eau. Le vent soufflant violemment par saccade répétée entraîna la gardienne dans une chute douloureuse, elle s'écroula inconsciente ! La jeune fille la fit monter sur la mule, puis sitôt arrivées, l'aida à marcher jusqu'à sa maison et la soigna. Après cet événement, la marche lui serait difficile durant quelque temps... Parfois, les_mauvais événements ouvrent les opportunités, il suffit d'être là au bon moment... Ce qui était sûr, c'est que maintenant la jeune fille avait sa place : elle avait sauvé la vieille femme. Si par chance, un homme la remarquait, le village la garderait. Les interminables marches incertaines de village en village l'épuisaient. Maintenant, elle se sentait bien. L'assurance qu'elle affichait depuis son arrivée au village remplissait maintenant tout son être : elle reprit sa nature féminine. Les regards virils autour d'elle la rassuraient et la réconfortaient. La vie traversait son corps et sa bouche depuis trop longtemps silencieuse émit un son ; puis naturellement, elle entonna un chant traditionnel de sa famille : elle vibrait.

Un jour, une villageoise l'accompagna jusqu'au rocher. À l'arrivée, elle dit à la jeune fille, "oh ! Il y a des feuilles dans le pot". Regarde, la force du vent les a portées jusque-là ! Sa main repoussait par vagues les feuilles, puis elle puisa un peu d'eau avec son bol. Mais pour le cœur bien trop chargé de brimades, un simple geste innocent peut paraître accusateur... La jeune fille ne comprit pas ce que voulait dire la villageoise qui redescendait déjà. Elle se mit à penser qu'elle lui insinuait la responsabilité du pot de terre et que de toute évidence, elle devait retirer les feuilles à la surface de l'eau. C'est le cœur coupable qu'elle s'appliqua à sa tâche. Heureusement, les idées merveilleuses chassent les inquiétudes persistantes : elle étendit un immense pan de tissus pour empêcher toutes impuretés de tomber dans le pot. Elle remarqua qu'au fond, une épaisse couche de boue s'était accumulée au fil des saisons. Elle se dit encore que si elle retirait ce limon, tous pourraient boire une eau pure. Ainsi, elle serait reconnue et tous remarqueraient la qualité de son travail. Par des gestes lents, elle retirera la boue stagnante accumulée par le temps. Rapidement, l'eau commença à se troubler si bien qu'elle ne voyait plus le fond du pot. Avec persévérance, bien qu'elle arrivât à retirer pratiquement toute la boue, l'eau restait encore très trouble. Elle eut encore une idée : le grand pan de tissu servirait de filtre. Une fois au fond du pot, elle l'ouvrit puis le remonta lentement : l'eau s'éclaircit. Elle recommença encore et encore, mais l'eau restait trouble et gardait un goût de terre. Elle se dit qu'après une nuit de repos, tout rentrerait dans l'ordre.

Le lendemain, l'eau était claire. Elle commença à puiser par le dessus, chargea la mule avant de redescendre. Pour la première fois, elle se sentait à sa place, nourrie et remplie de son idée : elle contrôlait l'eau. Elle avait fait ce que personne d'autre avant elle n'avait fait. Bientôt, tous la remercieraient, un sentiment de force la remplissait.

Ce jour-là, les hommes du village étaient partis dans un village voisin afin d'effectuer les échanges de la saison, ils ramèneraient des victuailles et outils contre du bétail. Ces échanges n'avaient pas eu lieu depuis longtemps, les querelles passées s'éteignent lentement et les premières négociations reprenaient à peine… Malgré tout, ils passeraient la nuit au village voisin avant de revenir.

Certaines femmes remarquèrent que l'eau avait un léger goût, mais cela ne les inquiéta guère. Le pot d'eau était entre de bonnes mains, la jeune fille avait peut-être puisé l'eau par le fond... Cela arrivait souvent lorsqu'elles confiaient ce labeur aux enfants pour en ramener, ou bien était-ce les vents violents de ces derniers jours qui avaient remué la terre du fond... Elles en firent la remarque à la jeune fille qui, ne sachant comment se défendre, se tut et n'osa pas expliquer comment elle avait retiré toute la terre de l'eau et lutté la veille pour les servir ce matin. Le lendemain, puis les jours suivants, chacun buvait l'eau, mais plus personne ne fit de remarques. Quelques jours plus tard, un enfant tomba malade. Puis, le jour suivant, une vieille femme mourut, tiraillée d'une souffrance au ventre d'origine inconnue. Les hommes se sentaient faibles, éreintés par le travail aux champs, ils revinrent au village. Chacun s'interrogeait sur la nature du trouble, certains dirent que la nourriture échangée en toute innocence avec le village voisin était empoisonnée. Les vieilles rancunes reprirent le dessus et l'affaire était presque réglée : la vengeance serait leur seule réponse. Les femmes connaissaient l'issue et savaient que s'ils allaient se venger, certains hommes ne reviendraient pas. Elles décidèrent de consulter le sage du village. Celui-ci leur demanda de se souvenir de tout ce qui s'était passé avant que la maladie et la mort ne surviennent... Les femmes firent appel à leur mémoire et progressivement, elles en vinrent à se souvenir de l'arrivée de cette famille, dont aujourd'hui la fille s'occupait de l'eau. Elles pensèrent alors que le village avait laissé s'introduire le mal et que les esprits ne les protégeaient plus. Une femme décida de se rendre à la source d'eau. Elle remarqua que le pot géant était recouvert d'un grand pan de tissu. En regardant bien à l'intérieur, elle constata qu'il était particulièrement propre : l'épaisse boue avait quitté le pot. Face à tous ces changements, elle demanda conseil à la vielle qui s'occupait précédemment du pot. Elle expliqua qu'elle avait vu que le pan de tissu recouvrait le pot. La vieille demanda qu'on le retire immédiatement. Selon elle, les esprits ne pouvaient plus s'abreuver et évidemment ils venaient se venger. La femme ajouta qu'en soulevant le pan, elle avait remarqué qu'il n'y avait plus de terre au fond du pot. La vieille s'exclama : "Comment, nous n'avons plus la protection des esprits de la terre ! Vous rendez vous compte ? L'eau du village que nous consommons n'est pas bonne sans le traitement par l'esprit de la terre. Depuis nos ancêtres, nous nous abreuvons, chacun se préserve de la connaissance et personne ne s'interroge d'où le pot sacré puise son pouvoir." Ils décidèrent de faire descendre la jeune fille afin qu'elle s'explique sur ses faits. La coupable s'effondra en larmes devant ses accusatrices. Tout le monde donnait son avis, et rapidement, tous furent d'accord sur la mise à mort de la jeune fille. Chacun, selon sa vision, lui adressa une dernière phrase avant de la livrer à son triste sort.

Un jeune sorcier s'approcha de la jeune fille et lui dit : « Tu as beaucoup d'esprits malins en toi : ta famille sera libérée. »

La vieille dame connue de tout le village pour son caractère héroïque ajouta : « N'as-tu pas le courage d'admettre tes fautes ? »

Un homme pragmatique s'approcha à son tour de la coupable avant de lui dire : « As-tu perdu la raison pour te laisser habiter par de pareilles idées ? »

Une femme insouciante ajouta : « Tu as de la chance, tu aurais pu tuer tout le village ! »

Une vieille femme dont le cœur ne percevait que la noirceur de la vie renchérit : « Par sa faute, tout le village va mourir… »

Un vieil homme aux idées novatrices ajouta entre deux pensées : « N'as-tu pas pensé à utiliser un tissu propre lors de ton dernier filtrage ? »

Une femme médecin connue pour ces remèdes précieux déposa silencieusement aux pieds de la jeune fille en larmes la plante qui endort, afin qu'elle ne souffre point lorsqu'elle serait abattue.

Une jeune femme, chargée d'un enfant dans les bras vint cajoler la jeune fille sermonnée de toute part et se mit à pleurer avec elle.

Un jeune homme regardait au loin, son cœur était aussi en pleurs. Il connaissait maintenant le destin certain de la jeune fille et savait que bientôt ses yeux ne pourraient plus la contempler. Il avait préparé pour elle une demande d'union depuis plusieurs jours, mais là, il n'en était plus question… Le sage, agacé par tant de vacarmes, planta d'un geste franc son bâton dans le sol, signifiant ainsi que plus aucune parole ne devait être prononcée avant le conseil des esprits. Maintenant, le sage allait consulter les ancêtres. La cérémonie continua tard dans la nuit, un aïeul prit possession du sage afin de délivrer le message aux vivants. Hagard, le visage du sage oscillait de gauche à droite fixant l'inconnu. Les lèvres se délièrent et livrèrent le verbe aux vivants : « Lorsque cette famille désœuvrée s'est présentée, certains les repoussaient par peur et d'autres leur ouvraient les bras, parce que cette famille avait aussi sept filles magnifiques : leurs yeux étaient tournés vers le désir ». Sa voix grave et tremblante s'emmêlait de râle avant d'ajouter : « Cette famille, par son histoire porte en son sein le malheur et fait à la fois l'objet de méfiance et de convoitise. La jeune fille à qui vous avez laissé la responsabilité de votre vie, habillée de l'ignorance n'a fait que poursuivre l'œuvre dans laquelle elle a été éduquée. Son cœur inquiet souhaitait être irréprochable, elle se sait belle et pure et a souhaité rendre le pot aussi dénué qu'elle d'impureté…

La puissance de sa confiance en la beauté l'a poussé à enlever tout ce qui lui semblait impropre. Aujourd'hui, si nous décidons de tuer cette jeune fille prétentieuse et de chasser cette famille, nous garderons le visage de la colère et le cœur chargé de rancœur, mais aussi d'ignorance. Si nous acceptons nos faiblesses et lui donnons la connaissance en acceptant nos erreurs, alors nous progresserons dans la vérité.

Cette famille est porteuse de plusieurs esprits : celui du rejet, puisqu'elle ne pouvait plus rester où elle vivait, celui du désir d'admiration en nous montrant des qualités que nous avons tous remarqué et admiré, nourrissant ainsi cet esprit.

Aujourd'hui nous avons le choix, soit de chasser ou de tuer cette famille, mais ce faisant, l'esprit de vengeance restera près de nous et nous attirerons les esprits des villages voisins avec qui nous pourrons nous venger encore et encore... Nous garderons aussi l'esprit de l'ignorance, car nous n'aurons rien changé de nos us et coutumes et nous conserverons aussi l'esprit du désir. Même morts, leurs visages resteront dans la mémoire des cœurs secrets. Les ancêtres livrent leur attachement à cette famille et vous avez besoin d'eux, autant qu'ils ont besoin de vous. Cette famille sera réunie au centre du village afin de raconter leur histoire, leur parler et ainsi vous abreuver de connaissance et de réalité. Dites-leur la vérité sur mes paroles, des esprits qui sont nés en eux et parlez leur aussi de tout ce qu'ils ont accompli pour le village. Ainsi, notre village ne sera plus abreuvé d'ignorance et saura que sous la laideur se cache la beauté et que la beauté dépourvue de l'esprit de laideur n'est que l'apparat du démon. Comprenons aujourd'hui que les esprits malveillants se nourrissent de nos faiblesses et que cette famille est à notre image. Aussi, donnez-leur ce que vous voulez vivre, là est la vérité. Demandez au jeune Kiro ce qu'il a mangé près de l'arbre ancien : à cet instant, son corps s'est nourri de la maladie : il vivra... Pour ce qui est de votre aînée Sobwe, malheureusement l'estomac saignait depuis longtemps, elle n'avait pas la force d'y survivre, elle est maintenant parmi nous et se repose ».

Le jeune enfant, encore fébrile, entendait les paroles de l'esprit qui s'exprimait à travers le sage. Tous les regards se tournèrent vers lui et l'enfant fit un grand signe de la tête en réponse : il avait mangé de la galette. Après ces paroles, le jeune homme hésitant dont le cœur était en pleurs, s'arma de courage et vint poser le panier aux pieds de la jeune femme, avant d'ajouter avec autorité : « Si elle doit mourir, je veux que mon pied suive son chemin, ainsi nous serons liés jusqu'à la mort ! » Il avait fabriqué le panier de l'alliance et l'avait rempli des meilleurs fruits comme le veut la tradition du village. Cela signifiait que l'esprit de la jeune fille était dans le cœur du jeune homme et si elle croquait un fruit, elle deviendrait sa femme. Tout le monde resta bouche bée. Les esprits avaient parlé à travers la bouche du sage et il n'était plus question de l'abattre. Maintenant, ce jeune orgueilleux, habituellement réservé, sommait de mourir à son tour si l'on touchait un seul de ses cheveux. Un silence planait encore dans le village quand un homme arriva en courant. Il montra les galettes qu'ils avaient échangées avec le village voisin, une petite mousse noirâtre poussait dessus et tout le village en avait consommé. Un des hommes rappela que, durant leur retour au village, il avait beaucoup plu et les galettes de farine n'aimaient pas ça… Finalement, les langues trouvèrent une issue certaine à leurs tourments, elles et se délièrent en insultant le village voisin. Certains parlaient encore de vengeances mais, hormis le jeune orgueilleux, plus aucun regard ne se tournait vers la jeune fille.

Pas de doute

« Une partie de toi sait ce dont tu as besoin, fais-lui confiance. »

Des fleurs et des offrandes étaient déposées de chaque côté des marches de l'escalier en marbre blanc du Temple Blanc. La large entrée principale apaisait par ses formes arrondies : c'est le chemin qu'empruntaient ceux dont le cœur souhaitait l'accomplissement d'un désir. S'ouvrir aux esprits allège les fardeaux journaliers, rend le cœur confiant et même quelquefois, provoque la chance par des chemins inespérés… Les emoras parlent aux esprits et voient ce que d'autres ne peuvent pas percevoir : c'est pour cela qu'elles sont respectées et très demandées.

Ça devenait une habitude, ce matin encore le temple blanc m'appelait. Je passais par le jardin et empruntais la porte de derrière qui reliait la Demeure Blanche au temple. Au fil du temps, Mossi avait réussi à m'apprivoiser. De nature peu bavarde, elle était connue pour son caractère autoritaire. Mais avec moi, c'était différent, elle me parlait sans retenue, liée par l'évidence…

Elle m'avait décrit une vie précédente où nous avions été sœurs protectrices de la forêt millénaire de Teraki et elle a tenu à me la faire découvrir… Lorsque nous y sommes allées, j'ai rencontré les arbres immenses. Dans le même instant, mon cœur s'est rempli d'une chaude émotion, je savais ce que j'avais à faire. Naturellement, j'enlaçais un arbre Maître. Un passé lointain jusqu'alors oublié reprenait vie et des images, des scènes, me traversaient. Nous nous retrouvions, cette sensation me manquait depuis si longtemps…

Cette expérience avec Mossi nous a rapprochées. De mon côté, je préservais une certaine réserve due à son rang de matriarche du temple. Les plus hautes personnalités venaient la consulter car elle possédait le pouvoir de changer le destin des Hommes.

Ce jour-là, elle était assise face au jardin. En arrivant près d'elle, je restais là plantée et attendais. Même pratiquement aveugle, elle me reconnaissait et j'avais comme l'impression qu'elle m'attendait…

« Ta visite me fait bien plaisir ! » Habitée par la fleur de l'âge qui a encore tout à apprendre, je baissais simplement la tête en signe de réponse. « Je vais t'expliquer les clefs fondamentales afin que l'esprit s'ouvre à la liberté de vision des mondes qui t'entourent. Pour devenir emora, voilà une pratique que tu dois connaître. » Elle traça sur le sol avec sa longue baguette, un grand cercle… « Ça ! C'est le vide. » Puis, elle fit un petit trou au centre avant d'ajouter « Ça ! C'est ta présence, l'éclat initial, ce que tu es. » Elle fit encore un autre petit trou à côté et conclut : « Ça ! C'est ce qui t'entoure, cela concerne aussi les êtres que tu rencontres et leurs différents mondes. Vois-tu, ce grand cercle peut contenir autant de points que ta conscience peut en parcourir. Viens, rentrons au temple, le soleil matinal m'éblouit, nous y serons plus tranquilles. La première clef à connaître est celle de ta propre présence. S'ouvrir aux mondes subtils révèle des découvertes d'une grande richesse. Comme tu as déjà pu le constater, lorsque tes pieds se posent sur le monde, ils y reconnaissent l'esprit de la ressemblance, de la différence, mais aussi celui de la dualité et du pouvoir. Lorsque l'esprit voyage dans ces mondes, il peut en garder la trace et même souvent en rester habité. Que ce soit dans le plan matériel ou spirituel, l'être garde l'empreinte de ses rencontres, par l'attraction ou par le rejet. Ces mémoires trouvent refuge en chaque être. Parfois, l'être a du mal à s'adapter à la matière, il peut avoir la sensation de ne pas trouver sa place : en fait, il est loin de lui. Se rapprocher de sa propre présence est primordial afin de ne pas se laisser absorber par les énergies ou les êtres qui t'entourent. Lorsqu'un espace est vide, la vie utilise la forme pour le remplir. En cultivant ton jardin, tu reconnais ce que tu as planté et ta présence te libère de ce qui n'est pas toi. Une fois que tu sais aller à la maison, tu pourras t'en éloigner, te projeter ou te laisser y demeurer. La conscience te livrera ce qu'elle perçoit, tu le ressentiras dans ton corps lorsque tu seras au contact des esprits ou des mondes que tu visiteras. Dans la profondeur de ton être, se révèle le point initial, jusqu'au jour où tu percevras qu'il n'y a finalement pas d'empreinte, il n'y a que la connaissance… Donne-moi un peu d'eau Ina, ma gorge est sèche… ». Je m'exécutais, en tendant de manière solennelle un bol d'eau à Mossi, et restais en état de contemplation pendant qu'elle étanchait sa soif. Puis aussitôt, elle reprit son récit haletant.

« La deuxième clef est celle de la rencontre, ta présence dans la présence. Elle représente l'union entre soi et ce vers quoi l'attention se tourne. Dans cet espace, tout existe, tout se retrouve... De là, tout se voit, se mélange et se différencie. C'est le monde des esprits et des empreintes qu'ils y laissent lors de leurs différentes expériences. Tu découvriras ce qui existe en chacun. Les pensées que l'être projette et les expériences qu'il vit restent en mémoire et s'imprègnent dans ce monde où tout n'est que vibration. C'est ce que tu retrouveras lorsque ton corps quittera ce plan. Tu y retrouveras tes propres croyances, mais aussi celles que le monde a construit et auquel tu peux accéder lorsque ta conscience y est ouverte. La troisième clef correspond au temps et à l'espace. Dans ce monde, tu n'es limitée ni par le passé, le présent ou le futur. Il y a l'instant de l'expérience, mais il peut se vivre dans le passé, le présent et le futur. La forme qui s'exprime est relative à celui qui observe la forme, à l'espace qu'il lui accorde dans son propre espace qui est à la juste mesure de sa capacité de perception. Affranchi de ce qui le retient, l'esprit se tourne vers tous les possibles afin que s'exprime librement la vision. Dans la réponse, nous rencontrons un être vivant, ses vibrations fondamentales, son histoire, ses pensées. Dans cet espace, tout existe : les végétaux, les minéraux, le vent, le feu, l'eau... Tout ce qui est connu par les sens existe aussi dans cet espace. La forme est le résultat de ta réalisation, ce que tu connais, ce que tu projettes et ce que tu es. Mais sache que sans l'intention, rien n'existe. Prenons cette pomme, si je la sens en pensant à quelqu'un, je vais ressentir une odeur particulière qui ressemblera à cette personne. Tout est dans tout, les seules limites sont celles de l'esprit. Tu dois savoir aussi que ses trois clefs ne forment qu'une, car elles viennent aussi de notre création. Le plein prend naissance du vide ou si tu préfères c'est ta propre présence créatrice qui remplit un espace initialement vide. Afin de faciliter ta compréhension, elle est symbolisée par un grand cercle, mais comme tu le sais, le cercle est déjà une forme... Le point que je fais au milieu de ce grand cercle, c'est la création qui émerge du vide. Par exemple, tu peux facilement imaginer que tu es dans le noir, il n'y a rien. Puis, la lumière se fait et tout prend forme. Cette forme, c'est le petit point au milieu, si petit et pourtant c'est de là que l'histoire commence, de la vision... à sa réalisation. Tout est ce petit point, tout est possible, il possède un terrain infini d'expression qui correspond au grand cercle. Voilà, tout cela est en chacun... Comme il en est de même à l'intérieur de tout... L'intention peut utiliser le geste et voilà pourquoi lorsque nous ouvrons le sac de sable, nous le caressons afin de créer le vide, c'est le premier pas... Mais au-delà de la forme que l'on donne au sable, c'est s'ouvrir à l'état de vide. En y associant le geste, tu te mets dans l'état. L'esprit, libre de toute appréhension, se laisse aller à recevoir des informations. Libre de toute entrave, ne reste que l'instant qui retient l'attention : l'emora peut commencer à parler. Mais, l'emora peut aussi créer, il lui suffit de caresser le vide, se mettre dans l'état et créer à l'infini... Ensuite nous faisons un trou dans le sable en laissant une pensée qui prendra forme par le pouvoir de création. Lorsque tu seras instruite, les personnes qui souhaitent influencer leur destin viendront te voir. Car, comme tu le sais, le désir habite le cœur de chaque être et chacun souhaite en voir sa réalisation. »

« Alors, voilà comment nous procédons : Mossi me conduisit devant la grande table ronde et profonde, en marbre blanc, contenant de l'eau. Vois-tu cette eau ? Elle reste à la lumière et s'abreuve de pureté. Ces quatre murs la protègent et préservent sa tranquillité. Ainsi, elle reste sans mouvement afin que l'intention soit accueillie paisiblement. Lorsqu'une personne vient consulter l'emora, elle lui livre les secrets de ce que son cœur désire. Elle ne lui livre qu'un secret à la fois afin que tout ne se mélange pas. Cela peut être le désir d'avoir un enfant, un bon mari, de la richesse, la santé, s'ouvrir à la connaissance ou à la sagesse... Ensuite, nous remplissons une petite fiole de cette eau que le consultant devra garder sur lui en pensant à son désir, ce qu'il désire voir créer : une seule et unique pensée. Au fil des jours, le lien se fera entre la fiole, l'eau et la pensée, jusqu'à ce qu'elles se connaissent, s'apprécient et ainsi fusionner. Lorsque le consultant s'est familiarisé avec son intention, il remet la fiole à l'emora ».

Mossi mettait en pratique ces explications. Elle prit une petite fiole, la remplit d'eau et la posa au creux de mes mains, je les refermai délicatement comme pour accueillir « l'inestimable ». « Demain, tu me la redonneras. Pense aujourd'hui à ce que ton cœur désire. Cela peut être n'importe quoi, et si tu ne sais pas, laisse-toi porter, fais-toi confiance. Une partie de toi sait ce dont tu as besoin. »

Je l'ai laissé dans ma poche intérieure toute la journée. Je ne savais pas trop à quoi penser. Mon cœur s'ouvrait déjà à tous les désirs. Je pris la fiole et la regardais, comme me l'avait dit Mossi : « Un seul message, une partie de toi sait ce dont tu as besoin, fais-lui confiance ! ». Puis mes yeux se fermèrent, une scène s'ouvrait : une pluie pure tombait devant moi et l'instant d'après, tout devenait clair. Ma présence s'installa dans cette vision. J'en compris la signification : " La présence dans la présence. Dans cet espace où je regarde, je suis.". Je sentais que j'avais terminé. Je pourrai redonner la fiole à Mossi.

Très tôt le lendemain, j'étais déjà au Temple et Mossi m'attendait : « Tu es chargée d'impatience Ina ! »

En effet, je m'étais directement rendue au temple après mon réveil. Hier, lorsque Mossi m'avait dit que le temps n'existait pas, je pouvais le confirmer aujourd'hui. J'avais l'impression d'être le même jour, je me sentais habitée par cette force. Mossi demanda que je lui remette la fiole. « Maintenant, nous allons nous rendre à la forêt. En tenant la fiole sur moi, je ressens déjà sa vibration. Je vais t'expliquer ce que tu dois comprendre. »

Lorsque nous arrivâmes sur place, Mossi sortit la fiole en disant : « Je prends la fiole dans mes mains et commence à m'ouvrir à l'esprit que tu as mis dans la fiole, je laisse cette vie m'imprégner. Cela développe son pouvoir et lorsqu'il y a un témoin, c'est le gage que la création existe. Dans notre cas, c'est l'esprit de toutes les emoras qui accompagnent le rituel de l'emora et qui sont, à cet instant, son témoin.

Je regarde son pouvoir. C'est là où tout s'unit : l'intention à celui de la forme que je vois. L'emora est le lien qui permet l'accomplissement du désir sur terre. Ensuite, je me positionne devant l'endroit propice pour le scellement entre l'énergie non réalisée et la création. C'est un peu comme un nid où l'énergie développe la forme et le sens, de son lieu d'ancrage jusqu'à sa réalisation. Avec le bâton, je trace un grand cercle, cela correspond au vide, ce lieu pur est maintenant réceptif. Je rentre dans ce cercle, puis je commence à caresser le centre afin d'ouvrir l'espace. Lorsque je me sens prête, au centre, je fais un trou avec le doigt, aussi profond que la première phalange de mon index : ce simple geste symbolise la création. Le trou est le réceptacle, comme une bouche qui accueille de la nourriture. J'ouvre la fiole et y verse l'eau dans le trou : voilà mon travail est terminé. Je peux ensuite refermer le trou, comme je le ferai avec une graine. Parfois, la cérémonie peut être un peu différente selon le pratiquant. Par exemple, j'ai vu certaines emoras tracer deux traits afin de créer un couloir pour sortir du grand cercle. D'autres font simplement un trou avec le talon, sans se baisser, ou avec leur canne. Ce qui est important, c'est que tu le fasses comme ton cœur te le demande. Surtout ! Lorsque tu fais, tu fais ! L'essentiel est de n'être habité d'aucun doute. Lorsque tu as fini, tu as fini ! Là est la conclusion de ton action. Ce que tu as fait, est ! »

Un monde dans le monde

« Après cette première vision, je ne peux plus douter, un monde subtil habite ce monde : mes sens commencent à le reconnaître. ».

Ce fut une journée riche d'enseignement. L'esprit restait entre deux mondes, celui du manifesté et du non manifesté. Par la sérénité, je devais intégrer les deux. Le soir, assise sur ma natte, je portais l'attention sur mes mains. Progressivement, elles libéraient une douce chaleur, comme un fluide dans lequel je m'abandonnais. Sur ma droite, je percevais une présence paisible, une forme de triangle s'affairait. Des mouvements au début difficiles à percevoir, puis de plus en plus précis. Le triangle était finalement un jeune homme, aux cheveux courts, vêtu d'une veste bleue et d'une ceinture blanche et argentée. Il représentait le monde comme un grand cercle, laissant une traînée de poudre lumineuse. Je ressentais que la présence qui habitait mes mains était canalisée, guidée et nourrie par son énergie. Naturellement, je reproduisais les symboles qu'il traçait. Il pointa à l'intérieur du cercle des points lumineux. Un point attira mon attention et se mit à prendre vie devant moi. Je voyageais à l'intérieur de lui, il me racontait son histoire. J'intégrais le monde de l'infime dans lequel les symboles m'accompagnaient jusqu'à leurs réalisations. Je ne savais pas pourquoi cette présence s'était manifestée, mais depuis ma dernière rencontre avec Mossi, un monde s'était ouvert en moi. Après cette première vision, je ne peux plus douter, un monde subtil habite ce monde : mes sens commencent à le reconnaître.

Les clefs de la perception

« La connaissance peut s'obtenir à partir de n'importe quoi, puisque tout est dans tout et en possède l'information. ».

Encore portée par l'expérience de la veille, j'allais voir Mossi qui revenait de sa promenade matinale, accompagnée d'une emora. J'attendais dans la salle principale du temple et me promenais à l'intérieur. Même les murs semblaient différents, ils m'ouvraient à de nouveaux espaces, presque infinis. Plus rien ne bloquait ma perception, je pouvais tout voir à partir de tout. À son retour, j'étais impatiente de lui raconter mon expérience. Tout ce qu'elle m'avait dit était vrai et se réalisait à cet instant devant moi. Mossi était enchantée, c'était la première fois que je me livrais à elle. J'avais l'impression que nous faisions maintenant partie de la même famille. Ce jour-là, Mossi m'ouvrit encore à son enseignement.

« Pour développer ta capacité de perception, tu utilises tes sens. Ce que tu comprends aujourd'hui c'est que réellement, il n'y a pas de différence entre toi et ce que tu perçois : tu es ce que tu perçois. Mais, revenons en détail à ce qui concerne la faculté de perception_qui consiste à utiliser tes sens pour transmettre tes messages. Ce que tu perçois dans le monde subtil doit prendre sens pour celui qui vit dans le monde commun qui t'écoute et attend ta réponse. Pour transmettre un message, tu dis ce que tu vois, ce que tu sens, ce que tu entends ou ce que tu touches. Ainsi, ce que tu vois a des formes et des couleurs, cela peut dégager une odeur, tu peux entendre un son ou une musique… Lorsque tu touches ce que tu perçois, tu auras aussi des ressentis de dureté comme pour un mur ou bien l'impression de t'immerger lorsque ce sera du liquide. Je vais te donner une petite expérience à réaliser avec tout ce qui t'entoure, cela va t'ouvrir à ce nouveau monde. Afin de faciliter ta perception, tu peux choisir un objet réel ou bien un objet non réel. Par exemple, cela peut se faire avec un plat cuisiné, un simple bout de bois… Tu peux lui donner vie en le visualisant ou aller cueillir un fruit, prendre un objet qui te permettra de t'abandonner à la vision. Pour la capacité d'entendre, as-tu remarqué que la musique transporte ? Celui qui a créé la musique a respecté les lignes de sa création. Cette harmonie, à son tour, s'étend au canal auditif de celui qui l'entend. Cet esprit parcourt son voyage jusqu'à celui qui pourra le percevoir. Pour commencer à entendre, ouvre-toi aux sons qui t'entourent. Le mot « ouverture » n'est pas anodin, c'est la clef, pour percevoir les sons du monde subtil. Pour développer cette capacité, tu peux simplement frotter ton doigt sur n'importe quel objet ou sur un mur. Cela produira un bruit, une vibration que tes oreilles entendront : maintiens ton attention dessus, laisse-toi porter afin que celle-ci te parle. Au départ, ce sont les oreilles de ton corps, mais progressivement tu t'ouvriras au monde subtil et tu pourras ensuite l'interpréter. De la même façon, tu peux le faire avec un objet de ton monde intérieur, celui qui correspondra à ta création. Lorsque j'ai commencé, l'emora qui m'a enseigné me disait que lorsque les sons ne viennent pas naturellement, il existe une méthode afin de s'ouvrir à cette vibration. Je devais chantonner les syllabes : par exemple, ba, be, bu ou po, pi et ainsi de suite… Lorsque je répétais une syllabe, je devais l'intégrer au monde subtil. Ce que je veux te dire, c'est que ton monde subtil te propose une vibration que tu perçois et ton monde commun le transforme en syllabes qui deviendront avec le temps des mots, puis des phrases. Dans la tradition, certains rythmes de tambours sont répétitifs. Après un certain temps, un esprit prend naissance, le son prend vie. L'être sensible s'abandonne à l'esprit de la musique. Pour la capacité de sentir, reprenons notre fruit ou simplement, nous disons qu'il est là. Nous sentons et percevons son odeur. Laisse-toi imprégner par l'odeur en pensant à une personne. Puis sur cette pomme, pense à une autre personne et alors tu remarqueras que la pomme aura une odeur différente : ce sera le mélange de la pomme et de la personne à laquelle tu penses. Pour le toucher, c'est exactement la même chose. Tu peux le faire avec n'importe quel objet. Tu le touches, en portant ton attention sur le fait de toucher, jusqu'à rentrer et vivre l'énergie que tu touches. Une fois imprégné de cette vie, tu y associes la question que tu te poses et tu ressentiras quelque chose. Tu peux aussi le faire avec un être vivant, lorsque tu souhaites connaître une réponse le concernant. Tu peux aussi toucher l'objet ou le caresser sans le toucher physiquement ; cela développe ta capacité à ressentir la vie qui remplit un espace qui paraissait vide de vie aux premiers abords.".

J'avais un nouveau jeu et j'y prenais plaisir. Je le faisais avec tout et n'importe quoi, jusqu'à faire n'importe quoi. Mais, ce n'était pas grave, la passion était là. Je la vivais ainsi et me laissais porter, c'était agréable de se sentir vivante. Dans l'enthousiasme d'avoir trouvé ma voie, j'ai gagné beaucoup de temps et surtout libéré de l'espace intérieur. Je visualisais un fruit et changeais les questions, les visages. Je me laissais imprégner par la vibration de ce qui m'entourait. Ce qui était important, c'est que de cette façon, j'ai vite appris où je devais regarder pour voir. Je prenais une pomme et, en pensant à Mossi, me demandais intérieurement : quelle est la forme de Mossi dans cette pomme ? Tout à coup, elle devint toute petite, fragile et colorée d'un jaune brillant. J'ajoutais alors : quel est son parfum ? Une odeur fine, subtile m'envahissait avec un léger goût sucré. Même les yeux ouverts, la perception venait. Ce n'était pas mes yeux ordinaires qui me montraient ses formes, c'était ceux du monde intérieur, ceux dont tous les possibles se présentent. Comme le disait souvent Mossi, lorsque je pose une question, une réponse vient. Ensuite il faut dire ce que l'on voit, il faut dire, Il faut dire… et redire. Peu importe ce que l'on dit, l'important est de se rapprocher de l'essence de la perception. Ensuite, je repose une question. Chacune est un pas et me rapproche du but. Lorsque l'attention n'est plus, la question n'est plus, je reviens alors à mon monde ordinaire. Grâce à l'enseignement de Mossi, je compris rapidement que tout est possible. La connaissance peut s'obtenir à partir de n'importe quoi, puisque tout est dans tout et en possède l'information. Finalement, la perception et moi ne faisons qu'un. Tel que me l'avait enseigné Mossi, je l'appliquais et je recevais les messages naturellement. En fait, cela avait toujours été présent en moi : naturellement, c'était là… Depuis ce temps, j'ai continué à explorer ces trésors.

L'art de traverser

« Celui qui ne souhaite pas goûter la douleur ne s'approche pas de la violence, mais lorsqu'elle se présente, il y fait face. »

À la Demeure Blanche, toutes les jeunes filles expérimentaient l'art du combat afin d'acquérir les connaissances de base. Mais très peu poursuivaient dans cette voie, tant la pratique était rude. C'est vrai qu'il y avait bien plus agréable à faire dans les jardins et les environnements extérieurs, tout en harmonie et en finesse, mais aussi dans les ateliers riches de savoir, alors que l'entraînement au combat était âpre avec ses impacts, ses projections et ses chutes… Le corps garde l'empreinte de la douleur et la transformer en force relève de la persévérance. Avec le temps et la patience, je franchissais unes à unes ces étapes et gagnais en conquête intérieure. La confiance se révélait progressivement. Je m'étais investie dans cette expérience comme un devoir personnel qui me rapprochait de mon village natal où les combattants de Koä y étaient reconnus depuis longtemps. L'art du combat demande de la bravoure, parfois, jusqu'à faire don de sa vie. Dans cette difficulté, le monde des esprits y est associé et chaque combattant portait un bracelet sur le biceps, à l'intérieur duquel vivait l'esprit qui le servait et le protégeait.

N'ayant pas eu de fils, avant mon départ, ma mère m'avait fait ce présent inestimable qui représentait le chemin de vie de mon grand-père : son bracelet. De ses premiers pas jusqu'à son dernier souffle, il s'était aguerri à l'art du combat. L'esprit que lui avait transmis son père s'appelait « Suri » qui signifie : « celui qui traverse. ». Solidement attaché, son compagnon l'accompagnait à chaque rencontre. Durant sa longue carrière, il effectua plus de trois cents combats officiels avant de se retirer avec les honneurs.

Voici comment l'on procède lorsque l'on souhaite donner vie à un esprit : On utilise un petit un tissu autour duquel on fait un tressage solide de corde fine, afin de le recouvrir complètement.

Le rituel de la cérémonie a pour but de donner vie à l'esprit qui l'accompagnera tout au long de son existence. Mais pour qu'il prenne vie, il faut créer l'esprit qui l'habitera : on lui donne son nom et ses qualités. Les qualités de l'esprit sont choisies selon le corps de l'enfant, ses capacités initiales, et aussi, celles qu'il doit acquérir. On utilise ensuite de l'encre de charbon noire mélangée à la terre du lieu de naissance de l'enfant, pour écrire son nom sur le tissu et sa signification. Dessous, nous traçons un petit cercle à peine plus grand qu'une goutte sur lequel on fait tomber une goutte d'eau à l'intérieur. Lorsque l'eau imbibe le tissu, elle dissout un peu le cercle. Lorsqu'elle le dépasse et commence à s'étendre, on passe le tissu au-dessus du feu pour le sécher sans le brûler. Lorsqu'il est sec, il restera suspendu, offert en guise d'offrande au vent. Le lendemain, au moment où le soleil est ascendant, il est retiré et roulé. Les quatre éléments sont réunis et donneront les forces à l'esprit.

Ensuite, on récite l'affirmation d'intention qui associe les quatre éléments et l'éclat initial du combattant.

Lorsque l'ombre marche vers
toi,
comme l'air insaisissable, le
feu foudroie.
Comme la terre inébranlable,
l'eau reste insondable.
En ta présence, l'ennemi ne
trouvera de ressource.

La lumière transperce la nuit,
comme l'air ravive, le feu
purifie.
Comme la terre abondante,
l'eau suit l'évidence.

En ta présence, l'ami s'abreuve
de ressources.

tu sers la vie, tu es l'éclat
initial.

Au départ, le combattant nourrit en connaissance le jeune esprit et le fait grandir en force en tournant vers lui sa présence. Afin de le former, avant chaque entraînement, le combattant dépose le bracelet dans l'autel prévu à cet effet. Ainsi, l'esprit regarde et apprend, jusqu'au jour où il sera ceint autour du bras et fera corps avec le combattant. De son vivant, un combattant peut transmettre l'esprit à un descendant lorsqu'il ne combat plus. Parfois, cela peut se faire aussi après la mort d'un combattant par l'intermédiaire d'un sage combattant qui consultera alors les esprits, afin de savoir si l'esprit veut demeurer et aussi à qui il devra être transmis. Ainsi, un esprit peut vivre de génération en génération à travers un combattant.

Suri est mon arrière-grand-père. Il a vécu ensuite à travers moi tout au long de mon service à la Demeure Blanche : il est à ce jour, au service de mon fils.
À la demeure blanche, nous commencions les frappes, avec les armes naturelles du corps, afin de neutraliser l'adversaire par la voie la plus courte. Puis, vint l'apprentissage des armes conventionnelles comme le bâton et le sabre. Lorsque nous nous spécialisions, nous utilisions des ustensiles quotidiens typiquement féminins ; comme briser une tasse et porter une attaque décisive sur un mouvement. L'art consiste à associer l'endurcissement et la souplesse, la coordination sans être prévisible et la stabilité dans la mobilité. Ces antagonismes nourrissent les fondations du corps par la répétition incessante. Comme le disait Hirosha : « Lorsque le corps est épuisé, il peut recommencer et lorsqu'il perd l'intensité, il trouvera encore des ressources dans l'esprit. Lorsque l'esprit est déterminé, un seul doigt peut ouvrir la victoire. ». Nous venons dans un monde où les événements offrent des formes les plus douces aux plus dures. Un simple imprévu peut révéler une complication. Parfois, cela pourra être violent et provoquer de la douleur ou même nous ouvrir aux saveurs de la mort. Sans réaction de

notre part, nous pourrons même nous y endormir. Face à cela, la juste distance est nécessaire. Quelquefois, cela ne suffira pas et il faudra réagir. Que ce soit par l'esquive ou l'affrontement, cela requerra un déplacement maîtrisé, en associant vitesse et équilibre, afin que s'exprime avec précision la force de la détermination. Celui qui ne souhaite pas goûter la douleur ne s'approche pas de la violence. Mais lorsqu'elle se présente, il y fait face. Pour le combattant entraîné, la confiance ouvre la capacité de dire non à une force qui veut s'imposer. Lorsque la vie est engagée et que la défense devient la seule alternative, il convient de dépasser la difficulté. L'instant d'après, dans l'acte ultime, aucune issue ne doit se présenter à l'opposant.

Même si Hirosha ne montrait pas un visage particulièrement pervers, elle avait remarqué que je m'intéressais à l'art du combat et se plaisait à me demander d'effectuer des attaques mortelles. Je devais lui expliquer l'objectif et la méthode. Comme elle me l'avait appris, je me laissais porter et habiter par le masque : la vérité face à la détermination. J'apprenais qu'au-delà de ce qui vient à nous se révèle la justice, celle auprès de quoi j'étais au service. La vérité n'est alliée à aucun doute et c'est justement cette force qui me portait et me nourrissait : c'est sur ces fondements que s'est construit mon enseignement.

Les tenues de cérémonie que nous portions nécessitaient beaucoup de préparatifs. L'enseignement nous apprenait les gestes fluides afin de mettre à l'honneur les multiples couches de vêtements que nous imposait l'école. Il était facile de dissimuler dans les coutures divers matériaux qui pourraient nous servir dans des situations pour lesquelles nous étions préparées. Ma dernière spécialité était celle du crochet. À peine perceptible, mais tellement dévastateur, ce petit instrument suit la forme arrondie de la manche. De la longueur d'un doigt, sa pointe extrêmement fine pénètre la chair d'un trait, sans douleur. Mais son action ne s'arrête pas là, sur la moitié de sa longueur, il contient une partie tranchante. La saisie assez sommaire demande un peu de pratique pour le sortir sans se blesser et éviter qu'il ne reste coincée dans la couture qui la dissimule. Cette arme est principalement utilisée pour la carotide, afin de la transpercer et si possible la trancher. La blessure provoque une effusion de sang que rien ne peut contenir.

À la quête du pouvoir

« Tu as cet incroyable choix, ne laisse personne ni même tes pensées te convaincre du contraire, tu es maître de ton destin. ».

Causerie et instruction d'Hirosha…

"Le pouvoir repose sur l'inquiétude lorsqu'il s'associe à la dépendance. Mais de quoi pouvons-nous être dépendants si ce n'est de tout ? De quoi pouvons-nous être dépendants si ce n'est de rien ? Dans sa condition, L'Homme s'assujettit aux pouvoirs qui l'entourent. Durant l'effort, il en acquiert et en perd à chaque instant. Cette recherche incessante lui procure de grandes joies, mais aussi des peurs, car une des conditions est de garder… et pour cela il peut lutter, parfois jusqu'à perdre la vie. Et pourtant, au fond de lui vit aussi ce pouvoir, qui ne se cherche pas, ne se trouve pas, ne dépend de rien, ni d'un temps, ni d'une condition favorable ou défavorable, puisqu'il est ce pouvoir. Il est lié au possible, l'élan sans division. L'origine de ce qui nourrit la vie est là, il est entier. Lorsque je marche dans la rue pour me rendre à mes affaires et que je croise un lépreux, ce ne sera pas signe d'une mauvaise chance, je croise simplement un lépreux qui se rend quelque part. Si cette pensée vient en moi, ce ne sera que le signe d'une croyance qui provoquera de la peur, pas celle d'une réalité. Lorsque le soir, je croiserai un chat noir, cela ne signifie pas qu'il va se passer quelque chose de mal, ce n'est qu'un chat qui passe et sa couleur ne dépend ni de lui, ni de moi. Ce chat qui passe n'a aucune influence sur moi. Par cette intention, je me libère de ce qui retient mon esprit dans la crainte, si je l'accepte, je suis la peur : je suis ce que je crois. De même, si je croise trois corbeaux qui s'amusent dans une flaque d'eau, cela ne sera pas un signe de chance, ni qu'une bonne nouvelle va advenir, car la chance n'est pas liée à l'attente et ne dépend de rien, ni d'un signe : je suis la chance. Ce qui m'entoure n'a aucun lien avec le bien ou le mal, il ne porte que le message que je lui accorde. Je ne dépends pas de mon environnement extérieur, puisque je suis mon environnement extérieur. Dans la tradition, nous créons des lieux de cultes, formons des statues, donnons des offrandes afin d'attirer la faveur des divinités que nous servons. Qui n'a pas constaté que cela ne repose sur aucune garantie ? La seule garantie réelle est celle de notre dépendance. Certaines d'entre vous se demandent : « Tout ce que nous faisons pour attirer la faveur des divinités ou des esprits n'a finalement aucune influence ? ». Justement si, ils ont l'influence de nos croyances profondes. Si notre esprit croit en une divinité vengeresse de nos malversations, alors il en sera ainsi : nous serons punis. Si nos croyances se tournent vers une divinité bienveillante, quel que soit le chemin que nous empruntons, alors nos pas marcheront dans la sérénité. Nous sommes nos propres croyances...".

Une prétendante s'exclama : « Mais alors, rien n'existe ? »

"Justement, tout existe et tu as cet incroyable choix ! Lorsque nous désirons, l'esprit s'appuie sur des conditions. L'esprit est un bon serviteur, il nous sert nos propres impressions, nos croyances, nos ressentis... Lui-même est dépendant de ses racines familiales, de son expérience de vie... Lorsque nous l'écoutons, il nous montrera que nous avions raison de le croire, mais ce n'est encore qu'une croyance. Accordez-vous le temps de différencier la pensée de la présence intérieure : la pensée est divisée, la présence est entière. La pensée envisage plusieurs situations sur lesquelles se grefferont des émotions, dont il en résultera un sentiment que nous qualifierons de bon ou mauvais… Mais au-delà, se trouve la présence et elle ne repose sur aucune condition : elle est. Par l'union entre la présence et l'énergie de vie, l'intention accomplit l'acte magique comme une évidente vérité, ou ne règne ni temps, ni croyance, ni peur, puisqu'il n'y a que présence et réalisation à tous les possibles. Même si les croyances sont confortables, n'hésitez pas à les remettre en question afin d'y révéler un chemin de libération vers la plénitude. Tu as cet incroyable choix, ne laisse personne ni même tes pensées te convaincre du contraire. Tu es maître de ton destin.

Thopporo Uneka

Je vais te parler du premier homme qui a changé ma destinée : il s'agit de Thopporo Uneka, le seigneur des provinces de l'Ouest. Officiellement au pouvoir, son père avait perdu depuis longtemps la raison. Il n'officiait plus et restait caché de tous dans le palais principal. Thopporo était donc, depuis de nombreuses années, le dernier descendant et digne héritier du royaume du Nippura, libre d'user de son pouvoir à sa convenance. La famille Thopporo avait bâti son immense richesse principalement grâce aux minerais d'argent, de cuivre, de fer et d'or.

Dans une tenue d'apparat rouge, blanche et dorée, le seigneur Thopporo soignait son image. Il se plaisait à faire afficher sa personne d'une expression bienveillante et puissante. Ainsi, il fit édifier des statues, au carrefour des rues, afin que chacun puisse s'y incliner respectueusement, mais également fit apposer son portrait à l'entrée des maisons. Il était d'usage que le peuple de Nippura garde aussi précieusement sur lui une image du seigneur. À cet effet, une poche à la hauteur du cœur était cousue sur tous les vêtements afin d'y glisser le « précieux » : c'était une façon de nourrir son désir de reconnaissance et d'éduquer son peuple par la force de l'habitude.

Durant très longtemps, je ne l'ai connu que par ce biais. Je l'imaginais comme une personne généreuse et magnanime, jusqu'au jour où je l'ai aperçu de près, lors d'une visite officielle de Teki. Il dépassait bien l'âge de mon père, était de taille moyenne et la peau très blanche. Son allure peu athlétique laissait entrevoir un ventre assez proéminent qu'il portait avec fierté. Cela tranchait avec son visage rond sur lequel était posée une coiffe, en forme de pointe tournée vers le haut, représentant le statut du plus grand dignitaire de Nippura, qui me faisait penser à un bec d'oiseau prétentieux. Une puissante odeur résineuse, boisée et piquante imprégnait son sillage. Il était accompagné de son administrateur principal, vêtu d'une tenue luxueuse d'un bleu sombre, assorti de motifs bleu nuit à peine visible.

L'empereur Ki

L'empereur Ki possédait un empire composé de deux royaumes, Mera et Komo, et de deux immenses provinces non pacifiées, Gasho et Nippura. Gasho était tenu par 3 clans et Nippura par le clan Thopporo.

Mera et Komo étaient tenus par deux seigneurs vieillissants dont le hasard voulut qu'ils décédassent à trois jours d'intervalle. Croyant à un signe du destin, l'empereur Ki décida de nommer ses fils Teki et Zoki à la tête de ces royaumes. Mais, il ne voulait pas privilégier l'un au détriment de l'autre. Alors que Mera était un royaume magnifique qui amenait chance et richesse, quant à Komo, il possédait de solides échanges commerciaux avec Nippura et promettait une belle expansion sur les provinces de l'Ouest. Donc, il décida de laisser parler le destin et fit fabriquer une pièce d'or : sur une face était gravée Mera et sur l'autre Komo. Il réunit ensuite ses deux enfants et leur annonça :

- Je suis vieillissant, mes jours s'échappent et ma santé poursuit ce déclin. Le moment est venu que les fils de l'empereur soient confrontés à leurs responsabilités.

L'administrateur amena la pièce d'or qui devait libérer le hasard. Il ajouta à haute voix :

- Voici mes enfants, il est grand temps ! Chacun de vous lancera la pièce trois fois. À la fin, nous ferons le compte et je vous nommerai empereurs afin d'officialiser votre pouvoir. Ensuite, le destin des deux royaumes sera entre vos mains.

La fameuse pièce remplit bien sa fonction. Teki lança la pièce, qui tomba à deux reprises sur le royaume Mera et pour Zoki, la pièce lui montra deux fois le royaume Komo. Afin d'asseoir le pouvoir de ses fils, l'empereur organisa une grande fête dans chacun des deux pays pour les renommer. Mera s'appellerait donc Teraki et Komo deviendrait Zoraki.

Chacun avait un objectif bien précis. Teki devait poursuivre l'alliance avec les clans Gasho, ce qu'il réussit aisément en s'alliant avec celle qui gouverne aujourd'hui Teraki : Dame Kenata. Un grand respect mutuel perdura entre Gasho et Teraki. Pour Zoki, il s'agissait de renforcer l'alliance basée sur l'échange des biens et ressources avec Nippura, ce qu'il fit avec une grande habileté. Mais, dernièrement Teraki avait révélé d'autres richesses. L'ouest jouissait de ressources d'or, de pierres précieuses, ainsi que d'une mine de fer importante. Cependant, ces mines se trouvaient sur des sites où se reposaient les ancêtres de Teraki. Situées au centre des montagnes qui séparaient Teraki de Nippura, ces mines étaient difficiles d'accès. Avant d'en informer les villageois sur place et d'entamer l'ouverture des mines, l'empereur Teki garda secret ces trouvailles. Il consulta les esprits des ancêtres qui lui demandèrent alors d'attendre plusieurs années avant d'ouvrir les mines. Teki respecta les messages des ancêtres. Quelques années après, l'empereur Teki mourut dans des conditions suspectes. Sa femme, Dame Kenata, devint ainsi la représentante du royaume Teraki. Mais, elle ne se remettait pas de la disparition de son mari et avait du mal à gérer le royaume. Elle s'isolait souvent et ne gérait que les affaires courantes. Sa fille, encore jeune, la secondait dans cette fonction.

Non loin de là, au nord de Nippura gouvernait Thopporo. C'était un homme d'affaires aussi avisé que malin et ce secret ne mit que peu de temps avant de lui être révélé par les Hommes esprits. Le chef de clan de Nippura s'imaginait s'accaparer ces richesses lointaines. Ces pensées incessantes envahissaient son esprit, une idée germa. Il convoitait ces mines, mais décida de ne rien révéler pour le moment et de nourrir avec Dame Kenata des relations privilégiées. Il se rendait ainsi souvent au centre, en particulier au palais afin d'offrir quelques cadeaux à l'impératrice. Alors que le temps passait, son esprit s'inquiétait. Si dans quelques années, Dame Kenata décidait de lui faire de l'ombre et ouvrait ces mines, il perdrait son exclusivité en fer et en or. Thopporo ne pouvait acquérir un bien aussi important par une voie pacifique : une idée germa... Il savait que Zoki ne connaissait pas ce secret et suivant le fil de son dessein, un scénario fut élaboré facilement pour un être si coutumier de projets ambitieux. Il informa Zoki que, maintenant, il devrait limiter l'échange de fer pour Zoraki de moitié. L'empereur Zoki atterré, lui en demanda la raison. Thopporo fit mine de ne pas vouloir révéler un accord secret avec les clans Gasho. Puis, au comble du suspense inventa que Gasho avait conclu un accord avec Nippura. Il n'en fallait pas davantage à Zoki pour s'imaginer que si Gasho demandait du fer dans le secret, c'était forcément pour fabriquer des armes.

Vu que leur relation était loin d'être au beau fixe, le pire était à craindre... Il proposa à Thopporo une surenchère pour acheter l'autre moitié du fer, "à prix d'or", qu'il livrait à Gasho. Thopporo, dans une mine inquiète accepta de livrer seulement la moitié à Gasho, prétextant qu'actuellement, il devait ouvrir de nouvelles mines au motif que les anciennes ne produisaient plus. Bien sûr, il n'en était rien. Il ajouta que cela était très risqué et qu'il s'ouvrait à des représailles de Teraki et Gasho si cela venait à se savoir.

La peur et l'impulsivité accélèrent les projets. Il n'en fallut pas plus à Zoki qui décida de réagir promptement par une attaque préventive. Thopporo dit alors à Zoki qu'il acceptait de l'aider dans ces manœuvres avec son armée à condition qu'il lui livre les provinces de l'Ouest de Teraki, là où se trouvaient les montagnes imprenables. Ainsi, il sécuriserait Nippura de la colère de Dame Kenata. Actuellement, ces montagnes étaient très peu gardées. Thopporo ajouta : « Les montagnes de Teraki sont tellement hautes que mon armée aura un élan suffisant pour sécuriser tes troupes au centre et nous remonterons ensemble du centre jusqu'à l'Est. Là, je t'ouvrirai la première porte de Gasho, par l'Est de Teraki. Gasho ne pourra se préparer en si peu de temps : l'attaque sera fulgurante ! »

Bien sûr, Zoki accepta et se voyait déjà posséder les fameuses terres qu'il convoitait depuis si longtemps et prendre sa revanche sur son frère Teki. Il attaquerait Teraki par le centre pendant que Thopporo remonterait de l'Ouest jusqu'à l'Est pour contrôler Teraki. L'assaut serait fulgurant et éclatant. Ils remonteraient par l'Est de Teraki pour envahir Gasho, ce qui était un point privilégié d'intrusion. Zoki deviendrait alors le plus grand empereur... bien plus grand que son père ! Finalement, chacun retrouverait sa place. Les accords furent passés dans le plus grand secret. Mettre en place un projet d'une telle ampleur nécessitait quelques saisons. Mais si Thopporo tenait parole, Gasho ne pourrait s'armer de façon

convenable et Dame Kenata serait surprise par l'attaque éclair venant du centre et de l'ouest et ne pourrait y faire face. Après leur rencontre, chacun pensait à la suite de la stratégie. Si Thopporo avait eu cette idée folle de s'approprier les mines de Teraki, il n'en était plus là et songeait à d'autres convoitises. Lorsque Teraki serait pris en tenaille par l'Ouest et le centre, il proposerait à Dame Kenata d'envahir Zoraki en échange des fameuses montagnes. Bien sûr, Dame Kenata, acculée, ne pourrait pas négocier puisque Zoki aurait déjà envahi Teraki par le centre. C'était sans nul doute la bonne stratégie à adopter, Thopporo envahirait Zoraki par l'Ouest, là où l'armée offre peu de résistance. De plus, le projet trop ambitieux de Zoki le mènerait à sa perte, car il ne pourrait à la fois défendre Zoraki et attaquer Teraki et Gasho sans son aide : cela lui apparaissait comme une évidence. La précipitation et l'inquiétude le mèneraient, à coup sûr, vers la défaite. Thopporo pensa alors : « Ne t'en déplaise Zoki, envoie tes troupes s'épuiser et mourir du centre jusqu'à l'Est. Tu me livreras la porte de Zoraki par l'Ouest. ». Thopporo voyait déjà se dessiner l'issue fatale. Une fois que Zoki m'aura livré l'Ouest de Teraki, il enverra ses troupes vers l'Est de Teraki. S'il revenait à faire marche arrière, il ne pourrait jamais reprendre ces montagnes infranchissables.
Thopporo y voyait encore la possibilité de passer comme un mécène auprès de son peuple oublié depuis toujours. Il pourrait maintenant fabriquer de l'armement sans inquiéter Zoki et ouvrir des routes d'accès avec Dame Kenata pour fournir Gasho. Cela donnerait du travail à son peuple et celui-ci en avait bien besoin. Ainsi, lorsque Thopporo proposerait, par une campagne d'information, la modernisation de Nippura, le peuple pourrait enfin manger à sa faim et l'adulerait. Quant à Zoki, il avait bien compris que Thopporo souhaitait augmenter son territoire. Mais il n'en avait que faire de ces montagnes qu'il ne pensait d'aucune valeur si ce n'est celle d'une protection. Lorsqu'il posséderait Teraki et Gasho, il prendrait

quelques années plus tard Nippura par la force, songeait-il. Ainsi, il ne dépendrait plus de Thopporo et de ses richesses, puisque l'empire lui appartiendrait complètement. Enfin, il réaliserait son rêve et posséderait les deux faces de la pièce. Finalement, Zoki n'était pas joueur…

L'annonce

« Dispense des paroles de réconforts et un regard compréhensif, ainsi l'autre sera bien avec lui et tu resteras bien avec toi. ».

À partir d'un certain âge, chacune intégrait sa chambre respective. J'adorais la mienne, tout en bois, elle s'intégrait parfaitement sous les toits. Elle n'était pas grande, comme un cocon spacieux où s'exprimaient librement mes plus profondes inspirations. J'aimais m'abandonner à contempler les poutres rassurantes du plafond avant de m'endormir.

Un soir, Hirosha vint m'y rendre visite. Même si elle venait souvent, ce jour-là, c'était différent. Habituellement fluides, sa démarche et sa gestuelle étaient hachées, les traits de son visage un peu tirés, le regard presque fuyant. Je comprenais que c'était important. J'avais déjà remarqué cette attitude lors des messages officiels. Cela concernait des changements dans l'apprentissage ou notre devenir, parfois difficile pour certaines. Elle prit son temps avant de m'annoncer clairement qu'elle était venue pour me parler du mien…

- Le destin est tracé Ina, tu es éduquée afin de devenir une préférence pour le seigneur Thopporo Uneka… C'est un destin que beaucoup pourraient t'envier et ce n'est que le début. Il te faudra faire confiance à ta force. Là où se pose le pied affermi, son assise apaise l'esprit en soi. Ainsi, il s'intègre au mieux à l'esprit qui règne dans le lieu qu'il découvre. Dans cette confiance, tu as été éduquée et maintenant cette force est en toi.

Aussi, tu possèdes les ressources qui te permettront de t'adapter à ce nouvel environnement. Comme tu le sais, le seigneur ne se suffit pas d'une seule femme, il en a plus de trois cents dont beaucoup ne le voient presque jamais. Aussi, tu seras l'une parmi les autres... Mais malgré ce nombre important, le seigneur ne réussit pas à acquérir de descendance. Peut-être auras-tu la chance de lui offrir ce qu'il convoite plus que tout au monde. Mais au-delà d'un espoir improbable, je t'invite à une grande maîtrise : ce sont tes armes principales, tu sauras t'adapter. Comme le dit notre vieil adage, afin de t'adapter à un environnement difficile : « *Dispense des paroles de réconforts* et un regard compréhensif, ainsi l'autre sera bien avec lui et tu resteras bien avec toi. ». Certainement, le seigneur demandera prochainement à te voir. Si tu es privilégiée, alors tu deviendras l'une de ses préférences et tu partiras pour une autre maison où tu seras formée pour le seigneur. Au cas où sa préférence ne se porterait pas sur toi, tu rentreras à la demeure et là aussi tu seras instruite, mais pour un tout autre destin : tu seras choisie par les esprits pour intégrer le Temple Blanc où tu deviendras officiellement emora. Ce qui est conclu avec l'administrateur du seigneur, c'est que notre maison t'éduque. Ensuite, tu pars pour accomplir le destin et s'il te choisit, il paiera sa dot à la demeure. Le premier jour de ta venue, Mioru, l'administrateur du seigneur Thopporo t'a remarqué pour tes traits et a demandé que tu sois présentée. Mais la Demeure Blanche a une renommée et il devait se soustraire à nos protocoles d'éducations. C'était la condition, car nous sommes la plus ancienne maison de jeunes filles de Teraki et initialement nous formons pour le palais et le Temple Blanc. Mais le seigneur Thopporo souhaite avoir quelques préférences et administratrices pour des biens qu'il possède dans notre région. Ainsi, tu pourras peut-être exercer dans ces devoirs, si tu es choisie. C'est pourquoi, tu auras ici de nouvelles fonctions : tu travailleras avec l'administration de Teraki et t'occuperas des liaisons d'accompagnement des personnalités qui rentreront sur notre territoire. Cette tâche est aussi simple que compliquée. Simple, parce qu'aucune difficulté ne doit transpirer pour les personnalités. L'administration souhaite qu'elles se sentent facilement intégrées dans notre immense ville. Compliquée, car l'accompagnement demande une certaine maîtrise de cette fonction et une connaissance pointue de l'environnement en amont et c'est à cela que tu devras t'adapter. Cet apprentissage sera primordial pour toi, afin de t'habituer à côtoyer des personnalités et d'acquérir l'esprit d'autonomie et d'organisation lorsque tu seras en contact avec le monde extérieur. Tu accompagneras donc la prétendante actuelle afin qu'elle t'initie à cette nouvelle fonction. Écoute-la bien, car à la saison suivante, tu seras seule.

Je ne savais que répondre. Hirosha ne me laissait aucun choix, je savais qu'elle-même ne pouvait rien y changer. Ici, c'était ainsi et depuis toujours. Seul mon évitement m'avait permis d'échapper jusqu'à ce jour à cette réalité, l'esprit luttait régulièrement à ce propos afin de s'y dérober. Mais malgré ces années à repousser l'éventualité que cette situation puisse voir le jour, Hirosha venait me le rappeler. J'en savais déjà assez sur cet homme vaniteux, manipulateur, fondamentalement connu pour son caractère violent et incontrôlable. J'étais éduquée et mon futur était simple. Je devrais rencontrer ce seigneur et lui démontrer mes capacités à consulter le monde des esprits, mais également à administrer ses biens. Thopporo déciderait alors selon son bon vouloir que je reste à son service ou que je retourne à la Demeure. Finalement, malgré mon enthousiasme pour la vie subtile et mes efforts pour devenir emora, mon destin reposait finalement entre les mains de ce seigneur, dont rien que l'évocation de son nom me faisait terriblement peur. Après une telle annonce, je me relevais difficilement afin de faire face à ce quotidien qui ne laissait guère de temps aux lamentations du devenir. En fait, je devais faire comme avant, avancer et continuer en attendant la sentence.

Le palais administratif

Dans cette nouvelle activité, ma vie reprenait son cours. Grâce au soutien de la prétendante, j'avais progressivement appris les ficelles du métier d'accompagnatrice et j'étais maintenant seule à gérer mes ordres de mission.

L'administration me fournissait les tenues adaptées aux personnes que je côtoyais. Parfois, j'avais même droit à une habilleuse pour accompagner certaines personnalités. Comme mon cœur n'était pas engagé, je ne pouvais cependant que porter des tenues de couleur pastel. Toutes ces couleurs me mettaient dans une joie indescriptible. J'étais habitée par le sentiment que je me préparais pour entrer en scène, bien que ce n'était que des apparats au service de l'administration. Je renouais ainsi avec ma part de rêve…

Chaque jour, je m'y rendais afin de récupérer un ordre de mission. Dans l'interminable couloir, les grandes colonnes vertes, vieillies par le temps, embellissaient la large et imposante allée sombre. L'ensemble gardait encore une certaine classe. Il y régnait une atmosphère à la fois spacieuse et paisible. Chaque extrémité du couloir donnait sur une immense ouverture lumineuse. De la sorte, tels des ombres, les employés affairés se croisaient en contre-jour. Une légère senteur de mousse avait imprégné la bâtisse. J'aimais cette senteur formée par le mariage de la pierre, l'humidité et le temps… Cela me rassurait et m'offrait une présence solide au moment où j'en avais le plus besoin.

Je suis restée longtemps à essayer de comprendre comment fonctionne une administration et sur quoi reposent son pouvoir et les bienfaits que j'en ressentais. C'est justement la présence du pouvoir, il apporte une réponse aux besoins fondamentaux de sécurité de l'être. Elle propose l'union face à la solitude, le nécessaire face au manque, la justice face aux abus de l'Homme. C'est ce qui fait sa force, son soutien, lorsque seul nous chancelons. C'est pourquoi, l'administration sait offrir au regard le sentiment de stabilité, de beauté et de puissance. À son contact, notre incapacité s'évanouit. Ainsi, l'Homme d'intérêt pourra obtenir ce qu'il convoite et l'Homme soucieux sera rassuré par le sentiment d'appartenance. L'administration est le lien entre le seigneur et le peuple. Mais comme toute force, elle possède aussi ses faiblesses : les principales sont le seigneur, les administrateurs et le peuple.

Initialement, le seigneur n'a pas à résoudre les problèmes du peuple, il laisse cette charge aux administrateurs. Ce qui l'intéresse, c'est la rentabilité. Afin d'assurer la pérennité des rentrées financières, la présence de l'autorité armée postée à l'entrée représente ce pouvoir et rappelle à l'ordre, si nécessaire, le peuple et les administrateurs. Sans user de son énergie personnelle, le seigneur commande l'administration qui contrôle le peuple. Pour chaque administrateur, les besoins sont similaires, mais à bien moindre échelle. Pour accéder à ce titre, il devra faire preuve de dispositions adaptées aux domaines qu'il convoitera. Ces qualités peuvent être le sens de l'organisation et la persévérance. Le courage et l'entrain peuvent aussi être requis, mais les qualités primordiales sont l'allégeance et la collaboration. Selon son niveau de compétence, l'administrateur peut, par la répétition des tâches, perdre l'enthousiasme car, à son poste, la peur est moindre et progressivement, il perd sa motivation initiale. Pour remédier à ce manque d'intérêt, la promotion peut le stimuler et augmenter sa capacité de production. Pour nourrir aussi son esprit de domination, l'administrateur dispose aussi de l'usage du pouvoir sur le peuple. Ce sont des bénéfices secondaires à sa fonction qui ne sont pas moindres et qui tirent leurs origines dans les besoins de puissance et de reconnaissance. C'est précisément à ce moment que l'être en demande auprès de l'administration perdra sa liberté. En ce qui concerne le peuple, il n'est pas en reste d'essayer à son tour de profiter des largesses qu'un administrateur pourrait lui octroyer à titre individuel, parfois par des échanges de bons procédés... Tout cela entretient les dépendances des uns envers les autres. Finalement, le peuple comme les administrateurs rêveraient aussi d'être servis comme le seigneur. Toutefois, il est bon de se rappeler qu'initialement toutes ces richesses viennent du peuple, mais finalement, selon l'avidité des intermédiaires, celui-ci n'en bénéficie que dans une moindre mesure. L'Homme est marqué par l'insécurité et la peur: tout repose sur cela... En définitive, les besoins du peuple, ça s'entretient.

Le marché aux femmes

Dans mes accompagnements, il en est un qui resta gravé dans ma mémoire et qui modifia ma perception de la nature humaine. Ce matin-là, un homme se présenta et se fit enregistrer par ces accompagnants, deux hommes assez jeunes et fluets, dont l'un d'eux était son neveu. C'était un riche marchand de la ville voisine qui venait régulièrement, mais je ne le connaissais pas encore.

L'ordre de mission convenait d'une garde simple. Deux soldats ouvriraient la voie lors de nos déplacements en ville. Il effectuerait des achats dans la journée et dormirait sur place durant trois nuits.

Il avait pour habitude de commander beaucoup de tissus afin de les façonner et de les revendre à des personnalités locales. Nous devions nous rendre aussi au marché des femmes qui se nommait ainsi car c'était justement ce qu'il souhaitait acheter. À notre arrivée au marché, l'homme de petite taille, avec un embonpoint certain, passait sa main droite dans ses épais cheveux noirs et nous attendait déjà. À ses traits, il me semblait être originaire de Nippura.

Dès qu'il nous aperçut, il s'empressa de saluer l'homme et de lui annoncer immédiatement :

- J'ai des pépites pour toi ! En ce moment, j'ai beaucoup de femmes, ton choix sera difficile. Je sais déjà que tu en prendras au moins deux. Suis-moi, tu vas être servi bien au-delà de tes espérances…

- J'espère que ce sera mieux que la dernière fois, tu m'as déçu et je suis reparti les mains vides et les tiennes aux vues des qualités que tu proposes ne devaient pas être bien pleines non plus…

- Oh, tu verras, cette fois-ci, ce sont des perles que je te propose… des perles !

- La dernière fois, tu as refusé de me vendre celle que je voulais, je suis pourtant un bon client !

- Si ça ne tenait qu'à moi, je te l'aurai laissé, mais elle était déjà réservée. La fois précédente, tu es arrivé à la fin, j'avais déjà vendu mes plus belles filles. Mais ne t'inquiète pas, aujourd'hui le premier choix est pour toi et tu seras bien embarrassé.

- J'espère surtout que tu me feras un bon prix pour te rattraper, car la dernière fois, je suis venu pour rien… Allez, assez causer, fais-moi voir ce que tu me promets, je suis pressé !

Sûr de lui, l'homme à la peau mate frappa très fort dans ses mains charnues.

Dix filles sortirent d'une petite pièce et montèrent sur la vieille estrade en bois sur laquelle des milliers d'empreintes semblaient encore y vivre. Je ressentais ces vies gravées par le temps. L'acheteur les regarda de loin et pointa son doigt vers deux filles. « Mets-moi celles-là de coté. »

Celles qui n'étaient pas retenues prirent congé. L'homme refrappa de ses mains sèches : « On se dépêche, votre maître attend ! » Sept autres femmes prirent place sur l'estrade grinçante. L'homme hocha la tête vers l'une d'elles. Le commerçant regarda les trois femmes alignées qui restaient. Je regardai leur visage, leurs expressions, les bras pendants, les pieds droits. Leur attitude semblait avoir perdu toute dignité, tout espoir...

Il passa devant chacune et les regarda fixement. Comme pris d'hésitation, il refit un tour, avant de s'arrêter devant une jeune femme. Il mit ses mains autour de sa tête et la palpa pour en déceler d'éventuelles protubérances. Il lui fit ouvrir la bouche, tira sur la joue et glissa ses doigts à l'intérieur pour écarter sa bouche afin de voir si derrière cette magnifique beauté se cachait une carie. Il regarda même derrière ses oreilles.

On n'achète pas une marchandise sans être sûr de sa qualité. Je ne trouvais pas ma place à cet endroit et j'appréhendais déjà ce qui arrivait... L'homme leva la tunique de la femme, palpa ses seins, la fit tourner sur elle-même et examina sa croupe. Il la fit pencher en avant, glissa sa main entre ses jambes et sentit l'odeur qui en émanait. À son attitude, même s'il semblait satisfait, il ne s'arrêta pas là et examina aussi les genoux et le dessous des pieds, mais sans n'y trouver rien de particulier. Pointilleux, il demanda à la jeune fille de faire des flexions et l'observa s'exécuter, cherchant encore à déceler une anomalie aux fins de négociation. Enfin rassuré, il termina son inspection et se tourna vers le vendeur. Cette scène envahit mon esprit et je fus prise d'un hoquet soudain dont la remontée acide se propagea jusqu'à ma bouche. Je ne savais pas si mon corps souhaitait vomir ou s'il souhaitait se libérer et crier. Ma tête tournait, mon pied droit cherchait encore un repère, une éventuelle stabilité pour se rattraper, mais non ! Mon corps m'échappait...

Le commerçant se retourna et remarqua mon malaise. Il avait bien compris mon immaturité et regarda le vendeur avec un sourire complice, suivi d'un rire à peine masqué. Mon corps picotait jusqu'au bout de mes doigts : ça y est, c'était passé... ma tête revenait.

Durant ce temps, les négociations continuaient :

- C'est bon ! Je prends celle-là.

- Je pensais que tu prendrais plutôt les deux autres. L'homme prit l'air songeur et hésitant en préparatifs d'une négociation.
- Qu'est-ce qu'il y a, elle n'est pas à vendre ?
- Si, mais je pensais la préparer pour un client qui passera après toi. Je te laisse les deux pour le prix de celle-ci.
- Alors pourquoi tu me la présentes ?
- Elle est idiote, je lui avais dit de rester derrière... Je te propose les deux, tu es gagnant, mais tu es un bon client et je dois faire ce choix pour te satisfaire.
- Tu penses que je ne pourrais pas te l'acheter, tu la laisses à combien ?
- Elle vaut douze...
- Douze... Mais la dernière que je t'ai prise n'était même pas à huit !
- C'est pourquoi, je te propose les deux pour le même prix et encore je me sacrifie.
- Arrête tes négociations véreuses, je te la prends à dix et c'est mon dernier prix, sinon je ne vais pas rester ici à perdre ma salive, je vais voir ailleurs...
- Ne te mets pas en colère, je sais que j'ai fait une erreur, mais mon cœur est honnête et je ne veux pas te blesser : ton prix sera le mien, tu fais une belle affaire à ce compte et ainsi, tu resteras mon client privilégié... Veux-tu qu'elle soit livrée chez toi ?
- Est-ce qu'elle s'échappe ?
- Non, toutes ces femmes sont volontaires...
- Alors, elle marchera avec nous, le jeune va te régler.

En fin de journée, sitôt arrivés à la maison secondaire du palais, le commerçant et ses deux acolytes rejoignirent rapidement leur chambre. Cette journée de marche les avait épuisés.
Mon travail pour la journée était fini et je décidais de rendre visite à la « vieille » dans les cuisines. Nous l'appelions comme ça en signe de respect, car c'était la plus ancienne de la maison

secondaire. J'avais prévu un onguent à base de gaulthérie et de gingembre citronné que je lui avais ramené de la Demeure Blanche. Elle en raffolait et avait l'habitude que je lui masse les genoux avec ce baume.

En arrivant auprès d'elle, je la vis parler avec la nouvelle servante du commerçant à qui elle avait apporté de l'eau et des vêtements propres. Elle avait pour habitude de porter une attention particulière à toutes ces jeunes filles prisonnières de leur sort. Comme elle disait : « Ce n'est pas grand-chose, mais la plupart vivront des moments difficiles. Dans cette douleur solitaire, je souhaite qu'elles se rappellent qu'il existe des femmes qui comprennent la peine de leur cœur. Je suis un peu comme une maman pour elles, même si c'est pour une seule nuit... ».

La nouvelle servante se nommait Ashara. Je l'accompagnais à sa chambre et l'aidais à porter l'eau. J'étais troublée par sa présence et ressentais en elle une autre vie. Une dignité naturelle s'échappait au travers de ses gestes fluides. Ces petits détails montraient que derrière cette femme asservie se cachait quelqu'un, un être intérieur qu'elle souhaitait cacher et cela attisait ma curiosité. Je la regardai effectuer les préparatifs avec une profonde sérénité et je me retrouvai en elle. Que reste-t-il de soi, lorsque la vie a tout enlevé ? Cette femme gardait encore ses trésors et préservait un semblant d'équilibre, comme si elle ne voulait pas se perdre complètement. J'étais admirative de cette force silencieuse qui l'habitait.

La vieille arriva pour s'occuper de la jeune fille. Dans notre culture, il était d'usage que la maîtresse de maison accompagne une jeune fille dans ses ablutions. Cela consistait à lui laver le dos, et ensuite, lui passer de l'huile et la coiffer. Ces gestes étaient essentiels afin de créer un lien de rapprochement et laisser l'être s'abandonner au bien être, ce dont Ashara avait bien besoin. Un peu plus tard, la vieille vint me rendre visite, elle semblait perturbée, choquée...

- Ina, nous nous connaissons depuis longtemps. Je viens te voir car maintenant tu connais les dérives de la vie humaine et tu as acquis suffisamment de sagesse pour que je te parle. Je ne sais pas ce que tu pourras faire, mais mon devoir est de te mettre dans la confidence.

Depuis le matin où j'avais rencontré cette fille, mon esprit restait habité par sa présence.

- Tu viens me parler d'Ashara, je ressens un sentiment étrange, quelque chose nous lie à cette femme.

- Ce que tu vas entendre maintenant ne sortira pas de ta bouche et je veux ton consentement afin de t'en révéler davantage.

J'avais envie de comprendre, et à l'attitude de la vieille, je sentais bien qu'il se passait quelque chose de grave quelle même ne pouvait porter seule.

- Tu es une mère pour moi et quoi que tu m'annonces, mon cœur est de ton côté. Tu as toute ma confiance, mon honneur est engagé avec toi.

- Voilà, je connais cette jeune fille ou plutôt, je connaissais très bien sa grand-mère. J'ai rencontré aussi sa mère à plusieurs reprises. Je ne pouvais reconnaître cet enfant, car la dernière fois que je l'ai vu, elle se tenait dans mes bras. Puis, lorsque je l'ai coiffé, sans m'en rendre compte, je lui ai fait la coiffure caractéristique de son village, de là d'où elle vient... Lorsqu'elle s'est vue, elle a éclaté en sanglots. Je l'ai alors prise dans mes bras car je ressentais bien qu'il se passait quelque chose que la jeune fille ne pouvait plus garder pour elle. J'ai compris aussi que son cœur était en lien avec ce village éloigné et elle ne pouvait la connaître sans y avoir déjà posé ses pieds. Je lui ai demandé de me parler et elle fut prise d'un esprit de secret... Alors, j'ai utilisé un peu d'huile afin de détendre ses épaules et l'aider à se libérer de ce poids... Après un certain temps, Ashara m'a alors dit que sa mère la coiffait ainsi. Mais cela ne correspondait pas du tout aux réponses qu'elle m'avait données lors du questionnement d'usage : tout est faux ! Et je préserverai son secret. Pour te résumer la situation, elle ne vient pas d'où elle dit, elle ne porte pas ce prénom, c'est celui de sa grand-mère. Je vais te raconter une histoire qui fait partie de moi et chaque villageois né à cet endroit la porte comme un fardeau. Là où elle vivait, il y avait deux grands villages où la vie y était paisible. Dans un souci de simplification des taxes et du besoin des travailleurs aux mines, les administrateurs de Nippura voulaient rassembler ces villages. Sa grand-mère que je connaissais était respectée comme la conseillère d'esprit la plus importante. Elle avait révélé aux villageois qu'il n'était pas de bon augure de s'allier et les villageois l'ont écouté en s'opposant à cette union. Il y eut une rébellion contre l'administration qui dura quelque temps, mais c'était sans connaître la force de son pouvoir… Avant la levée du jour, l'armée arriva sur les lieux et fit sortir la femme esprit sur la place. Les bruits et les cris réveillèrent tout le village qui s'était rassemblé pour l'événement macabre. Ensuite, un administrateur commença à jeter devant la maison des bourses pleines d'or et de pierreries en criant : « Voilà ce que cache votre sorcière, elle s'enrichit en vous maintenant dans l'ignorance. » Il jetait en l'air les « trésors. ». Les soldats commencèrent à sortir aussi de petites statues de bois sur lesquels étaient gravés les noms des personnalités importantes du village. Certaines étaient brûlées et percées de part et d'autre. « Voilà comment elle vous traite sournoisement, vous avez fait confiance à cette famille, mais ils ne sont qu'au service des démons. Voilà la vérité telle qu'elle est ! » L'homme sortit ensuite une plus grande statue qui représentait le seigneur de Nippura. Les Hommes esprits au service de l'administration enveloppèrent les statues comme pour les protéger de tout le mal que la sorcière avait pu faire pour servir ses desseins diaboliques. Les maîtres spirituels au service de l'administration dans leur bienveillance envers vous et malgré votre résistance s'occuperont de vous libérer des démons que la sorcière invitait pour vous maintenir dans l'erreur. Mais, ce n'est pas de votre faute, votre esprit est possédé et vous ne pouvez comprendre l'évidence de la vérité. S'il y a des gens malades parmi vous, ne cherchez plus pourquoi ! Tous ces trésors vous appartiennent. Vous pouvez vous servir, ils sont à vous. C'est le fruit de votre travail et de votre engagement envers le seigneur qui vous accorde, malgré votre retournement et votre aveuglement, toute sa confiance et son soutien. Les villageois se jetaient sur le sol pour se saisir des pierres dispersées. Chacun voulait sa part. Tout fut très vite ramassé et des rixes éclatèrent. L'administrateur pouvait maintenant arriver à ses fins. Le village divisé était avec lui et criait déjà vengeance.

Ashara, cette nuit-là était restée dormir près des champs car elle partait habituellement très tôt pour y travailler avec les femmes. Une femme lui mit un voile sur la tête et lui demanda de s'enfuir, de courir et de ne point s'arrêter, jusqu'au plus loin qu'elle puisse aller, et de ne jamais revenir, car sinon… elle allait mourir !

Les soldats de l'administration attachèrent la famille de la jeune fille à l'intérieur de la maison. L'homme lut sa sentence avant de conclure : « Par vos actes et votre esprit tournés au service du mal envers votre seigneur et les villageois, seul l'esprit purificateur délivrera ce village enchaîné aux forces des démons. » Les soldats incendièrent la maison. Des flammes immenses en jaillirent et les cris de la famille réunie et attachée à l'intérieur s'entendaient au loin. L'administrateur ajouta : « Écoutez les gémir et vomir pour libérer de leur corps les derniers démons qui se nourrissaient d'eux et de vous tous ! Le village sera bientôt libéré du malheur qui s'abattait sur lui depuis tout ce temps. » Les Hommes esprits commencèrent à psalmodier des prières de libération du village. Certains villageois tombaient au sol, comme possédés pour se relever : libre ! Les cris de la famille prisonnière de son sort s'éteignirent bientôt sous la montée des flammes qui réduisit la maison en cendres. Terrorisée, la jeune fille s'exécuta dans ce jour naissant. Mais, ne pouvant se résoudre à partir, elle revint sur ses pas et se cacha entre les hautes herbes. Elle comprit rapidement qu'elle ne pourrait faire entendre raison. Son instinct de survie mêlé à l'urgence et la peur la firent courir aussi loin qu'elle le put. Seuls restaient derrière elle les cris qui s'éloignaient sous ses pas épouvantés... Aux premiers rayons du soleil qui réchauffent le cœur des êtres, le village trop rapidement enrichi était confiant, il avait eu la garantie de l'administration. Peu de temps après, les deux villages furent réunis, mais les champs de cultures se réduisirent progressivement à une peau de chagrin, car les villageois travaillaient maintenant aux mines. Les taxes de l'administration récupérèrent rapidement le bonheur éphémère qu'elle avait dispersé sur le sol par des taxes et le peuple sombra dans la pauvreté. Avec le temps, chacun avait compris la supercherie, mais il était trop tard. Ils étaient maintenant dans la servitude et le travail harassant laisse l'amertume se dissiper. Quant à Ashara, elle erra dans un état de détresse durant un temps incertain, jusqu'aux jours où elle crut en un homme qui la prit sous son aile. Enfin c'est ce qu'elle croyait... Mais, l'homme la livra à une maison où elle fut faite prisonnière. En ce lieu, elle a vécu ce que personne ne souhaite et lorsque son esprit ne présentait plus aucune résistance, elle fut vendue. C'est ainsi qu'elle parvint parmi nous. Par engagement et sentiment envers sa famille, je ne peux la laisser à son sort. Et pourtant, je ne peux rien y faire. C'est la seule survivante de cette injustice et elle ne vit que par le sursis. Si l'on découvrait son secret, comme tu le sais, elle serait immédiatement abattue.

- Mais elle a été achetée... Nous ne pouvons rien faire, ni payer sa dot trop élevée. Cet homme ne la vendra pas et il se posera des questions si nous lui faisions une proposition.

- Comment s'est-elle comportée avec le commerçant ?
- Comme se le doit une esclave... Elle a exécuté ce que le commerçant lui a ordonné. Personne n'a entendu le son de sa voix. Il a testé sa résistance à l'effort, en la laissant courir derrière nos chevaux depuis la ville jusqu'ici. Elle nous a suivis sans sourciller... Elle recommencera demain si l'homme le souhaite, lorsque nous irons commander les tissus.

Mes propres paroles me résignaient, je ne voyais aucune issue.

- Je ne sais pas si ce que tu me dis pourra nous servir, mais nous devons trouver rapidement une solution. Je ne l'abandonnerai pas à ce sort... Il en va de ma vie et de mon honneur. J'ai porté cet enfant dans mes bras !

Je me sentais mal à l'aise dans cette tranquillité et ce confort soudainement balayés. Des images me revenaient, je me remémorais mon arrivée à la Demeure Blanche et les pleurs qui m'avaient assailli. Au début, nous dormions toutes dans la pièce principale, cela nous avait permis de nous connaître rapidement. Sans le savoir, nous avions établi des règles qui s'étaient encore affinées à l'usage. Nous avions notre pleureuse principale, celle qui commençait la première, et ensuite, nous pouvions nous aligner... J'étais la troisième ou la quatrième au début, puis avec le temps, dans les cinq dernières. À cette période, je ne savais pas définir dans quoi nous étions rentrées, mais avec le recul, il s'agissait d'une sorte de révolte nocturne. Probablement, un esprit de solidarité avec le sentiment que si nous ne pleurions pas, c'était que finalement nous étions heureuses de notre sort. Mais ce qui est certain, c'est que cette méthode m'a fait pleurer durant quelques jours. Aujourd'hui, la situation de cette femme était sans comparaison avec ce que j'avais vécu, je me sentais ridicule. Mon ventre me faisait mal par ce nœud qui nous retenait, mais rien ne me venait à l'esprit. Pourtant, je sentais déjà que tant qu'elle ne serait pas libre, je resterai lié à son destin de souffrance et cela était insoutenable.

Mes pensées s'évaporèrent dans un sommeil agité.

À l'aube, la vieille rentra dans ma chambre : « j'ai réfléchi durant la nuit et je pense avoir une solution. Je ne pourrais pas payer sa dot et de toute façon, dès qu'il verra un intérêt dans mon regard, cela lui donnera au contraire bien plus de valeur. Son visage était à l'identique de celui de la veille où je l'avais quitté. En la regardant, mon corps comme possédé par son visage semblait avoir oublié qu'entre-temps, il s'était abandonné à la nuit. Cette histoire n'aurait donc pas de fin. La vieille reprit le fil de son idée et me révéla un plan pour le moins surprenant… « Voilà, je vais te mettre dans la confidence. Hier, je pensais que je ne pourrais me résoudre à la laisser partir avec cet homme qui, je le sais, l'utilisera comme bon lui semble… Nous connaissons toi et moi l'issue de sa destinée. Je donnerais ma vie pour cette petite, tant nous portons les mêmes racines. J'y ai pensé une majeure partie de la nuit et une idée a germé, j'ai besoin de ton aide. »

Elle me tendit une lettre : « J'aimerais que tu remettes, en main propre, cette lettre à celui dont le nom est écrit là… En partant maintenant, avec cette pluie battante, personne ne te remarquera. Je ne t'en dis pas plus, pour le moment, afin de ne pas te retarder. Reviens vite avec la réponse que j'attends. Je regardais le nom inscrit sur la lettre, il désignait un des plus grands commerçants de la ville que l'on surnommait « l'ancien ». Je savais qu'il avait perdu sa fille unique et espérait encore son retour… Elle ajouta : « Tu lui expliqueras tout ce que tu sais de cette affaire, lorsque vous irez régler les tissus au centre des paiements, il sera là et reconnaîtra sa fille. Il ne me doit rien, mais nous nous connaissons depuis notre enfance dans ce village. Il porte aussi ce poids insoutenable et il n'y restera pas insensible… ».

J'ai rencontré l'homme qui, après avoir lu la lettre, resta silencieux et ne me posa aucune question. À mon retour, je n'en savais pas davantage, mais j'avais remarqué qu'il avait pris cette visite très au sérieux, comme une affaire personnelle…

Avec le temps peu propice, nous arrivâmes tard à ce que nous appelions : « Le temple du tissu. ». J'aperçus au loin l'ancien qui était là, assis, l'air songeur. Le riche marchand s'est alors présenté. Il était attendu pour sa commande annuelle. À cet endroit, étaient superposées sur des longueurs interminables toutes sortes de tissus, des plus usuels au plus fins. L'ancien nous dirigea directement au fond. Je ne comprenais vraiment pas comment allait se dérouler notre plan puisque la garde et Ashara devaient rester dehors. Les négociations allaient bon train. Les hommes se rencontraient depuis longues dates. Les achats n'étaient qu'une formalité tant ils avaient une expertise des tissus et des quantités requises. Tout était déjà réglé et nous allions repartir, mais passionné, l'ancien lui montra quelques nouvelles pièces.

Un homme vint en s'exclamant : « l'ancien… Viens ! Il y a une fille dehors, elle dit s'appeler Ashara, mais j'aimerais que tu viennes la voir… ». À cet instant, je ne savais pas ce qui allait se passer. L'air intrigué, l'ancien s'exécuta d'un pas tranquille jusqu'à l'entrée. Deux femmes et un homme entouraient Ashara. Une lui touchait les cheveux tandis que l'autre lui tenait la main en lui caressant le bras. Devant la jeune fille, l'ancien resta soudain figé, la bouche grande ouverte… Aucun son ne sortait de sa bouche. Il faisait fi de reconnaître quelqu'un et son regard se chargea d'émotion. Dans un silence pesant, tout le monde attendait la réaction de l'ancien, alors qu'une larme coulait librement sur le long de sa joue. Le riche marchand ne comprenait pas et me regarda. J'étais moi-même abasourdie et n'osais deviner ce qui devait se passer, commençant moi-même à croire à ce que je voyais. L'ancien avança devant la jeune fille, la dévisagea et s'exclama « Ma fille ! Tu es revenue ! » Ashara restait figée, l'air apeuré.

L'ancien comprit que la jeune fille n'avait plus toute sa tête. Sans la moindre répétition, malgré elle, elle incarnait parfaitement le rôle de l'enfant perdu. L'ancien la fit rentrer en disant : « Ne la laissez pas dehors dans cet état ! C'est ma fille, elle n'a plus sa tête, donnez-lui de l'eau ! » Elle était maintenant à l'intérieur, soutenue de chaque côté par les femmes qui s'affairaient autour d'elle.

Le riche marchand avait été mis complètement à l'écart. Il semblait égaré, dans l'attente de ce qui allait advenir. L'ancien, se tournant enfin vers lui, lui demanda : « Est-elle avec toi ? » L'homme troublé s'inclinait de gêne : « Je l'ai acheté hier… » Il se sentait honteux d'avoir acheté la fille de l'ancien. Comment pouvait-il se retrouver dans cette situation pour le moins étrange ? En son for intérieur, il pensait au vendeur de femmes qui aurait des explications à lui donner… Mais maintenant, tout s'accélérait, l'ancien répétait : « Iko, tu es revenue, merci, merci ! » Les femmes pleuraient autour d'Ashara, en la caressant inlassablement, comme si elles souhaitaient lui retirer un passé trop douloureux. La scène avait une allure dramatique, eu égard aux souffrances que la jeune fille avait vécue malgré sa lignée. Au même moment, une joie soudaine et imprévue imprégnait l'atmosphère. Décidément, tout se passait bien au-delà de mes espérances. Les émotions prenaient le pas sur les explications et chacun y jouait son rôle. Pour le riche marchand, des images revenaient dans sa tête : il l'avait fait courir derrière les chevaux, l'avait appelé aussi à le rejoindre dans la chambre pour ses occupations d'hommes la veille… Il ne pouvait pas se laisser maintenant habiter par ce genre de pensées. Il était forcé de constater qu'il n'était pas en mesure de négocier. Cette femme qu'il avait acheté la veille pour quelques pièces était d'un rang bien supérieur au sien. Les femmes, autour du corps de la jeune femme, lui laissaient l'impression qu'il était coupable de cette impureté. Pourtant, tout cela était d'usage et son ignorance n'était pas coupable. Le seul inconvénient était le rang de la jeune fille, mais l'ancien lui-même avait des filles à son usage. Il ne souhaitait pas garder sur lui ce poids et devait laver son âme pour préserver son éclat de sorte qu'il dit à l'ancien : « c'est un honneur pour moi d'avoir contribué à ma façon au retour de ta fille. » Pris d'un sentiment d'humanité, il ajouta : "Elle a l'air d'avoir tellement souffert… Son cœur est éteint et elle a besoin de retrouver sa vie. J'espère que le retour à son foyer l'aidera rapidement à retrouver ses esprits…"

Intérieurement, le commerçant ne souhaitait pas vraiment qu'elle retrouve ses esprits trop vite. Plus sa bouche resterait close et mieux il se porterait. Sur le chemin du retour, le commerçant restait silencieux et pensait en lui-même : "C'est incroyable, je rends un service inestimable à l'ancien en lui livrant sa fille devant sa porte et pourtant mon cœur est chargé de honte…" L'instant d'après, il se rappelait qu'il avait aussi une fille…

Quant à l'ancien, étrangement il se sentait mieux. Il n'avait pas retrouvé Iko, mais pour lui, cette jeune fille était une réponse à ses pleurs, un cadeau après des années d'attente insoutenable. Il comprendrait aussi que si le ciel lui avait offert Ashara, c'est qu'Iko ne reviendrait pas. La vie faisait de son mieux, ainsi, il le ferait aussi…

Le temps est venu…

"La vie s'entrecoupe de moments décisifs, lorsque le temps est venu, l'esprit inspire et montre que c'est là : tout a déjà commencé.".

L'Homme intègre de son mieux ce que la vie lui a accordé à la naissance, il assimile progressivement ou subitement ce qu'elle offre sur le chemin de l'existence. Après une certaine expérience et le développement de sa capacité de projection, il a une idée de la façon dont sa vie va se dérouler. Mais parfois, un vent léger peut le porter sur un chemin qu'il n'aurait pu imaginer...

Une partie de moi acceptait la réalité incontournable qui se présentait. Pourtant, dans cette apparente stabilité, quelque chose dérangeait... Subtilement, depuis plusieurs jours, une expérience étrange m'habitait. D'abord, une forme que je reconnaissais. Puis ça prenait vie : un homme de dos marchait vers un halo lumineux. La curiosité prenait le dessus et lorsque je questionnais cet esprit, il me murmurait davantage d'images apaisantes, de sensations joyeuses auxquelles j'étais attachée. Même lorsque l'esprit restait dans la tranquillité, par touches discrètes, ses sensations libéraient un espace grand ouvert. C'était comme un rêve qui se présentait devant moi, me laissant à la fois claire et troublée, calme et agitée... Difficile de décrire ce qui ne pourrait pas exister. Bien que captivée, je savais que ces pensées ne mèneraient à rien, si ce n'est à me perturber. Comment pouvait-il me confier ses désirs secrets, me donner le goût de ce que je ne connaîtrais jamais... Était-ce un fantasme, une idée folle que je projetais afin d'échapper à la souffrance. Eprouvait-il ma sagesse ou ma résignation face à un devenir certain. Et si par bonheur, Thopporo ne me choisissait pas ? L'esprit jonglait avec les multiples possibilités : si Thopporo était mon destin, aucun choix possible ne pourrait le changer. Est-ce que, malgré mes craintes, la vie me montrait que je connaîtrais un bonheur absolu avec cet homme ?

« La vie s'entrecoupe de moments décisifs, lorsque le temps est venu, l'esprit inspire et montre que c'est là : tout a déjà commencé... ». Cette phrase, je l'avais entendue de Mossi lorsqu'elle m'expliquait que la capacité humaine est bien au-delà de ce que l'on perçoit habituellement et que s'ouvrir au monde subtil permet d'en révéler la nature de ses secrets. Mais, il s'agissait maintenant de ma propre vie. À cet instant, tout paraissait invraisemblable et se mélangeait. Pouvais-je laisser mes pensées acquises par des valeurs solides, être distraites par la promesse inconnue d'un rêve incertain ?

Oktan

« Le voyage de l'esprit est tellement simple qu'il demande l'espace d'un instant. Mais pour le vivre, cela peut parfois demander une vie entière. ».

Dans ces temps-là, les jours se ressemblaient, les accompagnements s'enchaînaient et je commençais à connaître parfaitement les protocoles. Mais ce que je ne savais pas, c'est que ce jour-là, je m'abandonnai à une improbable chance qui changerait ma vie définitivement. Cet homme permit que je rencontre l'homme qui habite mon cœur à jamais, mais nous y reviendrons bientôt…

L'intendante, comme à son habitude me tendit d'un geste franc la feuille et me demanda de lire à haute voix. Elle s'assurait que j'aie une parfaite connaissance des lieux et des protocoles. L'instant d'après, je compris qu'elle ne pouvait contenir plus longtemps cet enthousiasme avant d'ajouter : « Tu as bien lu le nom de celui que tu dois accompagner ? ». La missive contenait les noms de la personne à accompagner et celui de l'accompagnant ainsi que la mission… Je ne décelais rien de particulier et répondais par un simple : « oui. », tout en la fixant d'un regard interrogateur. Je souhaitais en savoir davantage, bien qu'avec cette intendante, chaque personnalité que j'accompagnais produisait un éclat sur son visage. Elle aurait tant aimé être missionnée, mais à son âge, les interminables promenades l'auraient éreintée. Désormais, elle rêvait encore à travers nous. Mais, je compris que ce n'était pas le propos du jour quand sa bouche se délia et qu'elle me dit : « C'est un éclaireur ! » avant d'ajouter : « Il changera ton destin ! ». Je restais un instant quelque peu déconcerté par cette annonce. Je n'en avais jamais rencontré et me demandais comment un seul homme pourrait-il changer un destin tracé par les hautes institutions ? De plus, j'étais seulement là pour l'accompagner et ne pus m'empêcher de penser que l'intendante, inactive depuis trop longtemps, était prise de divagation face à cette moindre nouvelle…

En tout cas, je devais mener cette mission qui consistait en un accompagnement en deux temps. Le matin, nous devrions nous rendre au palais de Dame Kenata qui le recevrait pour une visite privée. Il était inscrit dans la missive que je devrais rester à disposition jusqu'à son départ, ce qui finalement était courant. Je faciliterais son accueil dans la ville et l'aiderais à emprunter les chemins directs et tranquilles…

Dès notre premier regard, j'ai décelé chez Oktan une personnalité avisée. Son corps, en rapport avec son âge, montrait des signes de fatigue. Ses mains fines concluaient gracieusement ces gestes fluides. Sous une approche détendue, un esprit stable et droit régnait en lui. Il était profondément bienveillant et je me sentais proche de lui. Sans pouvoir l'expliquer, un instinct nous liait et l'évidence de le protéger fut immédiate.

Malgré les longues distances parcourues à cheval, Oktan marchait encore d'un pas alerte. Plutôt discret, il ne souhaitait pas de gardes lors des petits déplacements. Il aimait s'arrêter quelques instants dans les temples ou les lieux agréables pour y boire une tasse de thé. Il profitait de son déplacement pour y saluer des connaissances. Loin des protocoles auxquels j'étais habitué, ces arrêts assez fréquents étaient rafraîchissants. En arrivant au pied d'un arbre, il demanda à se reposer un peu dans le jardin. Il me regardait comme s'il me connaissait déjà. Le temps m'apprit que c'était le cas, mais, bien au-delà de ce que j'aurais pu imaginer à cette époque...

- Voilà un moment propice à la causerie. Depuis que tu es à la Demeure Blanche, tu as beaucoup appris sur le monde subtil qui t'entoure. L'esprit s'ouvre en toi et tu es maintenant prête à accomplir ton destin.

J'avais pensé durant longtemps qu'il en serait ainsi, mais à cet instant, la joie et l'espoir abandonnaient mon être. Mon cœur se résignait lentement à l'idée que ma vie allait être consacrée au service de ce seigneur. Je ne voulais pas qu'Oktan remarque ce malaise. Mais au plus profond de moi, vivait déjà le visage de Thopporo Uneka. Je préférais couper court à ces pensées et le remerciais pour l'attention qu'il me portait.

Dans la tradition, l'éclaireur pratique le voyage de l'âme. Mossi m'en avait parlé quelques fois. Ces dernières nuits, lorsque je m'endormais, mon esprit vivait des expériences étranges à l'intérieur de mon corps qui se balançait de gauche à droite et parfois aussi se surélevait. Deux nuits avant ma rencontre avec Oktan, cela fut encore plus intense. J'ai été projeté hors de mon corps, en roulant sur le côté, sans trouver la force de me lever. Tandis que mon corps dormait à côté, je ressentis une aspiration jusqu'à lui. À ce moment mon esprit ne voulait plus l'habiter ni être prisonnier de ce destin. Si ce corps était destiné au seigneur, l'esprit ne l'acceptait pas et cherchait à s'en échapper. Il manquait encore de force mais restait déterminé. Depuis ces deux jours, le voyage de l'âme prenait une grande importance et si une partie de moi se résignait, l'autre fuyait déjà...

Je me contentais de décrire à Oktan ces balancements jusqu'à la projection de l'esprit. Il me regardait comme lorsque le temps fait une pause. Dans ce silence, son regard libérait déjà ma réponse. Certes, pour moi, c'était une voie, comme une issue. Mais au-delà de ça, je goûtais quelque chose d'essentiel : le chemin des Hommes esprits. Il conforta mes pensées par ces paroles : « Lorsque l'esprit sort du corps, il entre dans le monde subtil et la matière telle qu'il la connaissait n'est plus. Malgré l'ignorance, le voyage de l'esprit commence et va vers ce qui l'attire. Les premiers pas lui jouent bien des tours et il garde encore en lui les mémoires et les croyances de l'ancien monde. Le monde de la terre peut offrir une relative liberté, mais vivre ici-bas demande beaucoup d'énergie afin de répondre aux besoins du corps ou aux attraits de la vie. L'esprit est aussi influencé par ses racines ancestrales afin de l'aider à se réaliser dans sa condition humaine. Ce sont de fortes vibrations et l'esprit y reste un peu attaché. Une partie de soi veut se libérer pendant qu'une autre peut retenir le voyage. Cela peut être de la peur, une lassitude... Dans cette situation, il ne reste qu'à se livrer pleinement à l'expérience et de laisser le temps au temps. Dépasser ses croyances peut parfois demander beaucoup, mais l'intention et la pratique sont des bons atouts... L'esprit est pressé et souhaite être libre rapidement. Mais le plus important est de se tourner vers ce qui plaît au cœur afin de ne pas faire d'effort. Lorsqu'il grandit, l'esprit se libère aussi du temps et au-delà, seul compte l'instant. Lorsque la pensée s'éteint et que le corps s'abandonne, la présence demeure dans l'esprit et arrive à l'entre-deux. Libre de toute empreinte, portée par l'entrain vers l'inconnu, c'est alors que le voyage commence. Sortir de son corps est naturel, loin des préoccupations quotidiennes, comme si le temps s'abandonnait aussi. L'esprit confiant et animé par l'enthousiasme, l'enfant s'amuse sans inquiétude. Par cette approche, la rencontre avec le monde subtil est une aventure agréable. Il existe beaucoup de chemins afin que l'esprit trouve la libération. Cela peut se faire spontanément, je dirais même par surprise, bien que ce soit cependant assez rare. Lorsqu'une personne perd un être cher, cela aussi peut favoriser cette ouverture. Certains vivent des expériences de libération lorsque la souffrance et l'incompréhension les habitent. D'autres peuvent les vivre par l'intention, celle dont l'intensité peut être si forte que rien ne peut la retenir : il s'agit de l'amour. Lorsque le cœur en est habité, il devient la priorité. Rien ne pourrait retenir le jeune amoureux qui souhaiterait revoir sa dulcinée. Même si le corps ne peut être près d'elle, son cœur la possède déjà au plus profond de lui. La première étape demande de la disponibilité et de l'ouverture. La seconde étape est de différencier l'esprit du corps par un moyen tout simple, celui de la respiration naturelle. L'idéal est de respirer comme lorsque le corps dort, sans effort, en le laissant faire… L'attention sur la respiration peut suffire à ouvrir le monde des esprits. Lorsque j'ai commencé, je méditais sur ces intentions afin de les revivre lors des voyages. Si les yeux se fermaient un instant, ils pourraient voir le corps détendu porté par une étendue d'eau rassurante. Une simple petite vague le traversait et le corps ondulait. Voilà un exemple facile à imaginer si tu aimes l'eau. Avec la respiration, il est assez aisé de revivre cette ondulation à la fin de chaque expiration. Lorsque le corps s'y laisse bercer, l'attention se tourne sur le souffle, sans le moindre effort, juste en laissant faire, jusqu'à être dans l'ondulation. C'est ainsi que se fait la séparation entre le corps commun et le corps de l'âme. Cette vague, c'est ce qui porte naturellement à cet état de conscience. Lorsque l'attention s'y porte, elle peut remarquer « l'avant », et « l'après » de la vague. « L'avant », représente le moment où la conscience est sur le corps. En laissant l'expiration s'exprimer librement, il est aisé de ressentir une vague traverser le corps et le faire onduler. Progressivement, le corps s'abandonne pendant que l'esprit se détache et se dirige vers le monde de l'esprit. Au début de cette pratique, après ce flux, nous revenons à « avant la vague », donc vers le corps. Puis, par la pratique, nous restons dans « après la vague » pour nous en éloigner davantage. Lorsque ce monde commence alors à être apprivoisé, le plaisir est là et l'esprit se libère de ses dernières chaînes. Lorsque plus rien ne le retient, la grande libération peut avoir lieu. Comme j'ai pu te l'expliquer, le plus important est de demeurer dans le calme et d'apprivoiser le temps. Dans le calme, tu pourras vivre dans l'essence de l'être, loin des pensées de l'esprit habituel. Dans le temps de cette vibration, tu sauras te laisser porter jusqu'à ce nouveau monde. Le voyage de l'esprit est tellement simple qu'il demande l'espace d'un instant. Mais pour le vivre, cela peut parfois demander une vie entière.".

Visite de la ville

Oktan souhaitait faire l'acquisition d'une nouvelle ranie. Je connaissais bien cet instrument à cordes, Hirosha en jouait souvent. La Demeure Blanche en possédait quelques-unes, c'est ainsi que je l'avais apprivoisée depuis mon arrivée. On apprend seulement à la tenir. Ensuite, il suffit d'écouter, se laisser aller et guider par l'âme de la ranie qui enseigne. Avec le temps, l'esprit du pratiquant fusionne avec l'instrument dans une expression harmonieuse.

Le coin des artisans était toujours bondé. Les passants s'affairaient principalement devant les poteries et les ustensiles de cuisine. Au bout de l'allée principale, en empruntant une rue moins fréquentée sur la droite, nous accédions au raccourci qui menait directement aux fabricants de ranies. Après quelques pas, se trouvait un vieil homme qui était connu pour son savoir-faire méticuleux dans la plus pure tradition de fabrication. Pour leur réalisation, seuls sont choisis les bois denses et résistants, dont chacun porte le nom d'un esprit. Ils sont ensuite assemblés pour constituer l'âme centrale de la ranie. Avant la fabrication, certaines Emoras qui en font leur spécialité ont pour rôle d'attribuer le nom de l'âme qui se présente pour servir l'instrument. Il reste encore à faire vivre les seize cordes en fils de soie roulées qui produiront huit notes au son montant et huit notes au son descendant. Chaque corde vibre aussi sous le nom d'un esprit. Lorsque la ranie est enfin terminée, elle est présentée au temple afin de bénir les symboles tracés à l'intérieur de la calebasse et sceller la cérémonie.

À notre arrivée, l'artisan semblait déjà nous attendre et nous accueillit avec un large sourire : ils se connaissaient. Comme impatient, il se faufila jusqu'à la réserve et revint rapidement avec deux ranies.

- Voilà, elles sont prêtes ! Rentrons à l'intérieur, tu peux les essayer et choisir celle qui te parlera…

Par leurs lignes parfaites, on remarquait immédiatement le façonnage précis. Avec finesse, les diverses variétés de bois s'associaient. Oktan en saisit une et me la tendit des deux mains : "Veux-tu essayer celle-ci ?"

Le trésor à bout de bras, je la pris avec toute la précaution que pouvait requérir une telle création. Je cherchais un peu ma place car je devais maintenant me donner en spectacle devant deux « anciens ». L'instant était gênant, mais mon jeune âge pourrait encore excuser quelques gestes imprécis. En frottant délicatement les premières cordes afin de m'imprégner de leur pouvoir, je m'en remettais à elles et me laissais guider par leur magie. Mes mains trouvaient rapidement leurs places. Sur les notes profondes et précises, mon esprit s'oublia jusqu'à se laisser emporter. Le regard flirtant avec le néant s'échappait vers la tendre mélodie. Imprégnés par la rythmique, mes doigts glissaient sur les cordes pour la nourrir en douceur. De mon cœur, jaillissait une tendresse ondulante dévouée à la déesse Maharisha. Comme étouffé, le cœur commençait à se troubler. Au départ subtil, l'atmosphère fut saisie de tonalités obscures et une douleur oppressante m'envahit. Des notes mineures puissantes libéraient leur histoire, dans une sombre mélancolie qui s'accordait à une sonorité plaintive. Des scènes troublantes des jours précédents défilaient, lesquelles concernaient Ashara. Je revoyais son visage abandonné à la désolation. Son histoire réveillait en moi un sentiment d'impuissance similaire, envahi d'incertitude concernant Thopporo. J'avais également peur de subir des maltraitances... et qu'aucune oreille ne puisse bientôt entendre ma peine. Dans un sursaut, mon esprit réagissait encore, comme s'il cherchait à défier l'ombre présente. Mais, à quoi pouvait-il encore se raccrocher pour espérer s'opposer ? Quoi qu'il en soit, il se rebellait ! Mes doigts solidaires de sa négation désespérée amplifiaient des accords puissants pour libérer cette tourmente douloureuse. Avec cet esprit martial, aucune peur ne demeurait. Dans cette confiance naissante, la bravoure s'opposait au sauvage avec violence. À la fin de cette lutte désespérée, aucune peine et aucune peur n'avaient survécu. Le mal, vaincu, avait disparu. Un silence triomphant le remplaça, presque interminable pour marquer davantage sa victoire. Puis, cette force s'effaça sous mes doigts qui n'en finissaient pas de provoquer encore et encore les cordes de soie, installant subtilement des ondes fines. Sa répétition incessante m'entraînait pour m'ouvrir sur un nouveau monde, un champ des possibles lumineux. Puis subitement, tout s'arrêta !

Je ne sais combien de temps avait duré cette bataille, mais mes larmes avaient séché et je me sentais libre. Comme après un long rêve, je relevais la tête et reprenais mes repères. Je reposais la ranie magique, mon corps en transe avait laissé parler les esprits.

L'artisan était satisfait de la perfection de la ranie qui libérait merveilleusement le pouvoir des esprits. Oktan ému ajouta : « Voilà une expérience concluante, cette ranie a trouvé sa sœur d'expression. Aussi, il serait bien triste de vous séparer après ce que tu nous as offert : ce serait une insulte aux esprits. » Je pensais ne pas comprendre. Les ranies étaient hors de prix et nous nous connaissions si peu. Bien que cette situation fût improbable, Oktan conclut : "Cette ranie restera près de toi, elle s'y sent bien. Je prends les deux, fait les livrer à la maison administrative.». Je ne pouvais me soustraire à ce qu'Oktan m'offrait maintenant devant l'artisan. Cela l'aurait plongé dans le déshonneur. Confuse de tant d'attention, mon corps s'inclina devant l'éclaireur.

Je me souviens encore de ce moment, lorsque je me suis retrouvé dans le parc en compagnie d'Oktan. Je savais que nous avions marché jusque-là et avions dû traverser la ville mais je n'en gardais aucun souvenir. Je ne comprenais pas ce qui se passait. C'était la première fois que l'esprit avait voyagé aussi loin et il peinait encore à revenir. Quelle piètre accompagnatrice je faisais ! Je décidais de parler de ma gêne à Oktan. :

- Je te présente mes excuses Oktan, mon esprit s'est échappé et je n'ai pas assuré ta sécurité. Je n'ai plus de mémoire de notre retour jusqu'ici : l'esprit de la ranie m'habite encore…

- Oh pourtant, je n'ai rien remarqué qui soit laissé-pour-compte. De plus, tu m'as offert un voyage que je n'aurai osé espérer : voilà le comble ! Autant de rencontres, sans faire un seul pas, tu es bien au contraire l'accompagnatrice que j'espérais. Se livrer à la ranie est la promesse d'un voyage que tu as effectué avec la plus grande dextérité. Cela demande une grande énergie, de la plus sombre à la plus pure.

- J'avoue n'en garder qu'une légère mémoire et pourtant, je sais que beaucoup d'événements se sont passés.

- Je vais te raconter ton histoire ! Dans ce voyage inestimable, tu nous as offert une riche palette des émotions humaines. Tout d'abord, le voyage a commencé en douceur par des notes tranquilles. Ce fut le moment où l'être se familiarise avec l'instrument qui parle facilement. Puis, l'alliance s'est faite avec l'esprit de songerie pour laisser place à celui de la tristesse et du chagrin. Mais ne trouvant aucune opposition, la crainte s'est ouverte à cette appréhension qui chemina progressivement de la peur à la terreur. Lorsque l'être est prêt et que l'émotion livre son message, les démons sont à la fête. C'est alors que l'aversion a lieu et souhaite soumettre, par la crainte, l'acceptation de la situation. Cette expérience aurait pu durer plus longtemps, mais c'était sans compter sur l'esprit de négation qui, dans sa force de rejet, s'est uni à toi. Alors, le vent a tourné et d'une complainte soumise, l'esprit de répulsion a fait jour pour se charger de ce ciel sombre. Comme inattendu, avec toute la force que pouvaient offrir ces doigts unis à la ranie, en un éclair, l'esprit de négation a rejeté dans une lutte terrible ce qui souhaitait le retenir. Lorsque le combat fut fini, un silence grave s'est imposé. La vie a besoin d'espace pour s'exprimer. Libre de toute entrave, l'esprit vainqueur a exprimé sa joie, jusqu'à retrouver sa sérénité. Les démons sont partis pour toujours et l'esprit peut être désormais en paix.

Je dois bien t'avouer que j'ai relevé deux étrangetés dans tout cela. Tout d'abord, l'esprit de négation ne s'associe en général qu'avec les hautes classes. Mais, ton expérience a permis d'en vivre les forces. Tu es en droit de te demander que penser de lui, que faire de cette force incontrôlable et jusqu'où peut-elle aller ? Mais, ne cherche pas, cela peut aboutir à la mort : c'est une grande responsabilité. Si l'esprit de négation existe, c'est qu'il est utile à la vie. L'esprit de négation arrête ce qui vient et fait barrage à l'ennemi insistant. Il se positionne, stoppe l'agression, foudroie dans la confiance, s'impose par la peur ou le respect. Mais, quel que soit son visage, ses racines se nourrissent de l'opposition. La répulsion a engendré l'opposition et réveillé l'esprit de réactivité dans une force incontrôlable, prête à détruire ce qui ne pouvait demeurer. Lorsque l'esprit de négation s'oppose, il peut s'associer à celui de la gravité. L'Homme, libre de l'innocence, comprendra bientôt que la réalité de cette vie est grave, et à ton âge, tu as su m'en transmettre les essences fondamentales. Je peux te dire qu'en un seul voyage, tu as fait le tour des émotions qui nourrissent le cœur des Hommes : Merci à toi ! J'aime raconter l'origine de la première ranie qui puise ses forces dans les racines de ce conte que je vais te livrer. La légende des ranies raconte que les dieux envoyèrent des Hommes génies afin d'enseigner aux Hommes ce qui habite leur cœur et ainsi leur faire différencier le bien du mal. Après toutes les tentatives possibles, les hommes génies revenaient bredouilles. Si le son de leurs voix traversait bien leurs oreilles jusqu'à leur tête qui comprenaient les paroles, la vibration ne descendait jamais jusqu'à leur cœur. Aucun Homme n'en avait découvert les secrets. Les dieux étaient en colère et discutaient a anéantir les Hommes qui leur semblaient nuisibles pour la surface du monde.

Alors qu'ils allaient prendre leur décision, Horani un homme génie s'était épris d'une femme humaine nommée Rani. Il se plaisait à la contempler d'en haut et demeurait près de son cœur lorsqu'elle tissait des fils de soie en chantant. Lorsqu'il entendit la sentence divine, son sang ne fit qu'un tour. Il courut vers les dieux en leur faisant de grands gestes, pointant son doigt vers le bas. Les dieux comprirent qu'il voulait descendre. Mais Horani avait un problème : il était muet. Comment pourrait-il convaincre les Hommes ? Les dieux patients s'amusèrent de sa demande et entrevoyaient déjà Horani s'exprimer en langage mimique pour expliquer aux hommes ce qui habite leur cœur. Décidément, les dieux trouvaient souvent l'ennui et décidèrent de voir ce qui se passerait lorsque Horani descendrait. Ils l'imaginaient déjà dans sa gestuelle devant les Hommes aussi incompréhensifs qu'idiots selon eux. Ayant ri aux larmes de leur imagination débordante, ils décidèrent de poursuivre l'aventure. Si les Hommes devaient être exterminés, autant se divertir avant, cela leur laisserait un bon souvenir et chasserait l'ennui quelque temps. Un des dieux un brin moqueur ajouta : "Voici que ta route sera longue avant qu'un homme ne te comprenne. Aussi, seras-tu accompagné d'un âne afin d'alléger ton fardeau. Tu as trois jours pour convaincre un seul Homme. »

Dès le premier jour, Horani marcha à la rencontre des

Hommes. Il monta sur une pierre assez haute et commença à leur expliquer que les dieux avaient décidé de les exterminer à moins qu'ils ne soient en mesure de comprendre. Il faisait des grands gestes en montrant le ciel, puis pointait le doigt sur chaque homme qui lui prêtait attention. Horani était bien en peine lorsqu'il tentait de s'exprimer de la sorte et tous riaient à leur tour. Sur ce point, les dieux et les Hommes trouvaient un accord face à la situation qui n'en demeurait pas moins pathétique. À force d'explications et de grands gestes désespérés, des sons étranges sortaient de sa bouche. Des enfants apeurés commencèrent à pleurer et les femmes vinrent se plaindre aux hommes qui décidèrent de le battre pour lui donner une leçon.

Blessé physiquement et ne subissant que railleries, Horani fut contraint de se réfugier dans la montagne. Ruminant en même temps sa peine, alors qu'il mangeait une racine, un morceau se coinça dans sa dent, il essaya de l'enlever avec une pointe fine en bois. Mais rien n'y fit, le morceau resta coincé. L'homme dérangé par si peu regarda autour de lui, ne distinguant que cet âne qui remuait inlassablement sa longue queue. Horani eut alors l'idée, de lui en prélever un poil. Le poil put passer facilement entre les interstices des dents et il fut ainsi soulagé par cette nouvelle occupation. Puis, il s'aperçut que lorsque le fil se décoince de la dent, selon la forme qu'il donnait à sa bouche, cela faisait un bruit différent. Il s'en amusait et progressivement une idée jaillit. Il coupa une touffe de la queue de l'âne et tissa des fils. Il prit sa plus grande calebasse, son bâton de marcheur et assembla l'ensemble en étirant les fils. Il y mit tout son cœur et le lendemain soir, tout était prêt.

Dans le silence du soir naissant, un son cristallin s'éleva dans le ciel lorsqu'il tirait et relâchait les fils. Durant deux jours, Horani se laissa porter par la mélodie que lui livrait la ranie. C'est ainsi qu'il l'avait appelé en mémoire du prénom de celle à qui il n'avait pu dire son amour.

L'homme se laissa bercer. Sous ses doigts géniaux, la ranie vibrait les messages de la triste souffrance, ceux de la joie et du bonheur qu'il ressentait lorsqu'il pensait à elle. Ainsi, il pouvait maintenant exprimer tout ce que son cœur ressentait.

Au loin, certains villageois entendirent des sons mélodieux. Leurs cœurs furent charmés et ils montèrent en haut de la montagne. Parmi eux, se trouvait une femme que l'on appelait Rani, elle tissait des fils de soies en chantant…

Tout est là…

« L'être habité de la présence initiale est réuni à tout ce qui l'entoure. Par cette présence il est un et n'a donc besoin de rien, puisque tout est là. ».

Je me souviens de la première fois que je l'ai aperçu, le foin chargé sur l'épaule, son pied assuré descendait l'échelle. En contre-jour, sa silhouette méthodique et sereine jouait à peine de sa force en projetant la motte sur le sol. Je l'ai tout de suite reconnu, je l'avais déjà rencontré en vision. À cet instant derrière lui, j'étais venue apaiser ma jument qui semblait agitée ces derniers temps. Une longue route nous attendait encore jusqu'au temple d'Oktan. À cette distance, il ne m'avait pas vu, mon esprit attiré se plaisait à comprendre ses gestes et ses secrets. L'indiscrétion à laquelle je m'abandonnais me révélait cet homme dans ses mystères, savourant chacune de ses attitudes. Il s'occupait maintenant du cheval d'Oktan, cela pouvait largement justifier ma curiosité. Je me disais qu'il pouvait être Nambu, Oktan m'avait déjà parlé de lui. Il devait nous rejoindre pour la route jusqu'au temple. Je remontais et m'affairais sur les derniers préparatifs pendant que mon esprit restait habité par sa présence. Jusqu'à ce jour, je n'avais jamais ressenti cela. Incertain, l'esprit perplexe vacillait et cherchait ses repères. Je me posais mille et une questions et essayais de me ressaisir. J'avais encore le temps, car tout était déjà prêt et nous ne partions que le lendemain matin de bonne heure. Je décidais de flâner dans les jardins, puis changeais d'avis, avant d'errer un peu dans les cours intérieures. Troublée, les pas s'enchaînaient, mais où que j'aille, mon regard n'avait de cesse de chercher le sien. Face à ces pensées errantes, je me souviens distinctement de ce moment, lorsque de retour dans ma chambre, j'ai voulu demander à Maharisha de m'éclairer. Mais, je n'eus pas le temps de poser ma question que s'abattait déjà sur moi une pluie de lumière étoilée. J'étais ici et les esprits descendaient livrer leurs messages. Je connaissais ce monde, j'y accédais régulièrement. Mais là, c'était différent, je ne le cherchais pas, il se présentait directement et imprégnait la réalité.

Au matin, la mission s'imposait : Inuka nous appelait. Imperturbable, la garde composée de trois hommes attendait. J'allais voir si Oktan occupait sa chambre, mais il n'y était pas. Je décidai de descendre aux écuries. Il était là, tranquillement accompagné du « jeune homme » que j'avais aperçu la veille…

- Ah la voilà ! S'exclama Oktan. Le moment est venu de te présenter Nambu. Vous ne vous connaissez pas encore, mais vous aurez sûrement beaucoup à échanger, le temps l'accomplira… Le jeune homme impassible était là devant moi et je pus constater qu'il portait aussi la ceinture de l'éclaireur. J'avoue que je ne me sentais pas à mon aise et ne savais pas non plus comment réagir. Après les salutations d'usage, je fis alors diversion vers le cheval d'Oktan et inspectais sa robe. La tension redescendait progressivement, mais le temps semblait comme figé…

Tout était prêt, Oktan en selle, nous pouvions partir. Deux gardes ouvraient la route, suivis d'Oktan et Nambu, je restai derrière eux tandis que le dernier garde fermait la troupe. Nous devions arriver dans l'après-midi et même si ce n'était que de dos, mon regard était comblé. Ce que j'avais cherché intérieurement à revoir la veille était offert devant moi et j'en appréciais chaque instant. Je ne me lassais pas de l'intérêt irrésistible de le sentir. Rien ne réussissait à m'éloigner de sa présence. J'aurai voulu lui dire quelque chose, même n'importe quoi, pourvu que j'échange avec lui, mais cela était impossible. Comme me l'avait appris Mossi, je décidai de me relier à lui afin de le découvrir davantage. L'instant d'après, une multitude de questions m'envahissait : qui était-il, qu'est-ce qu'il aimait, que ferait-il bientôt ? Mais aucune ne trouvait de réponse. L'esprit bien trop agité, mon regard s'échappa vers le paysage lointain. Ses saveurs matinales d'automne libéraient des senteurs de terres humides et je me reliais encore à Nambu. Le refrain des pas rythmés des chevaux me laissait m'oublier, m'évaporer jusqu'à la vision. Je commençais à saluer son âme et la réponse fut immédiate. Subitement, son paysage intérieur s'ouvrit. Une présence lourde tournait sur elle-même et cherchait à se libérer. Une vision fulgurante s'imposa alors et je vis un soldat à l'esprit vengeur, des hautes falaises sur lesquelles coulait du sang et en contrebas, des êtres inertes. Je comprenais maintenant l'origine de ce poids. Un passage m'absorbait et avec vivacité m'entraîna rapidement sur une nouvelle vision qui fut cette fois-ci plus paisible. Je percevais la présence d'une femme, assise au pied d'un arbre protecteur du soleil matinal. Nambu était dans les bras de la jeune femme, blotti dans cette chaleur maternelle. Devant elle, une bâtisse imposante m'interpella et me poussa à formuler une demande : « Que se passe-t-il encore ? » J'y découvris un jeune garçon dans le jardin qui regardait son père sur la terrasse de la maison. Il voulait lui ressembler et mimait à son tour des gestes de combat. L'homme arborait une tenue militaire avec beaucoup de distinctions. C'était un militaire de haut rang, à la posture altière et déterminée, dont le cœur ne s'attachait pas au doute. Voilà un des chemins que le jeune homme avait parcourus. En me reliant à Nambu, j'avais pu m'abandonner à son désir intime. Son cœur avait livré ses secrets et je m'étais reconnue dans la profondeur de ses confusions qui laissent l'être à ces incertitudes. Je pensais avoir toutes les réponses alors que maintenant toutes les questions changeaient. Je me sentais investie de la mission d'une emora, ne supportant pas de voir son cœur en souffrance. C'était comme s'il s'agissait de moi…

Lorsque l'on est enseigné par Mossi, on peut facilement imaginer qu'elle ait livré quelques secrets de pratiques. Un de ces préceptes que j'aime en particulier est celui de libérer le destin parfois ralenti par des expériences de vie difficile. Lorsque le poids est trop lourd, le pied s'inquiète à chaque pas, mais en pareil cas, j'avais ma magie. L'être habité de la présence initiale est réuni à tout ce qui l'entoure. Par cette présence, il est un et n'a donc besoin de rien, puisque tout est là.

Comme me l'avait expliqué Mossi : Pour vivre l'expérience terrestre, nous nous associons aux formes dont chacune possède une âme distincte. De la solidité de la pierre à la fluidité de l'eau et ce, jusqu'au cœur des êtres que nous connaissons, chacune possède des âmes qui en contiennent encore d'autres… de manière infinie. Elles portent en elles des expériences agréables et d'autres moins. Toutes les mémoires des éléments qui nous entourent vivent déjà en nous. Elles s'unissent dans la réalisation de notre destin. Nous possédons également un élan de vie qui donnera force à notre corps et à notre esprit afin de nous soutenir dans cette œuvre. Lorsque nos mémoires sont en paix, la vision est parfaitement dégagée et l'Homme connaît l'évidence de la voie qu'il doit emprunter. Aussi, aucune maladie ne s'installe et rien n'entrave sa route ou ne le ralentit. L'homme ne subit alors plus aucune souffrance. Cette clarté est comme un ciel dégagé ou rien ne limite la vision. Ainsi, l'être sait où il se trouve et où il va. Nous savons que ce chemin est idéal et qu'il ne correspond pas forcément à la réalité que l'Homme vivra. En effet, le ciel ne reste pas constamment bleu et ses changements expriment un langage. Il peut se charger de nuages, de pluies, ou s'ouvrir subitement par l'éclair. De la plus douce à la plus violente, les émotions qu'elles procurent enrichissent sa mémoire. Ces âmes ne sont pas encore intégrées à la présence initiale. Dans ce manque, elles peuvent ressentir l'esprit de séparation, de dualité, de vide et être en quête d'énergie. Pour survivre, elles se servent directement des énergies auxquelles elles sont reliées. En se mettant au service de ces esprits, l'Homme s'éloigne de sa présence initiale, se projette et s'accroche à ce qui lui paraît être authentique. Mais, cette réalité n'est que celle de l'âme qui l'habite. Il fait un pas afin de se révéler, mais chaque pas l'éloigne de cette union. L'aventure commence par son lot d'expériences et lorsqu'elle est finie, l'Homme revient avec une âme unifiée à la présence initiale : au-delà des pas qu'il a parcourus, il est en paix. Mais avant d'entrevoir cet état, celui qui souhaite être libre s'exécute afin de répondre aux besoins de ses âmes. C'est ainsi qu'il rentre en contact avec d'autres âmes et parfois, l'expérience peut être douloureuse. Lorsque le cœur est sensibilisé par une expérience difficile à intégrer, si la vibration qu'il rencontre ne correspond pas à ses propres vibrations, l'Homme peut alors la rejeter. Au contact de ce qui l'entoure, l'Homme peut parfois endurer la souffrance dans le temps, alors un mal-être s'installe dans le cœur blessé. Il peut s'endurcir pour l'empêcher de le pénétrer ou se gonfler afin de le repousser, pensant qu'ainsi, il pourra se protéger et échapper à la connaissance d'une expérience. L'âme perd alors l'esprit de tranquillité pour retrouver celui de la lutte, où les blessures s'installent et peinent à se guérir. Lorsque l'être se tournera vers sa présence intérieure, il ne percevra que l'ombre qui obstrue son chemin et dont il est prisonnier. En portant l'attention sur ces événements, l'esprit se sent compris et rassuré, la confusion s'éloigne et la clarté fait jour. Porté par la passion, l'Homme projeté vers un désir peut parfois se perdre dans l'expérience jusqu'au chemin de retour à sa demeure. Le regard intérieur ne trouve que le vide quand l'esprit de dispersion a fait son œuvre. Forte de cette connaissance, par un regard différent de la présence initiale, une emora apporte à l'Homme souffrant une voie de délivrance.

La route était encore longue, je décidais de me relier à Nambu et regardais à travers ses yeux afin de m'imprégner de son état. Puis après un moment, comme las, mon regard s'évanouit dans une réalité accablante. Nambu semblait abandonné à des pensées sans issue. Je suivais le fil de son histoire afin d'en libérer les nœuds. Une boule sombre condensée tournait sur elle-même et ressassait un esprit de colère. Je m'approchais encore, lui donnais ma présence et la saluais. Mais elle ne répondait pas : la colère empêchant toute compréhension continuait à se gonfler. Patiemment, je la caressais de ma présence, la maternant jusqu'à ce que l'ombre se rendorme. Subitement, une nouvelle vision s'installa : un jeune enfant cherchait sa mère, je m'approchais de lui en esprit et le pris dans mes bras. Après un moment, l'allure assurée, il prit un bâton et me montrait sa force. Enfin, l'enfant retrouvait la joie confiante. Progressivement, je ramenais Nambu vers son âge actuel et lui demandais : « que feras-tu maintenant ? » Alors le jeune homme me montra un chemin, celui de son destin. Il m'attendait pour que je l'emprunte avec lui et j'entendis mon cœur lui répondre, « Je suis avec toi, je te rejoindrai… ».

L'évidence des sentiments

« Lorsque l'éducation impose de ne pas livrer les émotions, l'âme des sentiments trouve le chemin de l'évidence pour s'exprimer. ».

Durant cet accompagnement, le cours de ma vie s'est ouvert à une nouvelle vibration, celle de l'amour. Avant que les mots ne trouvent leurs sens, il restait inexplicable, tel un inconnu indéfinissable qui entraîne un flot de passion incontrôlable. Dès sa venue, toutes les mises en garde sont oubliées. Portées par l'élan, les pensées s'associent aux émotions du cœur. D'ailleurs, la vie semble lointaine et ce qui reste est ce sentiment qui pousse à le rencontrer encore et encore… Je ne pensais qu'à lui, sa présence m'habitait.

La nuit tombée, Nambu et moi nous étions rencontrés au jardin et avions longuement conversé. Cette rencontre n'avait déjà pas lieu d'être… De par notre culture, un homme ne peut rencontrer une femme dans l'intimité, ni s'isoler avec elle. Lorsqu'un homme touche une femme par inadvertance dans la rue, il se doit de prendre un témoin, même un inconnu, qui alors présentera ses excuses en son nom. C'est sur ces bases que nous nous sommes rencontrés. Mais, l'éducation restait silencieuse, bien que le risque d'être surpris n'arrangeait en rien notre tranquillité. L'attraction vivait bien au-delà et peu importe ce qui pouvait arriver… Lorsque l'éducation impose de ne pas livrer les émotions, l'âme des sentiments trouve le chemin de l'évidence pour s'exprimer. Nous n'avions guère d'autres occasions de nous retrouver seuls. Mes pensées restaient marquées par notre dernière conversation. Je me demandais ce qu'il pensait de moi, s'il m'appréciait… enfin, une multitude de questions étaient là. Avant que la porte ne coulisse, une servante se présenta pour me demander de me rendre à la salle principale de thé : Oktan m'y attendait…

- Bienvenue Ina ! Je me suis permis de te faire venir. Il m'aurait été bien triste de partager ces thés exceptionnels sans ta présence. J'aimerais te présenter les trésors du temple. Même s'ils n'égalent pas ton raffinement, tu auras peu d'occasions dans ta vie de vivre pareils instants. Je m'inclinai en signe de respect. En effet, le plus beau des trésors était devant moi et je pris place derrière la table basse. Oktan ouvrit la boîte en terre dans laquelle se trouvait le précieux thé. « Voici tout d'abord le thé blanc, c'est celui dont raffole Dame Kenata, nous lui en rapporterons. Regarde ces belles feuilles enroulées de couleur vert pale recouvertes de leur fin duvet argenté, elles dégagent l'odeur caractéristique de la noisette. ». Il prit la théière et y plongea les feuilles. Puis, lorsque l'eau fut à bonne température, il la remplit délicatement. Dès que l'infusion fut prête, il en versa par alternance dans chaque tasse. Le vieil homme préparait le thé de façon respectueuse, mais sans cérémonie excessive. Je me sentais bercée par l'ambiance de l'intimité familiale. Nous restions tous les trois à admirer la robe jaune très pâle veloutée de la liqueur recueillie. Je portais le goût à la bouche et me délectais de l'arôme rare, très fin, à la fois doux et gras qui s'exprimait délicatement dans des notes de miel fruité. Nous restions silencieusement à apprécier le talent des artisans des jardins du temple qui avaient travaillé avec passion afin d'exprimer les qualités gustatives uniques de ces thés. Après un instant, Oktan nous présenta un coffret en bois avant d'ajouter : « Comment apprécier les variétés, si elles ne sont pas multiples... Lorsque vous quitterez le temple, vous garderez en vous ce souvenir. ». Il contenait les principaux thés produits par le temple : du thé blanc, jaune, vert, bleu, rouge et noir.

- À mon âge, la nuit m'appelle au repos... Par votre jeunesse, il vous reste encore tellement à découvrir de ce que la vie offre qu'une nuit ne sera pas de trop. Prenez le temps de goûter chacun de ces thés. Demain sera sous l'esprit paisible, vous en profiterez pour vous reposer.

Après nous avoir souhaité une bonne dégustation, Oktan se leva pour se fondre à la nuit. Nambu porta discrètement un regard complice vers moi et nous nous étions bien compris.

Même si je ne pouvais penser qu'Oktan avait préparé cette rencontre, je pouvais affirmer qu'il ne pouvait mieux faire... Ainsi, nous pouvions échanger en toute intimité. Les temples sont sujets à l'échange entre moines et il est d'usage de converser en se questionnant. Certains échanges peuvent ainsi durer toute la nuit. J'étais formée pour devenir emora et Nambu s'ouvrait à la voie de l'éclaireur. Concernant la voie de l'esprit, nous avions beaucoup à échanger et la nuit complice nous était offerte. Quand la vie nous projette, même si nous ne savons pas toujours ce que nous devons faire, le simple fait d'être assise face à lui me suffisait. Rien ne m'était plus essentiel à cet instant. Dans la tradition, le thé se goûte dans le silence, c'est à ce moment qu'il révèle sa plus pure intensité. On dit que lorsque les cœurs sont amoureux, le thé prend le goût de celui que l'on regarde. À son attitude, je voyais que Nambu ne maîtrisait pas vraiment l'art de l'approche relationnelle. Aucun de nous ne savait comment aborder l'autre, mais rester assis ensemble était une évidence et il n'en fallait pas plus pour nous sentir à la fois gênés et heureux. Comment déclarer la flamme naissante à la nuit ? Il fallait une diversion. Je décidais de couper court à ce mal-être.

- J'ai beaucoup apprécié notre conversation et je me disais que nous pourrions continuer...
- C'est avec honneur d'échanger avec une emora sur la voie, mon cœur en ressent le plaisir.
- J'espère ne pas t'ennuyer, je ne suis qu'aux premiers pas du chemin...
- Les similitudes nous rapprochent, d'ailleurs, comment pourrait-il en être autrement ? Quelle que soit la voie que l'Homme sert, il y retrouve une parcelle de lui et lorsqu'il creuse davantage, il y découvre l'ensemble du monde.
- Ma quête est justement de le découvrir afin de le révéler à la vision. Parfois, je porte trop d'attention et l'esprit commun cherche encore ses repères. L'esprit du monde le libère de ce

qu'il cherche et lui apporte la paix.

- Comme on dit, préserver la grande âme autour des innombrables visages de la petite âme est souvent difficile. Ne pas s'y laisser absorber ou même s'égarer nécessite un peu de temps de compréhension. Je me suis aperçu que lorsque l'esprit se répète, c'est que ma conscience ne regarde pas de la grande âme : N'être projeté dans rien, demeurer dans la présence à soi.

- Quel chemin as-tu parcouru afin de te libérer de cette énigme ?

- Par la connaissance qui l'habite, Oktan a éclairé ma lanterne. Au départ, nous restons souvent dans notre conditionnement, dans l'esprit de la petite âme. Dans ce cas, nous sommes attirés par les inquiétudes de l'esprit dont le rôle n'est que de nous donner un compte rendu d'une situation sur des éléments connus. En restant sur ce point de vue, nous avons souvent l'impression de tourner en rond et de ressasser les mêmes sentiments. C'est pour cela qu'il m'a longuement expliqué la différence entre la petite âme et la grande âme. Ce que j'en ai compris, c'est qu'au départ, il n'y a qu'une grande âme : c'est la réunion du monde qui représente l'ensemble de la création et évolue continuellement. Elle est à la fois ce que la petite âme connaît, mais aussi ce que la petite âme ne connaît pas. La petite âme, c'est l'existence terrestre, elle est composée de l'esprit, du corps, des émotions que nous vivons et de nos mémoires ancestrales. La petite âme correspond à tout ce qui a une forme physique que nous pouvons toucher, voir ou sentir. Avec elle, nous expérimentons et nous nous enrichissons. Mais tout cela ne serait pas sans la conscience de la grande âme et la force de vie. Cette conscience se retrouve par le regard intérieur qui est, à la fois, la conscience de la grande âme et celle de la petite âme. Elle peut aller à sa guise dans les deux mondes qui, en fait, ne font qu'un. Là où la conscience se projette, son intention donne une direction à la force de vie : c'est le principe de création, l'éclat du cœur.

- L'éclat du cœur, c'est ce qui me nourrit actuellement...

Dans notre coutume, les femmes ont aussi des avantages certains. Ce sont elles qui décident lorsque les hommes peuvent exprimer des sentiments à leur encontre. Pour cela, la femme éprise redresse la tête vers l'homme et attend qu'il la relève à son tour. Ensuite, en le regardant dans les yeux, elle doit lui dire « Tu as laissé un éclat dans mon cœur. », lui signifiant ainsi qu'il a éveillé son intérêt et qu'à cet instant l'âme de l'intimité peut se révéler entre eux : c'est ce que je fis. Si l'homme accepte cette parole, il doit alors nommer mon prénom et le sien dans cette phrase. À cet instant, Nambu a révélé à notre destin à jamais.

« Rien ne s'oppose à l'esprit de la vie. Les quatre directions et tout ce qui y repose s'unissent pour réunir Nambu et Ina sur l'éclat de leur amour divin. ». J'ouvrai le coffret et pris le thé jaune... À cet instant, la nuit nous appartenait et dans notre esprit, bien davantage encore... Je lui fis part de ma pratique de la calligraphe et des vœux d'accomplissement avec l'éclat initial. Ensemble, d'un seul esprit, nous avons affirmé ceci :

Comme l'amour unique est
parfait, Nambu et Jna sont
réunis par les plus hauts esprits
des divinités.
Aussi loin et au-delà que
leurs yeux puissent regarder,
rien de mal n'apparaît sous le
regard protecteur de l'esprit
initial.
Accompagné de la joie,
Nambu et Jna marchent main
dans la main sur le chemin
paisible de la vie.
Le monde reconnaissant de ce
message d'allégresse est
témoin et heureux de cet
amour infini.

Visite du palais

« Le doute laisse passer l'instant et l'instant d'après rien n'a changé. ».

L'accompagnement terminé, je reprenais le cours de ma vie et malgré ce retour soudain à ma condition, mon cœur restait habité par la présence de Nambu. D'une marche habituellement matinale, je me rendis aux annexes du palais afin de récupérer un nouvel ordre de mission. Mon pied allait emprunter la première marche lorsqu'il se figea net en apercevant le conseiller de Thopporo Uneka. L'homme d'une taille moyenne s'assurait une posture audacieuse mais discrète. Il portait un long pardessus épais de satin noir. À ma vue, il s'empressa de me saluer avant de se redresser et reprendre sa posture droite et humble.

Bien que son attitude laissât planer une étrangeté, l'esprit et le corps se sentaient en confiance en sa présence. Il n'y a pas plus mauvais juge que la pensée et le corps se trompe tout autant lorsque l'inattendu et l'émotion se rencontrent. Je me devais de me contenir face au conseiller de Thopporo. Pour toute personne proche d'un seigneur, il était d'usage de rester tête en bas et Thopporo Uneka était un dirigeant important qui, à lui seul, pouvait réunir une armée de quatre cent mille hommes. Si notre royaume, Teraki, avec l'ensemble de ses troupes promettait cinq cent mille hommes, nous étions bien moins équipés. Celui que l'on qualifiait « le seigneur de Nippura » avait droit au service d'un empereur tant il possédait de terres dont certaines d'une richesse inestimable.

De main à main, le conseiller me tendit un rouleau de convocation, avant d'ajouter : « Tu annules tous tes projets, aujourd'hui est jour de chance pour toi... tout au moins déterminant. Tu partiras très prochainement au Palais d'Or.

Prépare-toi ! ». Je ne comprenais plus rien, mon destin s'ouvrait autant qu'il se fermait. Ce que je devais attendre était là, et ce que j'espérais n'était plus. Hirosha était absente depuis quelques jours et j'étais convoquée au Palais sans y être préparée. Ce n'était pas le protocole habituel et je perdais pied, malgré les paroles rassurantes du conseiller qui conclut : "Faisnous confiance... Hirosha me demande de te dire ceci : Accomplis ton destin, accomplis ce à quoi tu as été formée...". Puis, il tourna les talons. Je restai là, me demandant comment cet homme pouvait répéter, mot pour mot, ce que m'avait dit Hirosha. Etait-ce un code ? Mais pourquoi ne m'avait-elle rien dit ? Je devais maintenant me rendre aux annexes du palais afin de valider la missive donnée par le conseiller. J'ouvrai l'ordre de mission qui ne comportait rien de particulier concernant le Palais d'Or, juste une demande de présentation ce matin au Temple Blanc afin d'assister l'oracle. Rien n'était clair, je décidai d'aller voir Mossi, peut-être en savait-elle davantage ?

Comme à son habitude, elle était assise devant l'entrée qui donnait sur les jardins intérieurs. Lorsque je vins la questionner, elle me répondit : « J'ai été informée que le temple est fermé pour la journée. Nous attendons la venue du seigneur Thopporo : Tu restes ici et m'assisteras à la vision. Lorsque ce sera fini, tu iras préparer tes affaires pour ton départ... ».
- Mais Mossi ! Quel départ ?
- À partir de maintenant, écoute-moi bien Ina. Tu n'as pas été formée pour douter, remets toute ta confiance à la Demeure, toutes les questions que tu pourrais te poser ne feront qu'ajouter de la confusion à ton esprit.
- Je ne doute pas Mossi... Simplement, je ne comprends pas ce qui se passe et tout va si vite, c'est imprévu.
- Je sais que tu t'interroges, comme je te le dis, jusqu'à la confusion de ton esprit : tout est prévu ! Ressaisis-toi et rappelle-toi notre enseignement : « Le doute laisse passer

l'instant et l'instant d'après rien n'a changé. ». Rappelle-toi bien ces derniers mots, je ne peux t'en dire davantage pour le moment. Mais sache que tu dois accomplir ton destin, accomplis ce à quoi tu as été formé. Tu es prête et mon esprit est avec toi. Aussi, réunis tes affaires de déplacement maintenant et ensuite, reviens ici avec la robe de vision. Tu resteras ici et méditeras sur la confiance jusqu'à ce que l'on t'appelle. Pour moi, rien dans les directives reçues ne me laissait entrevoir l'espoir d'une quelconque issue. Quelques jours auparavant, Hirosha m'avait laissé une lettre avant son départ dans laquelle était écrit : « Accomplis ton destin, accomplis ce à quoi tu as été formée… » Après la conversation que j'avais eue avec elle, concernant mon devenir, cette phrase n'avait rien d'intriguant. Ces quelques mots résumaient ma situation et je devais m'y plier, autant par le corps que par l'esprit, J'avais été éduquée et ce que j'en pensais n'avait absolument aucune importance. Pour moi, tout était clair et j'essayais de me résoudre à cela. Mais ce matin-là, le conseiller de Thopporo avait encore formulé cette phrase, tel un secret intriguant dont j'étais censée découvrir le sens. Et maintenant, Mossi, une des femmes en qui j'avais toute confiance, me répétait mot pour mot : « Accomplis ton destin, accomplis ce à quoi tu as été formée… ». Soit cette expression connaissait un essor soudain dans tout le pays, soit elle comportait un message que je ne comprenais pas. Je décidai de choisir la deuxième option et persévérer dans ma réflexion. N'avais-je pas suffisamment retenu les enseignements prodigués au Temple de sorte que je ne pouvais effectivement pas comprendre. S'agissait-il de mes capacités naturelles qui n'étaient pas en mesure de s'ouvrir à ce qu'apparemment tout le monde comprenait ? Si j'avais bien reçu les formations requises, à cet instant, mon esprit s'attachait à toutes les formes pour finalement n'y trouver aucun sens. Mais même cela, Mossi me l'avait annoncé et comme elle me l'avait dit aussi : c'était prévu.

J'avais le choix entre deux chemins, rester dans l'esprit de confusion avec la certitude que cela allait empirer... ou bien, lui faire confiance et vivre ce dont pour quoi j'avais été instruite. En me regardant dans les yeux, elle avait conclu avec la formule suivante : « Reste dans la confiance, puis l'instant d'après, laisse ta détermination s'imposer... Quand le moment viendra, tu le sauras. Après l'effet de surprise vient la décision, fais ce à quoi tu as été préparée. Dans l'élan, mon esprit sera avec toi. ». L'esprit s'attache à l'intrigue et il est bien difficile d'y échapper. Comment pourrais-je avoir confiance dans l'inconnu ? Finalement, je décidai de m'attacher à résoudre cette énigme pendant que je préparerai mes affaires. Si je ne réussissais pas, je devrais alors m'asseoir comme me l'a demandé Mossi et méditer sur la confiance. J'avais enfin un accord avec moi et ma curiosité avait quartier libre le temps de préparer mes affaires. Mais je pris la décision qu'ensuite, je ne laisserai place ni aux doutes, ni aux questions. Face à l'inconnu, il ne devait rester que la confiance. En somme, c'est ce que j'avais effectivement appris. Seule la confiance peut libérer du doute afin de répondre à l'imprévisible et apparemment c'est cela, que je devais trouver...

Alors que le destin semblait m'abandonner à jamais, mon cœur n'avait de cesse de penser à Nambu. Mon ventre se serrait dès que Thopporo Uneka revenait dans mes pensées. On dit que le temps rend l'esprit consentant, mais à cet instant, il s'arrêtait. Comme l'empreinte du vide insaisissable, ces pensées m'affectaient. Même si rien ne pouvait les faire disparaître, je me reliais à ma mère et décidais de rester dans l'esprit de confiance dont c'était sa force principale. De tout cœur, j'implorais de l'aide et confiais ma peine à Maharisha. Quelquefois, je ressentais sa présence chaleureuse parcourir mon corps, comme une ondulation rassurante. Je retrouvais un chemin dans la douce confiance de la vérité. Celle qui m'a donné vie en a fait le vœu que je répète chaque jour : « Lorsque le temps est venu, l'eau déborde et s'échappe déjà... ce qui voulait encore la retenir n'est plus. Dans la douce confiance de cette vérité, de même au temps venu, les pas d'Ina reviendront jusqu'à moi. ».

Kimaë aussi m'avait promis une heureuse destinée. Bien souvent, nous avions exploré notre devenir et elle voyait mon cœur amoureux d'un homme qui serait seulement plus vieux d'une saison... C'était le cas de Nambu. Elle me voyait aussi le visage serein berçant, avec tendresse, l'enfant que j'aurai. L'esprit de tranquillité protégeait ma famille. Un soir, j'avais même livré à la vieille Mossi que mon destin était lié à une alliance de cœur et que je deviendrai emora. Elle avait ri aux éclats et m'avait confirmé qu'en effet, mon cœur vivrait cette rencontre, ajoutant que trois jours auparavant, cette vision lui était apparue. Thopporo Uneka ne ressemble ni à ma vie, ni même à une heureuse alliance. Comme la serre de l'aigle qui saisit sa proie et l'enlève à son destin, pourrait-il être si puissant au point de déjouer le mien ?

Sans reproche, une ténacité s'accrochait à un autre possible, comme une issue à la peur envahissante. Ce que je savais, c'est que mon cœur était tourné vers Nambu et sur le chemin qui devait nous réunir se trouve Thopporo Uneka. Si rien de bon n'arrive, je l'accepte. Je n'attends pas une belle destinée, ni même d'être sauvé. À chaque situation, mon cœur a répondu et donné le meilleur. Désormais, tout est entre les mains du destin que j'accomplirai courageusement.

Si la situay on s'impose,
libre de ce que je vais trouver,
Je n'attend rien,
Je suis là.
Confiance en l'énergie de vie,
Je suis prête.

La théorie de l'évidence

Ces derniers temps, Thopporo se sentait bien et ressentait la saveur des plaisirs. Parfois même, la joie semblait timidement effleurer son visage. Même si cela n'arrivait pas souvent pour un homme chargé d'autant de responsabilités, il ne se mettait en colère que trois à quatre fois par jour. Il avait trouvé cet équilibre parfait. Si rien n'est facile, avec l'expérience et la connaissance, il savait maintenant ce qui rend l'Homme heureux. Avec le temps et depuis qu'il tenait les rênes du pouvoir, plus rien n'entravait sa vision du monde. Enfin, le royaume qu'il avait tant imaginé prenait forme. Pourtant, sa jeunesse avait commencé dans le mal-être. Un jour, Mioru avait confié à Thopporo qu'après les recherches effectuées sur sa personne par les plus grands spécialistes, ce n'est pas qu'il ne trouvait pas sa place, mais c'est surtout que ce qui existait autour de lui n'avait pas le sens de l'harmonie parfaite. Du coup, les mauvais esprits l'envahissaient et lui grignotaient son potentiel et cela l'agaçait au plus haut point. Pour une personne de son rang, son énergie avait bien trop de valeur. Voilà selon lui, l'origine de sa rage contre laquelle il luttait. À la différence de ses ascendants, il était très superstitieux et observait ce qui l'entoure avec beaucoup d'attention jusqu'à s'inquiéter que les mauvais esprits reviennent en lui. Dans son ambiguïté, les protocoles arriérés du palais ne lui apportaient que frustrations et douleurs, n'admettant pas qu'une personne de son rang doive s'y plier.

Depuis sa jeunesse, il était entouré de sages conseillers qui avaient bien remarqué que le cœur de Thopporo était rempli de mauvais esprits. Mais cela n'avait auparavant aucun inconvénient sur la vie du royaume. À cette époque, son frère aîné, qui le dépassait presque d'une tête, détenait le pouvoir. Mais la rage ne le quittait pas et l'homme ne trouvait guère le repos. De temps en temps, il restait même prostré dans sa couche durant une saison. Un jour, son cœur fut tellement en rage qu'il exécuta tous ses proches serviteurs et se lacéra le corps croyant ainsi se libérer des mauvais esprits. Son frère avait alors demandé que Thopporo soit attaché durant la saison suivante et éviter ainsi qu'il se mutile. Thopporo en avait beaucoup souffert et ne parvenait pas à oublier, il en voulait à son frère de l'avoir frustré et d'être la cause de ses tourments...

Quelque temps après, son frère aîné décéda pour des raisons inconnues, à l'exception de Thopporo qui en connaissait les causes... Alors, le nouveau seigneur fut placé sur le trône divin et put enfin user du pouvoir et mettre fin à ses souffrances. Durant plusieurs années, une dure répression s'abattit alors sur le pays de Nippura dont le dessein était que le seigneur trouve la paix. Des villages furent brûlés, des milliers d'hommes et de femmes qui semblaient être possédés par le mal furent torturés et abattus. Mais malgré tous ces efforts, rien ne calmait les affres du seigneur. Dans un moment de lucidité, il demanda à ses conseillers de se pencher sur l'origine de ce cœur chargé de rage, cela venait bien de quelque part... Aussi, les conseillers rassemblèrent alors les plus hautes intelligences afin de comprendre la source de ce mal. Ils firent en sorte que le seigneur puisse se sentir en harmonie avec ce qui l'entourait. Si le maître était heureux, alors tout le monde pouvait aussi l'être et le royaume de Nippura connaîtrait enfin la joie suprême. Les postulats de réflexion étaient fondés sur une logique implacable : ce qui est au plus haut constitue le bien et ce qui est au plus bas est le mauvais. Mais ne sachant différencier ce qui est au plus haut de ce qui est au plus bas, les chercheurs poursuivirent leurs quêtes dans la distinction du bien et du mal. Les résultats paraissaient peu probants. L'empereur entra dans une colère noire et fit abattre les chercheurs. Puis, il ordonna à ses conseillers de prendre sérieusement les choses en mains. L'empereur ne supportait plus d'endurer cette souffrance incessante. Les proches conseillers se réunirent et reprirent instamment les travaux déjà commencés. Il régnait cependant une atmosphère de peur et personne ne savait vraiment ce qu'il devait trouver. Un sage chercheur dénommé Mioru lança enfin une idée qui permit de résoudre cette énigme en toute simplicité. Lors d'un échange de points de vue entre conseillers, Mioru lança : « Mais, qu'est-ce qui peut être plus grand que l'empereur Thopporo ? » Les conseillers répondirent en chœur : « Il n'y a rien de plus grand que le seigneur Thopporo. » Le jeune Mioru poursuivit… « Quel esprit peut être meilleur que celui de l'empereur Thopporo ? » Les chercheurs répondirent à l'unisson : « Aucun esprit ne peut être meilleur que celui de l'empereur Thopporo. ». Alors pourquoi chercher une source d'imperfection ou de souffrance dans le seigneur puisqu'il est parfait ? Le jeune sage rempli de certitude en conclut que la perfection était devant eux. Leur esprit ne l'était pas assez pour la percevoir, et ainsi, aucun ne l'avait remarqué. Bien que l'évidence leur brûlait les yeux, ils étaient voués à chercher en vain. Il leur rappela un vieil adage : « On ne peut trouver le meilleur qu'en contemplant le meilleur. ». Cette nouvelle tomba comme une évidence et fut présentée au seigneur Thopporo. Après une courte analyse, le seigneur comprit qu'elle sonnait comme une vérité. Intérieurement, il se dit aussi qu'il aurait pu tout aussi bien la trouver lui-même. Mais il se sentait comme un homme humble et la faiblesse l'avait empêché encore une fois de discerner l'évidence de la réalité. La réponse à toute cette quête fut simple et il suffirait désormais d'utiliser les mensurations de Thopporo comme base de travail. En effet, en tant que maître suprême, le seigneur était l'idéal à atteindre. Donc, Ils mesurèrent chaque détail de son corps, de ses lobes d'oreilles, jusqu'à la pointe de son nez. Ils évaluèrent la couleur de sa peau, sa pilosité… Ils analysèrent Thopporo jusqu'au plus profond de son esprit et de ses croyances. Le seigneur était rassuré par toutes ces attentions qui lui plaisaient au plus haut point. Il se sentait plus paisible et s'emportait beaucoup moins : les choses allaient maintenant dans le bon sens.

Tout ce raisonnement reposait sur une théorie simple : Tout ce qui existe sur terre est énergie et sa forme idéale trouve comme repère le seigneur Thopporo. Cette théorie s'étendit à tout le pays. Toutes les activités furent évaluées et classées par ordre de difficulté, en passant par l'examen de tous les corps de métiers. De longues observations avaient été pratiquées à ce sujet ; les muscles, les tendons, la taille des bras et des jambes, afin de déterminer l'affectation de chaque villageois. Ainsi, par exemple, le travail de la pierre, considérée comme la classe la plus basse, serait confié aux hommes les plus solides, car la pierre est lourde et difficile à manier. Du rustre casseur de pierres au subtil tailleur de diamants, chacun aurait sa place.

Les sages conseillers de Thopporo avaient observé que le maître ne supportait pas de parler aux Hommes qui pouvaient être plus grands ou plus forts que lui, cela venait sûrement de son frère aîné. Il en devenait tendu et avait l'impression d'être souillé par ses Hommes porteurs d'une mauvaise influence sur lui. Les Hommes plus grands que Thopporo ne devaient pas entrer là où il posait ses pieds. Il ressentait leur énergie grossière qui n'était que désagrément pour le monde subtil dans lequel vivait le grand homme. Leur simple présence entraînait la baisse des vibrations des lieux fréquentés. Il était de bien meilleur augure qu'ils restent auprès des veaux et des bêtes de somme, cela leur correspondait mieux.

Les sages ne s'arrêtèrent pas à ces premières observations. Ils analysèrent chaque détail de l'enfance et comprirent facilement que si l'homme se sentait agressé lorsqu'il voyait des armes, c'est aussi que les armes tranchantes ou piquantes étaient des mauvais présages. Voilà pourquoi le seigneur s'était senti agressé et avait cru bon d'exécuter ces serviteurs pour se défendre du mal qui l'entourait. Dorénavant, il ne devrait plus y avoir de soldats, ni d'armes à sa vue... Tout devenait simple et les recherches avançaient à grands pas. Ils présentaient chaque jour le fruit de leurs trouvailles à Thopporo qui les validait avec une grande bonté. Thopporo était sans cesse habité par des pensées et se questionnait souvent, il finit par demander : « Celui qui a découvert cette vérité doit être un homme de bon augure, je veux le connaître ! ». On lui présenta le jeune Mioru, il n'avait pas un air particulièrement intelligent, mais ne semblait pas non plus être empreint de sottise. Il n'était pas vraiment beau mais ne possédait aucun trait particulier de laideur. Sa taille, son poids et ses membres étaient juste à peine inférieurs à ceux de Thopporo. Le seigneur l'observa attentivement et ne trouva rien chez lui de désagréable. Il annonça alors que Mioru serait son conseiller principal. À cette époque, beaucoup de conseillers irritaient Thopporo et tous avaient peur en étant choisi que le seigneur ne décèle en eux des sources de mal. Mais, chez Mioru, rien ne faisait d'ombre. L'homme n'avait aucune prétention et vouait une admiration sans faille pour le seigneur. Un jour, il surprit le jeune Mioru qui le regardait avec insistance. En général, cela signait la fin d'une heureuse collaboration et la mort certaine pour le curieux... Mais ce jour-là, Mioru, démasqué dans sa curiosité, expliqua qu'il n'avait jamais rien vu d'aussi beau... d'aussi parfait. S'il avait l'honneur de faire tailler une statue à la grandeur réelle de son maître, elle servirait de référence principale pour tout le peuple. Ainsi, chacun pourrait en l'admirant, apprendre à mieux se connaître et aspirer à une meilleure destinée. Les Hommes auraient ainsi l'empereur en exemple de perfection. Si leur front est plus grand que celui du seigneur, c'est que leur intelligence n'est pas bien proportionnée et s'il est trop petit, c'est que celui-ci n'est pas intelligent. Si l'Homme est plus grand que le seigneur, c'est qu'il est trop grand et s'il est plus petit, c'est qu'il est trop petit. Cette idée plaisait bien au seigneur en ce qu'elle lui paraissait parfaitement logique. Il comprenait maintenant qu'une nouvelle providence s'ouvrait pour son pays et que dorénavant, les choses seraient encore plus simples.

À la fin de la saison, toute la théorie fut enfin révélée au peuple et compréhensible par tous. Un jour, le seigneur se mit en colère en présence de Mioru. Bien qu'il n'était pas concerné par cette situation, Mioru se mit à pleurer et le seigneur lui demanda ce qu'il avait. Le conseiller lui répondit que, par sa faute, il avait déclenché la colère du seigneur. Thopporo ne comprenait pas... Mioru ajouta que le palais dans lequel il vivait n'était pas complètement fait à son image. Il y avait encore des énergies négatives qui essayaient de pénétrer son esprit et que s'il construisait un palais spécial basé sur la théorie de l'évidence, le seigneur trouverait enfin la paix. En fait, Mioru se reprochait ouvertement les colères de son maître, en exposant que s'il avait eu son intelligence, il y a bien longtemps qu'il aurait fait construire un nouveau palais afin que le seigneur se sente en paix. Il demanda ensuite au seigneur de le tuer pour cette erreur. Mais le seigneur trouva quelque plaisir dans le fait que Mioru lui formule une telle requête et il n'en fit rien. Même s'il ne possédait pas ses capacités, il remarquait que Mioru lui était entièrement dévoué et il lui donna pour mission de faire fabriquer un palais qui corresponde à la grandeur de Thopporo, basé sur la théorie de l'évidence.

Alors, on questionna le seigneur sur ces goûts, ses couleurs, les formes qu'il aimait, les arbres qu'il affectionnait... Enfin, c'est ainsi que tout fut noté méticuleusement afin que les travaux puissent débuter au plus tôt. Il ne restait plus que le lieu idéal à définir, lequel devait réunir toutes les qualités qu'un empereur puisse espérer. Il devait être exposé à la fois au soleil et préservé des coins ombragés. Des points d'eau étaient nécessaires en abondance... Il fallait prévoir une vue dégagée à l'infini au-devant du Palais et que le lieu soit protégé à l'arrière par des montagnes. Tout devait être pensé à la perfection et rien ne devait manquer, pas même un grain de sable. La nouvelle tomba ! Il existait bien un emplacement en adéquation parfaite pour l'édification du Palais. Préservé par les hautes montagnes et non loin de là, coule une rivière avec des chutes majestueuses. Cependant, bien qu'il se situait sur le royaume de Teraki et à proximité d'un village, Dame Kenata accepta le projet en échange de quelques avantages sur des pierreries qu'elle convoitait : l'essentiel était réglé. Thopporo s'inquiéta du fait que Dame Kenata fasse droit à cette requête aussi facilement. Mais à vrai dire, elle n'avait pas le choix, dès lors que le royaume se remettait à peine de sa précédente guerre et qu'elle n'avait plus les ressources de créer le moindre conflit...

Pour les villageois sur place, Mioru avait la solution : il suffisait de conserver uniquement les villageois en les sélectionnant selon leurs tailles et leurs formes. Une grande recherche se fit sur Nippura afin que les prétendants soient mesurés et comparés à la statue qui siégeait à l'entrée de la terre promise. Personne ne pouvait rentrer en ce lieu s'il possédait trop de mal en lui et portait la moindre souffrance dans le cœur de Thopporo. Mioru y apportait toute son attention. Après plusieurs longues saisons de dur labeur, la merveille baptisée « Le Palais d'Or » fut construite selon les goûts exacts de Thopporo, à sa grande satisfaction. En effet, il se sentait bien dans ce palais dans lequel aucun soldat n'y était admis. En son sein, avait aussi été édifié un temple et Thopporo y avait fait réunir les cinq meilleurs oracles de son royaume. Lorsque Thopporo se déplaçait en ces lieux, les villageois venaient très facilement pour l'acclamer. Ils le glorifiaient et avaient même fini par croire à la théorie de l'évidence, pensant être eux-mêmes des élus. Mioru gratifiait les villageois en leur donnant aussi beaucoup d'or, d'argent et de pierreries, ce qui entretenait leurs croyances. Mioru eut encore une idée dont il fit part au seigneur Thopporo. Il lui expliqua que la génitrice parfaite pour le seigneur devrait, posséder une tête de moins que le seigneur et qu'ensuite, toutes les mesures physiques pourraient être prises. Il proposa de construire la statue qui représenterait la génitrice idéale. Thopporo trouva l'idée excellente. Ainsi commença la sélection des habitantes d'Inuka où chacune se présentait lorsqu'elle avait les mensurations parfaites de la statue. Thopporo n'avait jusqu'alors pas réussi à avoir d'héritier. Il pensait que les femmes qu'il ensemençait n'étaient pas dignes de lui donner un fils. Malgré la multiplication des conquêtes, aucune n'avait pu assouvir le désir du seigneur. L'homme, était en fait, impuissant et malgré le nombre conséquent d'Hommes esprits consultés, ceux-ci lui avaient assuré qu'il verrait de ses propres yeux un jeune descendant dès qu'il trouverait la femme digne de porter sa progéniture. Eu égard à son caractère impulsif qui le caractérisait et la terreur qu'il imposait, aucun Homme esprit n'avait envisagé, ne serait-ce une fois, de lui révéler son infertilité. Ainsi, Mioru proposa à Thopporo d'enfanter autant que possible les génitrices afin d'avoir des descendants qui perpétueraient sa perfection. Il suffirait ensuite que les femmes et les enfants habitent le village d'Or. Autant de procréations parfaites pourraient alors s'étendre progressivement à l'ensemble du pays et ce, sur la terre entière. Thopporo adorait cette idée et se demandait pourquoi il n'y avait pas pensé et interrogea Mioru qui lui répondit : « Cela est bien normal, le parfait ne convoite pas le parfait, puisqu'il ne se reconnaît pas ainsi. ». Et Mioru ajouta que cette idée lui était venue par le plaisir incessant qu'il éprouvait à observer la statue du seigneur. Il avait aussi remarqué que des gens s'approchaient de la perfection mais jamais aucun ne pouvait vraiment lui ressembler. « Imaginez maître, en effleurant seulement du regard votre éclat, le monde verrait une issue à ses souffrances. ». Aussi excessives que puissent paraître les idées de Mioru, l'admiration sans borne était toujours tournée vers la perfection naturelle de Thopporo. Depuis quelque temps, le seigneur s'était un peu assagi, les violences se calmaient et les habitants du royaume de Nippura vivaient un peu moins dans la peur. Le seigneur Thopporo était valorisé au-delà de ses espérances et chaque jour, Mioru débordant d'imagination, lui offrait de nouveaux projets. Autant d'attentions portaient ses fruits, lorsque la bête est bien nourrie, elle s'endort... Puis...

La vision

« Je vois le peuple de Nippura dans une grande joie, il festoie ! Au loin, les hautes montagnes sont immergées de soleil et libérées de toute entrave. »

Ce matin-là, au temple régnait l'ambiance effervescente qui annonce les grands événements. Dans l'agitation, chacune s'affairait dans les derniers préparatifs. Une visite était prévue ! La zone bouclée, on y attendait le seigneur de Nippura.

Après la fin des répétitions, les apprenties emoras étaient toutes alignées le long du couloir à une place précise, prêtes pour le moment ultime.

L'homme franchit les marches du Temple Blanc accompagné d'une solide escorte, pour sa première visite en ces lieux. Il était d'usage qu'un homme de son rang se rende ici. Le Temple Blanc était le lieu clef de toutes les hautes personnalités. Chacun devait monter ses marches et consulter l'emora Mossi, la descendante directe de la vision divine de la déesse Maharisha qui libère la vérité et l'accomplissement du destin. Le seigneur, habitué et passionné des consultations auprès des divinités, connaissait le protocole et aimait aussi les bénédictions des sages. Au plus profond de lui, la peur de la mort le terrorisait et être en lien avec l'impalpable l'apaisait quelque temps... Maharisha était très en vogue, tant pour les secrets qu'elle livrait que pour les clefs qu'elle donnait face aux embûches de la vie. Cet événement était très attendu de Thopporo. Jusqu'alors, il n'avait pas pu consulter l'emora car les relations avec le royaume Teraki n'étaient pas au beau fixe, mais maintenant, ce n'était plus du tout d'actualité. Il avait déjà rencontré Dame Kenata et les liens de courtoisie étaient rétablis. La consultation allait commencer, lorsqu'Ina se présenta devant Thopporo, le bol rempli de poudre dorée. Comme le voulait le rituel, il enfonça son index jusqu'à la première phalange et ensuite dans la vasque remplie d'eau avant de faire trois fois un cercle dans l'eau. Mossi regarda dans l'eau et y plongea son bâton pour y effectuer le symbole de l'éclat initial. La poudre commençait à faire des formes... Elle posa son bâton et leva le regard vers le lointain, habitée par la présence de Maharisha. D'une voix assurée, elle commençait à libérer la vision tant attendue : « Je vois le peuple de Nippura dans une grande joie, il festoie ! Au loin, les hautes montagnes sont immergées de soleil et libérées de toute entrave. ». Thopporo fut pris d'une soudaine gêne. Son innocence lui avait encore joué des tours, comme s'il voulait rattraper cette vérité libérée, il ne voulait pas que l'emora développe son secret et pensait qu'elle était déjà allée trop loin. D'un éclair, il frappa deux fois dans ses mains. L'emora sursauta, l'air subitement éreinté, elle baissa les bras. De toute façon, il en savait assez, son projet prendrait forme... Mais, il ne voulait pas que l'emora le voit, car elle était au service du royaume Teraki.

D'un air interrogateur, il regarda l'emora droit dans les yeux, comme s'il cherchait une faille. La vieille semblait revenir d'un lointain voyage. Elle paraissait maintenant complètement alerte et secouait ses mains comme pour faire sortir toute mémoire. Lorsqu'on regardait Mossi opérer avec autant d'autorité, un sentiment prenait naissance, tant sa puissance contrastait avec ce vieux corps fragile qui paraissait pouvoir se briser à tout instant. La lumière ambiante traversait son regard avec une telle facilité qu'il en ressortait un éclat blanchâtre, presque sans vie. Durant ce temps, Ina prit cérémonieusement la louche, la remplit du liquide qui avait servi à la vision et le versa dans la fiole avant de la poser dans la boîte précieuse digne des rois. La fiole contenait maintenant tout le pouvoir de Maharisha que Thopporo était venu chercher. Même si cela ne leur avait pas spécialement porté chance, tous ses ancêtres possédaient la fiole du Temple Blanc. Cette fiole possédait le pouvoir de Maharisha et Thopporo goûtait le pouvoir comme une friandise dont il en faisait collection. Une pièce était justement réservée à ces dizaines de fioles acquises par ces ancêtres. À cet endroit, résidait le pouvoir des dieux...

Thopporo ne décela rien d'étrange et il était pleinement rassuré. Comme lui avait dit son homme de main, cette visite avait dû être organisée promptement, car il était bien connu que la vieille perdait la tête, on la disait bientôt morte... Mais, dans son temps de gloire, les plus grands de ce monde la consultaient. De toute façon, Thopporo était confiant, elle avait dit l'essentiel en annonçant que le peuple serait dans l'allégresse : il serait donc victorieux... Les dernières paroles de l'emora résonnaient en lui, il voyait déjà les hautes montagnes de lumière étincelées d'or... C'est ainsi que l'homme fit demi-tour, mettant fin à la consultation. Elle avait nécessité deux journées de préparation pour finalement s'abréger après une phrase. Le seigneur accompagné de son conseiller sortit du temple en empruntant l'allée sur la gauche, elle était arborée d'une grande fresque murale de fleurs en l'honneur de sa venue. Thopporo appréciait cette attention et remarqua sur une table, une petite lame de cérémonie qui servait à couper les tiges de fleurs, de très bonne facture... elle était finement sculptée. Depuis l'arrivée du printemps, il n'avait pas touché d'arme et à la vue de celle-ci, il fut soudain attiré. Thopporo saisit la lame, la glissa à son ceinturon avant de remonter dans la cabine où douze porteurs l'attendaient : la caravane s'éloigna...

Thopporo demanda à son conseiller :
- Penses-tu que l'emora puisse faire des révélations ?
- Cela est impossible, l'emora perdrait immédiatement le contact avec les déités si elle s'abandonnait à la confidence. D'autant que comme tu as pu le remarquer, son corps peine à la soutenir et elle sera bientôt rappelée aux cieux. Il serait de très mauvais augure pour elle de trahir le seigneur des terres de l'ouest. Les divinités de l'éclat initial lui en voudraient et personne n'oserait défier leurs pouvoirs qui sont de ton côté.
- Et la jeune qui était là pourrait-elle avoir la langue pendue ?
- C'est la surprise que je voulais te faire. Elle fait partie des femmes qui ont été sélectionnées à ton attention par mes soins. Elle est éduquée à la Demeure Blanche et possède les qualités d'emora. Ses sentiments sont éduqués depuis sa jeunesse, elle est à ton entière dévotion et tu peux en disposer comme bon te semble.
L'homme aux traits secs, secoua la tête, mimant de regarder derrière lui le temple comme s'il voulait encore apercevoir la fraîcheur de la jeune fille avant de conclure :
- J'ai l'impression d'avoir déjà vu son visage... fais-la venir au Temple d'Or et nous connaîtrons la suite... Sitôt qu'elle aura parlé, je veux qu'elle reste au palais afin qu'aucune information ne soit divulguée. La jeune vaut tout aussi bien, j'ai bien fait de consulter cette vieille emora, elle vit probablement ses derniers instants. J'avais l'impression que le simple fait de la regarder risquait de la faire s'effondrer...
- Oui ! Tu aurais tout aussi bien pu le faire. D'un simple geste, tu peux enlever la vie à un Homme. Comme je te le dis, d'un battement de paupière, tu peux retirer la vie qui coule dans cette vieille femme. Tu ne lui as pas accordé cet honneur, certainement, n'en était-elle pas digne. J'aimerais mourir pour

mon seigneur, c'est l'honneur que j'attends avec impatience. Aussi, lorsque tu n'auras plus besoin de moi, peut-être aurais-je la chance de perdre la vie de ta main. Je me tuerais devant toi afin de ne pas salir ta grandeur.

L'instant d'après, ses yeux se portèrent sur le ceinturon de Thopporo, un objet brillant en ressortait : Mioru fut envahi d'effroi !

Ces derniers temps, cette pensée avait déjà traversé l'esprit de Thopporo, en effet, c'était envisageable à tout instant. Il se rappelait qu'il n'avait pas vu la mort depuis quelque temps et avait toujours gardé un lien étrange avec elle, comme une attraction... Peut-être que cela lui apporterait une distraction intéressante. Il devinait la scène se dérouler devant lui et la dégustait... avant d'être subitement envahi par un sentiment de solitude. C'est vrai que Mioru était le seul homme qui avait le droit de s'asseoir à ses côtés sans le salir et en conclut que ce n'était pas encore le bon moment. Mais qui c'est, un jour... De plus, Mioru lui assurait continuellement des surprises et encore à cet instant, il lui livrait pour la soirée une femme sur un plateau. Il avait aimé ces traits doux et sa gestuelle sereine, comme si elle détenait une vérité... Cette jeune fille l'intriguait, presque, le fascinait. Il sortit de ses pensées pour s'adresser à celui qui, l'instant d'avant, s'était condamné :

- Et si finalement Zoki avait prévenu Dame Kenata. Après tout, c'est la première dame de son frère, peut-être qu'ils se moquent de moi. S'ils organisaient secrètement des représailles ?

- C'est impossible, ils se détestent et elle se sait en sursis avec Zoki... Mais au cas où l'impossible se produirait, j'ai déjà pris toutes les informations. S'ils devaient envisager quoi que ce soit, des troupes voisines sont déjà positionnées. Nous disposons d'excellents informateurs et nous en serions immédiatement informés. Tu es en sécurité ici. Dame Kenata ne s'y risquerait pas, car cela déclencherait immédiatement des représailles et le royaume Teraki n'est pas en mesure de gérer une guerre ; qu'elle soit éclair ou de longue haleine... Elle sait que Zoki n'en a pas fini avec le royaume Teraki. Son intérêt actuel est de conclure des alliances afin de renforcer ses frontières. D'ailleurs, elle t'a proposé sa fille comme première dame, afin d'assurer sa protection.

Thopporo restait silencieux, c'est vrai, Kenata avait fait cette proposition et prochainement, il y répondrait. Si cette alliance pouvait être intéressante, il n'en demeurait pas moins que pour un conquérant, s'associer dans la paix manquait de panache. Il voulait imprégner l'histoire, que l'on se souvienne de lui comme celui que l'on craint et qui est un fin stratège. Hors de question d'être un seigneur insipide comme à l'image de ses ancêtres, l'ambition dont il faisait preuve était bien plus audacieuse. On ne lui donnerait pas cette fille, il la prendrait et savourerait ainsi son invasion, étape par étape... jusqu'au cadeau final : c'est ça le pouvoir !

Le Palais d'Or

« L'éloquence du silence est l'arme des âmes fortes. ».

La route jusqu'au Temple d'Or s'était déroulée tranquillement et le soleil était encore haut. Ce jour-là, ma jument particulièrement indolente prenait des pauses régulières. Je la comprenais d'autant que je n'avais pas vraiment hâte d'arriver. J'avais l'impression qu'une fois au temple, j'y resterai pour longtemps. Je caressais la jument pour y trouver du réconfort. Nous étions semblables, abandonnées à notre sort, obéissantes et alanguies. Je décidai de descendre me dégourdir les jambes pour profiter du peu de temps qu'il me restait à passer avec elle. Je savais que je ne pourrais pas la monter avant longtemps. Après tous ces accompagnements pour l'administration, nous nous étions attachées. Auprès de moi, elle pouvait exprimer son indifférence. Elle avait un caractère bien affirmé et n'hésitait jamais à frapper le sol lorsque ses papilles l'invitaient à la gourmandise dans un lieu plaisant. Je le tolérais aisément tant elle savait différencier nos petits moments de complicité de ceux qui demandaient d'être, au contraire, très présente et attentive. Elle avait un tempérament dominant auprès de ses semblables et s'enorgueillait de le montrer lorsque ses congénères n'étaient pas à leurs places.

Mais maintenant, c'était différent, on se comprenait, sans devoir sombrer dans le tragique. Elle gardait une attitude presque nonchalante : l'éloquence du silence est l'arme des âmes fortes. Avant les grands événements, la discipline du retour à soi est la bienvenue. Il était vain de réagir par une explosion d'émotions, je n'en avais pas la force et j'avais seulement besoin de me retrouver. Dans peu de temps, je devrais me présenter et me plier aux conventions et protocoles interminables du palais. Lorsque ce premier pas serait fait, viendrait le second, celui de ma rencontre avec Thopporo. Tout de moi devrait être clair et ne souffrir d'aucune erreur qui pourrait être préjudiciable : cela me prendrait suffisamment d'énergie... J'ai appris que lorsque nous devons faire face à un moment important, les sens se mettent en éveil et un trop-plein d'émotions peut nous submerger. C'est ce trop qu'il convient de dépasser afin de préserver l'alliance avec notre nature fondamentale. Il y a un chemin facile qui consiste à faire quelque chose de simple qui plaît à notre corps et notre esprit afin de l'occuper et le libérer de ce qui le préoccupe. Ma jument l'appliquait naturellement sans que personne ne lui apprenne : il lui suffisait de se laisser aller. Pour ma part, le simple fait de la regarder dans sa présence me ramenait à la mienne : J'étais prête...

Un peu plus loin, dans toute sa puissance, le Temple d'Or était là et j'en ressentais de la nausée. Je décidais de lui donner mon dos afin de contempler la forêt avoisinante, les formes imposantes qu'elle offrait, telle une invitation à parcourir ses chemins sinueux. J'aurais aimé les découvrir, les parcourir jusqu'à m'y perdre. Peut-être qu'alors personne ne me retrouverait, je pourrais m'y abandonner et y vivre durant plusieurs saisons. Un jour, je pourrais en ressortir, lavée de tout devoir. En toute simplicité, je partirais à sa recherche. Quand bien même son cœur ne serait plus libre, je pourrais l'apercevoir, peut-être même croiser son regard. Si ce moment pouvait arriver, rien ne me comblerait davantage et je pourrais alors m'abandonner dans le bonheur accompli jusqu'à me laisser mourir. De là-haut, je pourrais encore le voir et l'attendre. Le temps s'était soudainement arrêté, ce qui m'arrivait régulièrement dès que mes songeries se tournaient vers Nambu. Malgré ce tournant précipité, j'avais réussi à être près de lui la veille au soir. Comme déposé à jamais, mon cœur lui avait encore livré la sincérité de mes sentiments. La sensation de lui avoir volé l'amour que nous avions partagé demeurait en moi. Ma bouche n'avait pu lui livrer les secrets que la demeure m'imposait. Malgré cela, Nambu gardait le cœur confiant et cela me donnait la force d'affronter mon sort. Mon avenir allait se décider sous peu... Si mes pas ne pouvaient me ramener jusqu'à lui, je lui ferais parvenir une missive afin de libérer son cœur. Mais pour le moment, sa confiance allait m'accompagner sur ce chemin incertain. Je pensais aussi à un poème de Shuko, l'homme qui a marché à côté de Maharisha durant son incarnation.

Lorsque l'ombre se rapproche,
que prisonnier, le regard ne
trouve d'issue.
Que chaque pas réveille les
méandres de l'incertitude.
Que l'éclat de la vie
abandonne tout espoir.
Que las de promesse, l'esprit
abdique.
Alors, il est temps d'accepter.
Face à l'inconnu, plonger
dans l'abîme du vide.
Dans la confiance intérieure, libérer la vérité
Afin que se brisent les murs.
Afin que s'échappent les incertitudes.
Afin que délivré d'illusion, se révèle ma
destinée.

Ce fut sur cette dernière pensée que je me décidai à me lever. Je regardai où la jument avait brouté et comment sa gourmandise l'avait fait avancer. Le soleil le confirmait, je n'étais pas restée trop longtemps. Je me retournai et retrouvai l'implacable réalité... L'Homme qui marche sur le feu ne s'y repose pas et lorsqu'il nage au plus loin d'une étendue d'eau, inexorablement, il reviendra sur la terre ferme afin de préserver sa vie. Lorsque l'on a tout essayé, exploré tous les possibles et que, malgré les efforts, aucune solution ne s'offre à soi, il convient d'accepter ce qui est.

J'arrivai devant les immenses portes du palais et présentai signé de la main de Mioru mon ordre de mission aux soldats qui m'ouvrirent la porte. Le palais était protégé d'une double enceinte, dont l'accès était spécifique au caractère de Thopporo. Connu pour ses aspects particuliers, dans le palais, il ne voulait aucun garde et le service était réduit à son minimum. Mais avant de franchir l'enceinte suivante, les contrôles étaient drastiques et je devais d'abord poser ma jument à l'écurie. Deux gardes me prirent en charge et me demandèrent de les suivre pour procéder aux vérifications d'usage. Deux femmes firent une fouille soignée de mes affaires. Une me conduisit dans une autre pièce avant de me demander, d'une voix âpre, de me dévêtir. À son haleine fétide, son regard nébuleux, ses traits épais et marqués, je compris facilement que la femme avait trouvé l'ennui pour s'abandonner aux boissons de l'oubli. Après une fouille d'usage, je pouvais me rhabiller.

- Tu restes ici ! Lorsque les cinq esprits seront prêts, ils t'appelleront.

Les cinq esprits étaient aussi connus. En effet, la sécurité de Thopporo consistait à une double enceinte par laquelle ceux qui voulaient y pénétrer étaient soumis à un contrôle strict. Quant à la garde, elle restait à l'extérieur de la deuxième enceinte. Pour ma part, je devrais encore me soustraire aux cinq esprits, sans trop savoir en quoi cela consistait. Mais je n'eus pas le temps de m'éterniser sur les éventuelles réponses qu'un gardien vint me chercher : « Ils sont prêts, suis-moi... ». J'accédai à la pièce où m'attendaient trois hommes et deux femmes. Je devais me positionner à l'intérieur d'un cercle et rester debout au milieu. Ils me dirent tout d'abord que je ne devais répondre à aucune question. Un des hommes prit la parole et commença une série de questions pour le moins étrange... « Est-ce que tu connais le seigneur du Palais d'Or ? » ... Un silence pesant entre chaque question laissait aux cinq esprits le temps de consulter les réponses de mon âme. « Est-ce que ton nom est celui qui est écrit sur l'ordre de mission ? Respectes-tu les consignes ? Sais-tu pourquoi tu es ici ? As-tu été formée à la Demeure Blanche ? Ton cœur est-il heureux de rencontrer le maître ? Es-tu prête à le servir ? As-tu des intérêts à être ici ? As-tu déjà volé ? As-tu déjà menti ? As-tu déjà voulu tuer quelqu'un ? As-tu déjà tué quelqu'un ? ». Après un certain temps, je n'entendais presque plus les questions, sauf par moments, lorsque mon corps vacillait et que l'esprit revenait...

À la fin de l'interrogatoire, les cinq inquisiteurs restèrent là à me scruter... Un des cinq esprits me demanda d'attendre devant l'entrée.

Après un court instant, Mioru entra dans la pièce où discutaient les cinq esprits.

- Est-ce que vous avez fini avec la dernière ? Le seigneur l'attend.

- Nous ne sommes pas d'accord entre nous, des interrogations restent en suspens...

- Vous n'êtes pas d'accord ! Dois-je dire au seigneur Thopporo que vous n'êtes pas d'accord et qu'il ne pourra pas la recevoir ?

Un malaise s'installa... Même pour un Homme esprit, s'opposer aux désirs de Thopporo relevait soit d'une audace démesurée, soit d'une déconcertante insouciance. Dans ce domaine, les visionnaires avaient conscience de la menace qui planait sur eux si la colère de l'empereur était attisée. Ils n'avaient vraiment pas envie de l'affronter, d'autant que dernièrement, il leur avait reproché que leurs sélections n'étaient pas sérieuses puisqu'une servante l'avait irrité et cela, aucun n'avait su le déceler... Aucun d'eux ne voulait provoquer le seigneur, tant sa folie n'avait aucune limite. Leur place étant incertaine, le seigneur ne faisait que passer et ne reviendrait pas avant la saison suivante. Pourquoi réveiller la fureur, autant qu'elle se tienne loin afin que la paix demeure au Palais d'Or...

Le plus ancien prit alors la parole : « Nous te présentons nos plus humbles excuses pour ce retard. La jeune peut se rendre auprès du seigneur afin de le servir... ».

- Ne me faites pas perdre de temps, le seigneur est particulièrement impatient, je ne veux pas voir le sang couler ce soir. Faites-la venir dans ma salle afin que je la prépare...

Mioru

Ina entra dans la salle où se trouvait Mioru. L'homme particulièrement courtois l'y attendait.

- Après ce périple, te voilà parmi nous ! Hirosha a demandé que tu portes la tenue de la Demeure Blanche. Je l'ai fait livrer directement par mes soins afin de m'assurer qu'elle soit là pour ta venue.

La veste de cérémonie ne correspondait en rien à celle de la Demeure Blanche, mais sa qualité de confection était indéniable. Les couleurs de fils d'or et de soie incarnaient l'esprit du Temple d'Or. Elle mettait en avant une scène florale de lotus et de pivoine...

- J'ai une chose à te dire Ina. Tu as été choisie depuis longtemps, fais-toi confiance... Je pars de ce pas prévenir Thopporo de ton arrivée. Attends devant l'entrée, je t'appellerai... Il tourna rapidement les talons.

J'étais prête et avançais doucement devant l'entrée, j'entendais les hurlements de Thopporo. Mioru sortit et d'un regard m'invita à entrer : c'était maintenant mon tour…

« Ah te voilà ! » L'homme dans une posture figée, les traits glacés et blanchis par la colère buvait d'un trait sec. Je commençais les salutations d'usage dues au rang d'un seigneur… « Laisse donc ça, j'ai assez attendu, viens ici, dépêche-toi ! ».

Je m'exécutais rapidement, Thopporo n'avait pas la même attitude qu'au temple.

- Est-ce que tu sais pourquoi tu es ici ?

- Je suis ici sur la demande de Mioru, mais je n'en connais pas la raison.

- Nous allons parler et tu vas me répondre sur ce que tu sais. Avant que tu aies la moindre envie de réfléchir à tes réponses, tu dois savoir que tu es maintenant à mon service, tout ce que tu as connu avant n'existe plus.

- Je suis à ton service maître Thopporo, quoique tu me demandes, je le ferai.

L'homme adoucit quelque peu le ton de sa voix.

- Tu es une emora du Temple Blanc… tu sers le royaume de Teraki avec beaucoup de bonne volonté…

- Je suis instruite à servir le royaume qui me commande. Je serais appelée au Temple Blanc et deviendrai emora si le seigneur me renvoie.

- Maintenant, tu es au Temple d'Or, tu serviras ici. Comme je te l'ai dit, ce que tu as appris est de l'histoire ancienne et maintenant ton seigneur c'est moi !

Je ne comprenais pas où il voulait en venir…

L'homme encore alerte, trancha le silence : Alors n'as-tu rien à répondre ?

- C'est ainsi maintenant, je suis entièrement à ton service, c'est un honneur de pouvoir être à tes côtés.

- Allez, assez bavarder ! Tu vas poursuivre ce que nous avons commencé au temple, mais avant, tu vas me dire immédiatement ce que tu sais à mon propos.

- Je sais que tu es le seigneur de Nippura, ton pouvoir est immense, bien au-delà du royaume de Nippura. Ton peuple te connaît comme une personne juste et il prend plaisir à te servir comme je le ferai moi-même.

- Assez de flatterie ! Je ne te demande pas ce que tu penses, je te demande ce que tu as entendu et ensuite, je te demanderai ce que tu vois… Maintenant tu vas me dire exactement ce que tu sais.

- Quel sujet souhaites-tu que j'aborde ?

- Tu dois bien en avoir une idée !

L'homme souhaitait me faire parler, mais je ne comprenais pas ce qu'il voulait, quelque chose m'échappait… j'avais peur qu'il perde patience.

- Je suis désolé seigneur Thopporo, avec grande joie de te connaître et te servir, pourrais-tu m'orienter afin que je puisse parler de ce qui plairait à ton cœur ?

- Pour qui me prends-tu ! Voudrais-tu que je te dise ce que je veux entendre afin que tu le confirmes ? Ce que je te demande, c'est de me dire ce que tu sais à propos de Kenata et de ta emora. Ne perdons plus de temps, je te le demande une dernière fois, quel est le lien entre ces deux personnes et moi ?

Ce que je comprenais de Thopporo, c'est que son esprit d'inquiétude, montrait qu'il cachait quelque chose. Les paroles de Mossi revenaient en moi « je vois le peuple de Thopporo dans une grande joie, ils festoient ; au loin, les hautes montagnes sont immergées de soleil et libérées de toute entrave. » Elle avait parlé d'entraves, est-ce à cela que Thopporo faisait allusion ? Est-ce qu'il préparait un conflit dans les montagnes des ancêtres et que Mossi en avait déjà trop dit ? Malgré mes efforts, je ne parvenais pas à dépasser l'inquiétude. Je ne ressentais qu'une forte frayeur, aucune vision ne se présentait. Je ne comprenais rien, mais cette ignorance était peut-être à mon avantage. Il ne fallait pas que j'aie l'air d'être celle qui justement savait quelque chose… mais paraître sotte pouvait aussi se retourner contre moi. Je ne savais pas comment me comporter. Désemparée, face à cet inquisiteur très agressif qui me regardait fixement, je touchai ma manche afin de trouver comme une échappatoire, un refuge, quelque chose à quoi me raccrocher. Sous la pulpe du pouce, sur la face interne de l'emmanchure, je sentis une fine boucle métallique. Je reconnus au toucher le « crochet cousu » dont l'utilisation était ma grande spécialité. Je m'y étais entraînée longuement sous l'œil attentif d'Hirosha. Que faisait-il là ? Le petit anneau était sous mes doigts et Mioru m'avait signifié de mettre cette veste… puis l'instant d'après, je me rappelais qu'il l'avait fait venir par ses soins et qu'elle n'avait donc pas subi de contrôle… L'impatience de l'homme était à son comble, il enfilait les tasses d'alcool. Il en porta une à la bouche, but une gorgée, puis me la tendit.

– Tiens bois ça, peut être que ça va te délier la langue ?
Je devais maintenant boire après le seigneur. Je regardai la tasse, la pris et bus ce qui restait.
Je simulais de l'enthousiasme et insistais auprès de l'empereur en répétant :
- Je vois le peuple de Thopporo dans une grande joie, il festoie, au loin les hautes montagnes sont immergées de soleil et libérées…
Mais au moment où je lui parlais, je ne voyais que la mort. Je n'eus pas le temps de poursuivre que Thopporo hurla.
- Penses-tu qu'il y ait un mot que je n'ai pas compris dans ce que tu viens de me dire ? Tu es bien moins signifiante qu'au temple.
- Seigneur, je cherche à comprendre ce qui te préoccupe afin de t'être le plus utile possible.
- Tu ne m'es d'aucune utilité, tu n'as aucune valeur pour moi, si ce n'est d'occuper mon plaisir. Défais ta veste, tu as l'âge où ton corps est appelé par le désir.

Figée, je ne pouvais bouger. L'homme, hors de lui, se leva et sortit la lame fine utilisée habituellement pour l'art floral, s'approcha en titubant, saisit mon col et enfonça la lame par l'intérieur. Son attitude autoritaire me tétanisa. Sa pointe piquait ma peau au fur et à mesure qu'il coupait les liens, je la sentais me lacérer jusqu'aux chairs. Il trancha toutes les attaches et me regarda l'air satisfait... L'excitation dans son regard me terrorisait. Il se mit à sourire et but sa tasse en fixant mon corps dénudé. Le geste accomplit l'homme glissa la lame dans son ceinturon et se rassit.

- Puisque je ne peux rien obtenir de toi et que tu sembles aussi ignorante que la table sur laquelle je m'appuie, alors tu occuperas ma soirée. Je veux que tu me parles de moi, de ce qui va arriver. Je veux te voir dans cet état, sous mon contrôle parfait : Concentre-toi et parle maintenant !

Le plaisir s'accompagnant de victuailles, l'homme frappa des mains afin que la servante amène de quoi l'abreuver. J'aurais souhaité qu'il boive jusqu'à s'écrouler, mais il semblait habitué et j'appréhendai sérieusement la suite, lorsque soudainement Mioru apparut : « Mon seigneur m'a fait appelé ? ».

- Tiens ! Puisque tu es là, fais-moi apporter du thé, je veux rincer ma bouche !

Mioru disparut aussitôt... plus rien ne pourrait me sauver. Sans aucune décence le seigneur Thopporo allait ravir son plaisir sur ma virginité et je resterais ici jusqu'à mon dernier souffle. À cet instant, je compris que ce que je craignais depuis si longtemps était ce qui pouvait m'arriver de mieux. J'étais entre les mains d'un fou furieux qui, à la vue du sang qui perlait, savourait son plaisir jusqu'à l'issue fatale, j'étais déjà condamnée.

Dans cette situation tragique, je me raccrochais au passé et touchais instinctivement l'anneau glissé dans ma manche. Des scènes défilaient : mes parents, Hirosha, Mossi, ceux en qui j'avais donné toute ma confiance et Nambu que je ne reverrais jamais...

L'évènement

« Parfois la vie demande d'être quelqu'un de particulier ... puis l'instant d'après, de ne pas être quelqu'un de particulier. Pourtant, lorsque les conditions se réunissent, les forces que l'on croyait enfouies à jamais se réveillent pour surgir du passé : rien n'est perdu, tout est là ! ».

Après quelques années à la Demeure Blanche, Kimaë était devenue une cuisinière hors pair et avait intégré le Palais d'Or. Ici, elle portait le thé et les collations selon les protocoles. Mais, sa tâche n'était pas non plus de tout repos. Une femme, aux traits lourds et tombants, sévissait dans les lieux. Sa voix grasse et rocailleuse flottait en continu dans l'air : c'était la responsable des cuisines. Son caractère atrabilaire s'exprimait, pleinement justifié par la présence de Thopporo. Kimaë connaissait ces caractères présomptueux en manque de reconnaissance. À chacun de ces hurlements, elle montrait un masque d'adhésion et de soumission. Une approbation s'exprimait de son visage extasié, elle avait même pris le temps de croiser furtivement son regard en lui montrant de l'admiration. Cela avait suffi à flatter la femme et depuis ce temps, elle la croyait son alliée. Kimaë savait aussi autre chose, son embonpoint manifeste n'était pas le fruit du hasard, mais du fait que la responsable mangeait avec avidité. C'est pourquoi, Kimaë prenait soin, avant de rapporter les restes des plats, de les déposer dans une pièce secondaire, afin que la responsable regarde ce que le seigneur en visite avait mangé. C'est à ce moment précis qu'elle opérait : elle enfonçait avec voracité ses doigts dans la nourriture, avant de la dévorer. Elle vivait deux sentiments : l'honneur de se goinfrer des restes du seigneur et ainsi de vivre un peu dans son reflet, mais surtout, exprimer librement sa passion brûlante pour la nourriture. C'est dans cet état frénétique qu'elle enfournait goulûment, une main après l'autre, les victuailles dans sa bouche épaisse. Bien que le spectacle était écœurant, Kimaë avait compris qu'il fallait la remplir. Ainsi, elle se calmait un peu et, de cette manière, partageait ses faveurs.

Mioru demanda que Kimaë lui apporte le thé dans la salle secondaire. L'homme n'était pas comme à son habitude et semblait très troublé. Il lui demanda de pousser la porte coulissante...

- Comme tu le sais Kimaë, je ne t'ai jamais parlé jusqu'à présent. Les raisons sont évidentes : aucune information ne devait être en toi car, ici, nous sommes continuellement observées par les Hommes esprit. Mais maintenant, l'esprit de peur a figé leurs visions et il est de toute façon trop tard... Tu ne le sais pas encore, mais Ina est aux côtés du seigneur Thopporo. Actuellement, nous avons un projet, celui-ci peut échouer, mais d'autres sont déjà en cours... En résumé, toi et moi sommes au service d'une cause qui nous surpasse et le moment est arrivé. Comme souvent, ce soir, Thopporo est incontrôlable et il a une lame sur lui. La vie d'Ina est entre ses mains et le pire est à craindre. Ce que je te demande, c'est de mettre tout en œuvre pour la protéger... tu comprends ? Tout ! Voici ce que m'a donné Hirosha afin de confirmer mes dires...

Il lui tendit un rouleau écrit de la main d'Hirosha.

« Parfois, la vie demande d'être quelqu'un de particulier, puis l'instant d'après, de ne pas être quelqu'un de particulier. Pourtant, lorsque les conditions se réunissent, les forces que l'on croyait enfouies à jamais se réveillent pour surgir du passé : rien n'est perdu, tout est là ! Emprunte le chemin de la forêt longeant la rivière, au deuxième virage, tu lèveras les yeux vers l'arbre le plus gros. Tu emprunteras les trois chutes d'eau. Peu de temps après, sur la gauche, tu apercevras une lumière. C'est à cet endroit que nous vous prendrons en charge. Comme tu l'as déjà effectué auparavant, tu comprends de quoi il s'agit. Mon esprit est avec toi. ».

Mioru ne pouvait savoir qu'elle était déjà venue ici, de sorte que cette missive ne pouvait être que de la main d'Hirosha. Mioru reprit le rouleau et le jeta dans le feu, avant d'ajouter : « Des événements vont se produire cette nuit, des soldats de Teraki sont en marche et une guerre violente va éclater. Ce que je te demande, c'est que si quelque chose de grave devait arriver et que, par la force des choses, Vous deviez envisager de trouver une issue, passez par le puits de la cour interne et descendez-y. À la première marche, tu trouveras le nécessaire afin d'éclairer le tunnel que vous emprunterez. À la septième marche, tu y pousseras une pierre, ce sera votre seule issue, un long passage étroit vous mènera jusqu'à l'entrée de la forêt. J'ai donné ma parole à Hirosha de faire de mon mieux pour préserver votre vie, c'est pourquoi tu dois agir maintenant ! »

En sortant de l'entretien avec Mioru, comme à son habitude, Kimaë glissait silencieusement dans le long couloir. Pourtant, quelque chose avait changé, une force revenait en elle et son corps vivifié se gorgeait d'énergie jusqu'à des picotements dans les paumes de ses mains. Kimaë avait déjà appris à tuer. Maintenant, elle savait qu'elle reverrait Ina, prisonnière d'un fou tout-puissant. Elle avait bien compris le message de Mioru. Elle ferait ce qu'elle doit faire. Aucune question ne se posait. Sa loyauté inébranlable envers Hirosha ne lui laissait déjà aucun choix. Mais qui plus est, il en était de la vie de sa sœur de cœur et son honneur ne devait pas être bafoué.

Mais sans stratégie, elle devait attendre. Thopporo avait demandé un service fermé, signifiant qu'il souhaitait être tranquille.

Elle écoutait les premiers silences… synonymes de cette tension qui remplit l'air avant que les événements ne se produisent. Au plus profond d'elle, Kimaë n'était déjà plus une simple servante. La force de la Demeure Blanche reprenait vie en elle. Puis soudainement, les premiers bruits commencèrent.

C'était à cet instant précis qu'elle devait prendre son plateau et se rendre jusqu'à la salle de réception où se trouvait Thopporo et sûrement Ina : Pourvu qu'elle comprenne...

Mise à mort

« Mieux vaut subir une mise à mort de celui qui a le don de la donner ».

Une servante entra dans la salle. À genoux, elle resta là, plantée à attendre... Je ne comprenais pas son attitude. Malgré tout, cela me laissait un instant de répit. J'essayai de voir son visage, mais un grand vase le cachait. Thopporo lui cria l'ordre de poser le plateau et de partir. Durant ce temps, afin d'évaluer ma blessure, je touchai du bout du doigt la ligne sanguinolente que l'homme avait tracée sur mon corps, elle coulait abondamment, ça me piquait...
De son côté, la servante ne bougeait toujours pas. Dans sa présence, je ressentais une opposition silencieuse, une étrangeté démontrant une attente déterminée. L'homme à bout de tout cria : « Hiaante ! », La main sur sa lame, la sortit et se leva... puis, tituba en arrière avant de se diriger d'un pas déterminé vers la servante. Mon attention se fit plus précise sur la silhouette de la servante. Même si je ne l'avais pas vu depuis longtemps, je reconnaissais cette attitude au sol. D'ailleurs, comment pourrais-je ne pas la reconnaître : Kimaë ! J'allais maintenant assister à une mise à mort, celle de ma sœur de cœur. D'un bond, je me relevai pour suivre le seigneur. Le bras tendu vers la servante, je mimai l'attitude d'une folle hystérique découverte dans son intimité. « Comment oses-tu rester ainsi à goûter notre intimité ? Tu aimes me voir dévoilée ! Veux-tu aussi participer et me priver du plaisir d'honorer mon seigneur ? ». Kimaë restait la tête baissée attendant la sentence finale. L'homme surpris, tourna la tête dans ma direction. Un éclat brillait dans ses yeux. Il pensait comprendre que sa propre

folie avait maintenant changé de camp. Elle n'était plus seulement la sienne, mais la nôtre. Sa tension intérieure retomba. Il venait de trouver une partenaire et pouvait se détendre. En l'espace d'un instant, je passai du statut de femme insignifiante, qui ne méritait même pas de vivre, à celui d'une partenaire jalouse qui nourrirait ses désirs de meurtres. Spectateur, il se sentait impatient de savoir quelle suite j'allais donner à cette scène dramatique. J'étais au premier plan, je devais garder cette place et nourrir son désir de surprise.

- La seule chose que tu vas goûter maintenant est ma colère et aucun de tes yeux perfides ne pourra en contempler le bonheur, car je vais te les arracher de mes propres mains !

De toute ma grandeur, le corps ensanglanté, je fis encore un pas vers la femme au sol en dénonçant l'injure qu'elle nous avait faite. Dans la couture de ma manche, le doigt avait déjà glissé dans l'anneau qui se prolongeait par une petite pointe. Mais, ce n'était pas si simple de la saisir dans la doublure sans se faire remarquer. Une telle dextérité se gagnait par une longue pratique. Elle ne devait pas rester coincée dans les coutures, ni me blesser lors de l'impact. Rapidement, il fallait la tenir en main fermement afin d'exécuter un mouvement imprévisible et efficace. Comme me l'avait répété si souvent Hirosha : " Dans la confiance du geste, je m'exécute.". D'une maîtrise parfaite, sitôt l'aiguille en main, c'est ce que je fis. Comme une onde souple, le geste si familier commence par « respirer » le pas d'une glisse imperceptible. Lorsque le pied s'affermit sur le sol, l'objectif est atteint ! L'espace d'un instant, mon poing droit avait laissé apparaître l'aiguille bloquée entre mes deux phalanges. La mort nous séparait. La chair pénétrée d'un éclair traversa la gorge, jusqu'à atteindre l'os de sa nuque. La cible déjà abandonnée, par un geste d'arrachement, l'homme n'avait pas eu le temps de saisir. De la stupéfaction jusqu'à ce regard… avant de se laisser envahir d'effroi, il avait maintenant compris, mais c'était trop tard. Je n'avais pas oublié de faire un pas de côté pour sortir de sa vision. Alors que je me retournai, le sang jaillissait de sa gorge. J'avais bien visé la carotide : il se vidait…

Désemparé, Thopporo tentait de contenir le flot qui sortait par saccades de sa gorge. Il fit un pas hésitant vers moi, puis un autre vers Kimaë. Déterminée, Kimaë bondit vers l'homme et par une roulade se retrouva derrière lui. Comme nous l'avions si souvent répété, elle saisit sa tête et par une forte rotation, brisa d'un trait la nuque du condamné. Je revécus dans le réel les scènes que j'avais exécutées des centaines de fois, comme si tous ces instants n'avaient servi que pour celui-ci. J'éprouvai le poids de nos actes, le temps s'arrêta…. Malgré la gravité de la situation, je remarquai la technique parfaite de Kimaë qui l'accompagna dans une chute silencieuse. Mieux vaut subir une mise à mort de celui qui a le don de la donner. Thopporo « le grand » qui gisait face au sol nous rappelait combien la vie est précaire… Lorsque tout fut fini, je ne pus m'empêcher de penser aussi que notre fin était proche et que nous allions subir le même sort d'un instant à l'autre. Mais au lieu de cela, aucune réaction ne se profilait… seul un silence accablant régnait…

S'échapper

La scène ne troubla aucunement Kimaë qui jeta un regard d'approbation vers ma direction. Je n'eus pas le temps de rester surprise qu'elle engageait déjà notre fuite en me montrant des yeux le chemin. La dérobade comme seule issue : c'est sûr ! Nous ne devions pas rester là. Je suivais maintenant ma complice qui se faufilait dans le couloir déserté de toute vie. Nous devions échapper aux représailles qui ne sauraient tarder…

Kimaë me guida jusqu'à l'entrée du jardin intérieur. Ainsi, nous demeurions dans l'enceinte du palais où personne ne pouvait nous apercevoir. Elle déplaça la dalle du puits, puis me demanda d'y descendre jusqu'à douze barreaux, avant de replacer la pierre. Elle tenait entre ses dents un bâton d'éclairage. J'étais déjà en train de compter le dernier barreau, Kimaë me suivait, lorsque nous entendîmes des cris qui venaient du palais. Elle poussa violemment une pierre de taille qui ouvrait un petit passage où l'on pouvait facilement s'engouffrer. Kimaë passa la première et attendit que j'en fasse de même, afin de remettre la pierre dans sa position initiale, tout en tenant entre ses dents le bout de bois qui s'éteignait déjà. J'en allumai un et le coinçai entre les dents. Je retrouvai un peu mes esprits et retirai tout ce qui gênait ma progression. Je retournai les doublures noires de ma veste et de mon pantalon, puis je commençai à progresser. Dans le tunnel, les frottements de mes genoux sur le sol rocailleux provoquaient une douleur contenue par la volonté de se libérer : j'avançais sans sourciller. Subitement, Kimaë stoppa notre progression et resta comme figée en dirigeant son regard vers le haut. On entendait déjà le bruit des chevaux qui se dirigeaient vers le palais. Elle me tapa sur le pied pour me demander d'avancer. Bien que ce tunnel me semblait sans fin et que la peur me tiraillait, c'était notre seul salut. Nous entendions encore des chevaux au galop qui s'éloignaient, lorsque nous arrivâmes au même moment devant une échelle. Je l'empruntai et poussai une dalle qui donnait sur une stèle. Alors que nous ressortions, je reconnus la statue de Thopporo que j'avais déjà remarqué à l'entrée de la forêt. L'assassin est souvent attiré à revenir sur le lieu du crime. Mais là, c'était différent, le seigneur mort nous avait rattrapées et son regard nous fixait de toute sa gravité. Aussi grave que ce que je venais de faire : c'était effrayant ! Kimaë referma le passage. Elle me montra du doigt la forêt qui, à cet instant, nous offrait l'issue par laquelle, déjà nous nous échappions, dans cette sombre noirceur entrecoupée de reflets verts. Kimaë connaissait le chemin et elle me prit la main. Je n'avais pratiquement pas le temps de distinguer quoi que ce soit que nous accélérions encore. Je n'entendais que la résonance d'un cours d'eau duquel nous nous rapprochions. Arrivées enfin au bord de cette rivière, la vue se dégagea et Kimaë se dirigea vers un arbre où nous attendaient de grandes gourdes en peau. Elles étaient habituellement remplies d'eau pour les longues distances. Mais maintenant, nous devions en faire une tout autre utilisation. Elles nous serviraient à flotter dans la rivière pour franchir les hautes chutes. À cette saison, il était imprudent de plonger dans ces eaux rapides du fait de la dangerosité des courants et des rochers usés, jonchés çà et là. Beaucoup d'arbres étaient aussi entraînés par les flots violents, mais il n'était plus question de perdre du temps avec de telles considérations angoissantes. Je regardai ces eaux glaciales et espérai tellement qu'elles nous libèrent. Je tournai encore une fois la tête vers la forêt impressionnante : ces innombrables troncs larges semblaient nous emmurer...

- Nous sommes en sécurité Ina. Les chevaux n'accèdent pas par ici, c'est bien trop étroit. De toute façon, l'armée entoure le palais et personne ne peut en sortir. Nous ne risquons rien tant qu'ils ne découvrent pas le passage du puits. Elle reprit la conversation qui nous concernait : « Une fois sur l'eau, ils ne pourront plus nous rattraper. Prends la boule de peau en bandoulière. ». Elle me l'installait pendant qu'elle me parlait. « Maintenant, tu fixes bien les protections. » Les protections en question servaient lors de l'entraînement avec les sabres de bois. Ils étaient fabriqués de tiges de bambous cousues solidement entre elles, larges comme le pouce et de la longueur adaptée aux avant-bras et aux tibias. Je comprenais bien quelle était la suite de l'histoire. Mes bras et mes jambes armés, je devais serrer la boule gonflée d'air et la protéger de mes bras. Nous n'avions pas envie de nous attarder, j'aidais Kimaë à attacher les siennes. Je la devançai et empruntai un petit passage qui descendait : je me lançai dans l'eau glacée qui me piqua le dos jusqu'à m'enlever immédiatement toute force.

Ainsi saisie, le corps tétanisé, je sentis que ma respiration se coupait. Dans notre situation, personne ne s'arrêterait là ! À vau-l'eau, je me concentrais sur les courants qui nous emportaient déjà. « Le courage est notre allié, nous n'oublierons jamais ce moment ! » lança Kimaë. Malgré un trop bref entraînement, je flottais aisément, la tête bien en hauteur. Je m'adaptais rapidement, mais ce n'était que le début de ce qui m'attendait. Le courant principal nous amena droit sur une roche, mais Kimaë avait sa technique, sitôt qu'elle arrivait dessus, elle la repoussait avec les jambes pour se propulser. C'était mon tour, je me positionnai bien en face et pliai les jambes pour repousser la pierre. Ma propulsion fut exécutée avec brio, mais mon corps fut déséquilibré se mettant à tourner sur lui-même, j'effectuai des battements de jambes pour me rétablir. Kimaë m'avait bien expliqué durant notre fuite dans le tunnel : "Lorsque tu sentiras le courant devenir plus intense, au point de n'entendre que cela et que tu ne verras plus l'eau au loin, c'est que nous arriverons sur une chute. Il y en aura trois à passer… Tu prendras une grande respiration, tu en auras besoin, surtout à la première. J'ai fait une fois le parcours et je sais que la première est impressionnante, mais tu regarderas devant toi et tu ne lâcheras pas la boule."
Elle n'avait pas menti. Après un moment de lutte, devant moi, je vivais cette expérience du grand espace vide, le ciel sombre. Je volais au-dessus de l'eau, avant de retomber, projetée par une trombe d'eau déchaînée jusqu'en bas où mes pieds touchèrent les premiers. C'est alors que ma tête, brusquement, fut engloutie sous un poids immense. Mon premier réflexe fut d'enlacer la boule de toutes mes forces, la dernière porte du salut. Les yeux fermés, j'étais ballottée dans tous les sens avec une violence que je n'aurai pu imaginer. Je n'avais déjà plus d'air, ni de chair, mais mon corps voulait encore vivre. Progressivement, la pression diminua et je remontai à la surface : la première chute était passée avec succès. Les deux

petites sœurs furent beaucoup plus faciles, je ne craignais plus rien : nous avions réussi. Le courant poursuivit sa cadence effrénée durant encore un long moment jusqu'à la vue d'une frêle lumière. « C'est ici ! » balbutia Kimaë, les lèvres gelées. Nous reprenions pieds ; au contact du sol, mes jambes engourdies s'emmêlaient en tentant d'avancer jusqu'à la berge. Des femmes, en tenue sombre, nous prirent en charge. La première m'entoura d'une longue cape noire. Avec la capuche, elle m'essuya le visage et les cheveux, tandis que la seconde coupait déjà les liens de nos armures en bambou. Elles nous aidèrent à avancer jusqu'aux chevaux qui nous attendaient pour poursuivre notre route. Le chemin sinueux nous limitait au trot, mais les chevaux connaissaient la destination. Nous arrivâmes devant une grande enceinte rouge d'un village que l'on traversa jusqu'à une maison de style traditionnelle en bois sombre. C'était une des maisons utilisées par les femmes veuves qui vivent en autarcie et travaillent aux champs de cultures.

Conversation entre Ina et Kimaë

On nous conduisit dans une pièce éloignée jusqu'à une chambre où crépitait un feu salvateur qui réchauffait nos os glacés. Progressivement, nous tentions de reprendre nos esprits. Tout s'était déroulé tellement vite... Une femme vint appeler Kimaë... tandis qu'une soigneuse apporta un onguent pour ma plaie et prit le temps de la soigner en douceur. Kimaë avait un peu tardé et, à son retour, je la sentais comme rassurée, comme si elle avait parlé avec quelqu'un... Je croisais le regard, à la fois, compatissant et fuyant de Kimaë. Même si ce n'était pas encore le moment, à force d'espoir d'en savoir davantage sur la situation, je ne savais ni ou j'étais, ni ce que nous allions faire ensuite. La seule chose dont j'étais certaine, c'est que tout avait été prévu. Abandonnée au désarroi, les scènes revenaient et réveillaient une effrayante détresse. Une partie de moi pensait avoir vécu un cauchemar dont j'allais me réveiller, mais une autre savait qu'il n'en était rien. Je ne pouvais pas dire que je n'avais pas été préparée pour le rôle, mais je ne savais pas comment allait se jouer la pièce, ni à quel moment... Tout avait été improvisé... seulement pour moi. Le sentiment qui planait était étrange, associé malgré moi à l'horreur irrémédiable d'avoir donné la mort. Je ne savais pas si un esprit avait possédé mon corps ou si un tel acte avait pris sa source en moi. Avais-je été choisie pour cela ? Ces questions m'effrayaient et je ne savais plus qui j'étais... Sans réponse, un vide immense m'habitait. Je tentais de le repousser afin de ne pas me laisser envahir, mais le corps n'ayant plus rien à quoi se raccrocher laissait échapper des larmes. Kimaë comprenait ma détresse et s'approcha de moi, en cherchant à me rassurer :

- Voilà Ina, chacun de tes souffles s'est préparé pour ce moment. Toutes tes joies et déceptions étaient au service de cette cause. Lorsque nous avions consulté ensemble les Kitos, je t'avais annoncé que lorsque nos regards se recroiseraient, tu accomplirais un acte qui sauverait notre sort. Mais à l'époque, je comprenais déjà que le destin n'est pas révélé, les mots sont de trop... Il s'accomplit et nous sommes à la fois spectateurs et acteurs de ce jeu de la vie. Maintenant, je sais que ce que j'ai vu dans les billes de terre s'est réalisé. Je ne t'en dis pas davantage pour le moment mais, dans un court instant, tu sauras de quoi il en retourne. Les esprits m'ont livré de nombreuses visions à ton sujet et je sais ce qui se passera maintenant. Je vais te rappeler une de mes visions : dans une robe satinée du bleu de la nuit étincelante, je t'ai vu accéder à des terres verdoyantes où tu ne manqueras de rien. J'ai vu aussi le visage de celui qui remplira ton cœur. Son expression attentionnée est rassurante. Je vois aussi un fils que tu chériras. Ta demeure sera taillée dans des bois épais. Kimaë venait de parler à mon cœur, elle me prédisait un avenir guidé par les bons esprits. Entre nous, tout était évident. Un silence se distilla en moi. Je la regardai m'annoncer ces événements. Puis l'instant d'après, les pensées s'éclaircissaient, ses mots libéraient leurs secrets. Comme l'éclair fait jour, je revenais d'un long voyage...

Hirosha

« Quand tout est fini, tout recommence... ».

La grande porte coulissa... Hirosha était là ! Sa longue robe blanche effleurait le sol. Sa grâce naturelle ne l'avait pas quitté, elle m'enlaça un long moment, avant de nous convier dans la pièce secondaire. Je regardai Kimaë et compris qu'elle avait parlée avec elle, quelque chose la trahissait. Aucun effet de surprise ne transpirait d'elle, ce qui n'était pas mon cas. Mais le simple fait de la voir m'apaisa, comme l'évanouissement d'une culpabilité. Cela aussi, je l'avais remarqué chez Kimaë, elle ne la portait plus depuis son retour. J'attendais beaucoup de celle que je considérais comme ma seconde mère. Assise face à nous, Hirosha devait reconquérir l'unité qui nous liait, elle ne tarda pas et prit la parole :
- Je suis bienheureuse... j'ai tellement imploré la déesse Maharisha de vous ramener saines et sauves jusqu'ici. Ta peau ne gardera qu'une fine cicatrice, la main meurtrière t'a épargné du pire...
Vous comprenez ce que la Demeure a servi ?
L'interrogation affirmative n'ouvrait guère de choix... avant de poursuivre sur un ton à peine froid « tout est accompli ! ». Le regard complice de Kimaë, m'incitait à dire : « Oui ! ». C'est ce que je fis, mais au moment où je baissais la tête, la vision de Thopporo revenait... Je levai les yeux vers Hirosha : j'attendais des révélations. Elle me demanda :
- As-tu compris comment s'est déroulé notre projet ?
Un visage grave agrémentait ma posture droite. Comme si je devais encore démontrer mon honnêteté, je tournai les paumes

nues vers elle. Mon impatience était perceptible.

- Tout cela était donc préparé ?

- Je ne vais pas te faire attendre davantage. Avant toute chose, sachez que vous n'êtes pas responsables de votre action, elle était dirigée par les plus hautes stratégies et cela depuis longtemps...

- Pourtant, rien ne semblait prévu, seule la veste que j'ai reçue au palais m'a interpellée.

- La situation était imprévue puisqu'elle dépendait des choix de Thopporo. Mais les choix permettent de surprendre l'esprit trop confiant. Pour les hautes instances, plusieurs événements possibles étaient envisagés et le moment propice s'est présenté. Nous t'avons laissé des indices afin de requérir ton attention, comme le fait que Mioru te donne cet ordre de mission avant même que tu ne rencontres Thopporo au temple. L'insistance avec laquelle il a répété des phrases clefs a servi l'objectif que tu comprennes que j'étais en lien avec tout cela afin que tu lui fasses confiance. Puis bien sûr, cette veste te fut donnée par Mioru afin qu'elle échappe au contrôle. Ces détails t'ont certainement interpellés et si elle contenait le crochet, c'est parce qu'il avait son utilité... Comme d'autres jeunes filles, depuis ta jeunesse, tu as été éduquée pour Thopporo, car son conseiller Mioru t'avait choisi pour tes mensurations. Depuis ce temps, nous vous avons enseigné dans un objectif particulier concernant ce seigneur, vous n'avez eu aucun choix. Naturellement, vous réunissez les qualités de volonté et de détermination. Mais celles que nous avons mises en avant chez vous sont celles de l'ignorance et de l'innocence. Tout cela a été fait dans le but que votre cœur ne relève que peu d'animosité à son encontre... Vous devez vous demander pourquoi nous avons agi ainsi, et la réponse est simple. Nous ne voulions pas ouvrir la perception des Hommes esprits et que leur soit révélé le projet. Comment pouviez-vous être démasquées pour un projet que vous ne connaissiez pas vous-même ? L'esprit ne devait être marqué d'aucune trace, ni souffrir d'aucune intention. Rien ne devait transparaître afin que le chemin soit le plus lisse jusqu'à lui. Comme beaucoup, vous étiez surveillées et la difficulté était de vous former afin qu'aucun homme esprit ne rencontre une ombre à votre « union. ». Ce qui a été votre force, c'est que jamais, ils n'ont pu détecter chez vous le moindre esprit tourné contre Thopporo, grâce à un esprit préservé de toute impureté envers cet homme. D'ailleurs Ina, toi-même savais qu'un jour ou l'autre que ton destin se tournerait vers lui. En effet, tu avais raison, le destin vous a réunies à jamais… Thopporo avait une addiction forte aux Hommes qui lisent dans l'esprit à distance. Il avait réuni une trentaine de ces Hommes au Temple d'Or. Bien entraînées par la sagesse du temps, leurs visions étaient tellement efficaces que systématiquement, ils ont déjoué tous les plans de retournement. Mais, toute arme a ses faiblesses, il suffisait de la comprendre… puis, de la développer afin de la retourner à notre avantage. C'est ce qui a été fait. Alors, les Hommes esprits de Teraki ont créé un esprit qu'ils ont chargé par des intentions de mort et de blessures envers Thopporo. Ils ont posé au cœur de cet esprit des scénarios fabriqués de toutes pièces. Lorsque cet esprit a été prêt, ils l'ont dirigé au-dessus du Temple d'Or afin que les trois Hommes esprits dernièrement arrivés le voient et puissent décrire parfaitement ce qu'ils voyaient. Ils ont décrit des scènes dans les lieux et dates convenus. Lorsque les soldats de Thopporo arrivèrent sur place, ils ne trouvaient rien de particulier. Cela s'est répété trois fois comme prévu. Le doute s'est installé et les visions des Hommes esprits se sont agitées… Thopporo est alors rentré dans une colère noire et fit abattre les trois derniers Hommes esprits arrivés. Il pensait que leur influence était négative pour le groupe, car depuis leur venue, il ne recevait que des informations de mauvais augure. Depuis ces actions, tout est rentré dans l'ordre. C'est exactement ce que nous voulions, que l'esprit du doute se mélange à celui de la peur dans le cœur des Hommes esprits restants. Ils se mirent à ne livrer que des messages complaisants envers le seigneur. L'arme principale de Thopporo ainsi neutralisée, aucun ne se risquait à transmettre un message déplaisant. Du fait des relations difficiles, le seigneur n'avait jamais pu se rendre à Teraki, mais lorsqu'il s'est nourri de confiance auprès de Dame Kenata, c'est le premier déplacement qu'il a fait. Comme tous les grands ce monde, il souhaitait consulter au Temple Blanc de Maharisha, comme l'avaient fait avant lui ses ancêtres. C'est précisément ce moment que nous attendions et plusieurs scénarios se dessinaient à cet effet et c'est le tien qui s'est distingué. Voilà pourquoi tout s'est mis en place aussi rapidement. Nourri par Mioru, Thopporo a aussi été emprunt au doute et il a désiré que tu lui rendes visite afin de lui révéler les visions qu'il n'avait pas pu entendre au Temple Blanc. Au Palais d'Or, il se sentait protégé. Son armée principale était positionnée sur le territoire autour du palais. Même sa garde rapprochée restait à l'intérieur de la double enceinte du palais afin de ne provoquer les colères de Thopporo. Cela aussi était une idée de Mioru afin de pouvoir bloquer l'accès de la porte principal lors de l'invasion de l'intérieur du Palais d'Or. Comme la fleur qui, à peine éclose, abandonne déjà un pétale, l'homme qui souhaitait préserver sa vie emprunte déjà le chemin de la mort... Comme tu le sais, les années de guerres entre le royaume Teraki et Zoraki nous ont appauvris et le grand bénéficiaire était Thopporo. Même s'il livrait de l'armement à Zoraki, il n'avait participé à aucun affrontement direct, préférant doubler discrètement sa propre armée. Lorsqu'un homme tombait d'un camp ou de l'autre, il se frottait les mains. Le temps use l'esprit de guerre et l'amoindrissement des troupes se faisait bien ressentir. Zoki craignait que Gasho profite de cette faiblesse pour tenter une avancée dans ses terres. Il arrêta donc ses attaques répétées envers Teraki et positionna ses troupes en défense, le temps de se réarmer. Lorsque le seigneur Teki a disparu, désœuvrée, Dame Kenata a dû gérer le royaume de Teraki. C'est à ce moment que Thopporo est apparu et l'a rencontré à plusieurs reprises. Elle avait des doutes fondés sur le lien entre Thopporo et la disparition du seigneur Teki, mais elle n'en laissa rien transparaître. Afin de n'éveiller en lui aucun soupçon, elle répondit favorablement à toutes les folles demandes du seigneur, jusqu'à lui donner des terres au Sud Ouest en échange d'une très grosse livraison de métal. Réellement, l'objectif était de ralentir le réarmement de Zoki. Elle implora le seigneur Thopporo de créer une alliance militaire afin de protéger les terres de Teraki. Il imaginait l'incapacité de Dame Kenata à s'opposer à lui. Elle le baigna encore de confiance et lui proposa une alliance de lignée, en lui offrant sa fille. L'homme en fut enchanté, car son plan était en place. Il la pensait piètre négociatrice de le laisser ainsi entrer sur ses terres avec une grande partie de son armée. L'armée de Nippura n'était pas équipée pour la défense, mais pour l'attaque. Les grandes montagnes franchies, les pieds posés sur le sol, il ne leur restait qu'à attendre le moment opportun pour envahir Teraki… Peut-être deux saisons ou trois… Cela Dame Kenata le savait et le plan devait se mettre en place rapidement. Au moment où nous parlons, l'armée principale de Teraki a déjà envahi le Palais d'Or. Toutes les preuves seront rassemblées et aucune information ne franchira les montagnes de Teraki. Ainsi, tout le monde sera préservé de représailles. D'ailleurs, grâce à la patience et à la loyauté envers Mioru, bon nombre de chefs de guerre de l'armée de Nippura sont de notre côté et ne répondront pas à son appel. Maintenant les quatre pays se livrent un affrontement : Gasho a rassemblé une partie de ses troupes aux frontières de Zoraki afin de l'inciter à rassembler ses troupes appauvries au Nord Est. Gasho n'attaquera pas Zoraki, mais simule cette manœuvre afin de ne pas laisser le temps à Zoraki de faire descendre ses troupes. Par alliance, une partie des troupes de Gasho sera aussi positionnée sur la frontière nord de Teraki afin de sécuriser le royaume. Durant ce temps, les troupes principales de Teraki sont déjà au cœur des terres du Sud Ouest, mais elles demeurent invisibles à l'œil... Souvent nous oublions les ancêtres... En pareil cas, ils sont la clef de la victoire, cela se joue à des détails... Il y a bien longtemps, Riussu, un des grands chefs de clan de Gasho avait eu un froid avec le seigneur de Teraki qui lui avait alors interdit de traverser Teraki pour rendre visite aux ancêtres. Riussu ne supportait pas l'idée de ne plus revoir ses ancêtres et craignait que soient dérobés les trésors des ancêtres situés au cœur des montagnes. Il ne possédait pas la puissance militaire de Teraki pour s'imposer, mais qu'à cela ne tienne, il eut alors l'idée de faire un tunnel très large, empruntable à cheval, commençant du palais de Gasho et traversant Teraki jusqu'aux montagnes. Ainsi, il pourrait rendre visite aux ancêtres et même les protéger. Comme tu le sais, Dame Kenata a des liens de lignée avec Gasho et c'est lors d'une visite d'échange de présents que lui a été transmis ce secret. C'est à ce moment que l'idée a germé de faire venir Thopporo sur les terres de Teraki et de le faire se déplacer avec une armée pour les encercler de face et de dos, encore avec la précieuse collaboration de Mioru... Le temps que le reste des troupes de Nippura apprenne la mort de Thopporo, s'organise et manœuvre vers les terres du Sud-Ouest de Teraki afin de soutenir l'armée isolée, elle devra traverser les montagnes des ancêtres. Ce qu'elle ne sait pas, c'est que notre armée est aussi positionnée en embuscade à cet endroit dans les hauteurs des montagnes infranchissables afin de la contrer. Cela leur laissera peu de chance... À la fin de cette opération, elle sera ralentie, réduite et désorganisée. Ceux qui survivront retourneront dans leurs villages sains et saufs. C'est aussi par ce tunnel que Teraki a fait déplacer ses troupes jusqu'au Palais d'Or... Les chefs de clans de l'armée de Thopporo donneront bientôt allégeance à Dame Kenata. Comme tu le vois, réellement, tout a commencé par une simple tête d'épingle, mais dont les conséquences sont incroyables. Les Hommes pèchent par convoitise et excès de confiance. L'orgueilleux Thopporo ne s'est pas associé avec la patience et c'est justement ce dont nous avons usé dans l'ombre, jusqu'à la tragédie finale. Il souhaitait élargir son territoire et convoitait les richesses par un projet qui aurait plongé les quatre royaumes dans une guerre sanguinaire dont il se réjouissait d'en tirer profit. Mais, il n'en sera rien...

- Mioru est aussi lié à ce destin... Qu'en est-il exactement ? Des sensations inquiétantes traversent mon esprit à son sujet...

- Mon rôle a été de créer des liens avec les personnes que côtoyait le seigneur afin d'obtenir des renseignements. J'ai rencontré Mioru lorsque nous étions encore jeunes, il est originaire de Nippura. Son père était au service du père, puis du frère de Thopporo. Depuis toujours, nous connaissons les frasques sanguinaires de Thopporo : c'était un être imprévisible. Lorsqu'il a commencé ses services au palais du seigneur, il s'est très vite rapproché de Thopporo. Au fil du temps, il a établi avec lui un rapport de confiance. Être au service d'un seigneur sanguinaire a obligé Mioru à faire abstraction de sa propre morale, même si cette situation le dévorait de l'intérieur. Lorsque les événements se profilèrent, tout fut mis en œuvre pour le protéger. Mais Mioru ne voyait plus d'échappatoire et il a préféré rester au Temple d'Or ; comme il se plaisait à le dire, c'était sa plus belle œuvre... C'est un être tiraillé, son cœur s'est chargé d'une culpabilité insurmontable. Comme il me l'a dit, il n'a pas le courage de tuer Thopporo, car ce serait déshonorant pour ses ancêtres qui ont servi au plus haut. Mais, il ne souhaitait pas non plus laisser ses descendants porter le poids de l'ignominie. Depuis longtemps, Mioru a mis sa famille à l'abri et Dame Kenata restera garante de sa lignée. Lorsque vous êtes parties, il a mis fin à ses jours afin de laver tout déshonneur sur sa lignée.

- Mon cœur se recueille de cette nouvelle...

- Le sien est maintenant libre, il peut vivre dans la paix du devoir accompli. Lorsque l'Homme exécute une action, il en attend les fruits ou, tout au moins, la reconnaissance. En cela, vous n'avez pas été oubliées. C'est pourquoi, je vous remets une nouvelle convocation, mais cette fois-ci ce sera différent... Hirosha me tendit l'ordre roulé, puis un autre à Kimaë. Je pris la missive et la scrutais dans tous les sens. Elle venait du palais principal de Dame Kenata. Je décachetais et ouvris... J'étais face à une convocation qui ne comportait pas de date, et qui spécifiait de me rendre dans les plus brefs délais au palais. Je relevai les yeux vers Hirosha, à peine remise de mon acte meurtrier, et me demandais si elle n'avait pas décelé chez moi une nouvelle spécialité...

- Je vois ton cœur dans l'inquiétude Ina, sache que le meilleur est devant vous. Nous partirons dès l'aube, en empruntant les chemins tranquilles.

Au moment de se coucher, Kimaë et moi n'avons pas eu besoin de parler. Depuis longtemps, ce n'était souvent plus nécessaire... Cependant, nous ressentions toutes les deux une étrangeté envers Hirosha. Passer son enfance à la Demeure éloigne de tout problème, l'enceinte nous protège... Assise l'une face à l'autre, à cet instant, nous comprenions que lorsque l'Homme est dirigé par une cause, elle peut l'emporter à tout moment... il y fait des rencontres, certaines seront essentielles. Mais au moment venu, l'Homme appelé par la cause reprendra son chemin. Nous avons appris, ce soir-là, qu'Hirosha avait été notre force et que Dame Kenata était la force essentielle d'Hirosha, mais aussi le secret de ses faiblesses. Elle s'était livrée à la cause... puis, nous y avait précipité et pourtant, avec amour nous y avait préparé. En bonne cuisinière, Kimaë nous comparait à deux poules qu'elle avait choisies, puis préparées pour Thopporo. Hirosha avait été notre excellence, notre pilier, mais depuis ce jour, nous savions qu'elle n'était pas toute-puissante, ni même parfaite... Tout ce que notre esprit avait projeté sur elle s'écroulait... et pourtant, demeurait intact, pour elle, ce même sentiment d'amour maternel.

Dame Kenata

« Maintenant, quoi qu'il arrive, je suis prête. ».

La venue jusqu'au palais s'était déroulée sans encombre. Kimaë et moi attendions dans la salle secondaire. L'état d'attente était tel que la fatigue ne se faisait presque pas ressentir... Pour le trajet, Hirosha avait prévu une garde expérimentée car nous devions traverser un paysage en guerre avec des risques d'attaques et de pillages. Dame Kenata nous entretiendrait en privé après les consultations habituelles. Durant cette attente interminable, mille questions se déchaînaient... Nous avons servi Teraki et pourtant, à la vue des actions commises, aucune de nous ne se sentait en confiance. J'ai appris qu'il est d'usage de retirer toute trace lorsque la cause est mise à jour, car les langues se délient facilement... Kimaë et moi étions peut-être une trace de trop ? En même temps, si tel avait été le cas, Dame Kenata ne nous aurait pas reçues. Malgré tout, l'expérience enseigne que lorsque la curiosité est nourrie, l'ennui peut reprendre place et s'il y perd de l'intérêt, l'Homme de pouvoir a encore celui du choix... À ce moment, c'est justement ce que nous n'avions pas. Ainsi servie sur un plateau, l'attente était longue. Selon Hirosha, nos cœurs pouvaient se libérer de l'inquiétude. En même temps, elle était au service de Teraki et nous n'étions qu'un pion dans ce jeu qui, depuis le début, nous dépassait. Je baissai un regard vers Kimaë afin de savoir si son cœur était habité par des pensées plus rassurantes, mais ses yeux troublés reflétaient la confusion. Je la connaissais tellement, c'était le même visage qu'un être arbore lorsqu'il a fait une grosse bêtise et que, découvert dans son œuvre, il vient se livrer lui-même à la sentence. C'est cette même attitude que je discernais lorsque toutes petites, nous nous étions amusées à courir dans les champs en aplatissant les cultures. La bêtise était à la hauteur de notre âge, mais le cultivateur ne l'avait pas vu de cet œil et nous avions alors été convoquées par le chef du village pour une réprimande en règle. En sachant ce que nous avions fait, être reçues par la plus haute autorité, sans en connaître les conséquences finales laissait planer tous les doutes... Finalement, l'histoire se répétait...

Un homme au visage placide vint appeler Kimaë. Elle jeta un dernier regard sacrifié vers moi afin d'y trouver un réconfort, avant de le suivre, pour disparaître derrière l'impénétrable porte qui se refermait déjà. Rien ne m'aidait à chasser mes craintes et je refaisais le fil de ma vie, depuis l'enfance jusqu'à ce banc sur lequel j'attendais. De Koä jusqu'à la Demeure Blanche, j'avais connu bien des richesses que beaucoup ne connaissent pas... et ces derniers jours, d'une extrême pauvreté, où j'avais abandonné ma vie à un fou et lui avais ôté la sienne dans la même soirée. Mes pensées revenaient vers Nambu et me libéraient de ces scènes terribles. Seule la passion avait ce pouvoir que mon cœur connaissait et ce à quoi il se raccrochait. Depuis notre premier regard, je le cherchais, aucune autre pensée ne pouvait le retenir. Comme un trésor, une présence d'exception que rien ne pouvait ternir. Avec lui, je trouvais une issue et m'échappais. J'avais connu l'esprit de la plus grande joie, celui qui annonçait que nos cœurs seraient réunis à jamais. Nambu avait accepté notre « alliance de cœur », peu importe si je devais partir, je resterai à jamais la première gravée dans son cœur. J'étais déjà prête à lui donner ma vie. Puis l'instant d'après, tout ce dont j'avais rêvé n'était plus. L'esprit de l'abattement avait envahi ma vie, comme une plume balayée sèchement de la main. Lorsque Mioru m'avait convoqué pour la présentation officielle à Thopporo, tout avait subitement changé, tout espoir s'était éteint. Peut-être n'était-ce qu'une passion qui finirait dans une débâcle tragique... finalement, n'était-ce pas le dessein d'une vie comme une autre ? J'osai encore espérer ne pas partir dans la souffrance... Mon cœur restait rempli d'amour et si je devais laisser ma vie maintenant, j'aurai au moins connu l'essentiel : la présence de Nambu à mes côtés. Maintenant, quoi qu'il arrive, je suis prête. La porte s'ouvrit à nouveau, c'était mon tour...

Dinsiri

« Tu es maintenant affranchie de toute inquiétude, plus rien n'affectera ton esprit. ».

La fille de Dame Kenata, « Dinsiri » qui signifie l'esprit chantant, était instruite pour le trône. Quel merveilleux prénom ! La légende raconte que cet esprit apportait chance et bonheur sur les chemins qu'il parcourait en chantant. Ceux qui entendaient ces sons mélodieux vivaient le meilleur de leur destin et gardaient en eux un esprit de Dinsiri.
La discrète impatience de la future dirigeante de Teraki laissait basculer avec élégance son corps en avant. Au premier regard, la complicité s'était installée, l'attitude protocolaire des visites officielles était oubliée. D'un geste apaisé, Dame Kenata me demanda de me rapprocher, encore... jusqu'à l'être suffisamment pour me glisser à l'oreille : « Merci ! ». À genoux devant elle, les mains sur mes épaules, Dame Kenata ajouta : « Par ton action, tu rétablis notre pays dans l'honneur et tu ouvres notre cœur à l'espoir : nous connaîtrons maintenant la paix. Je veux toucher celle qui a mis fin à la vie de Thopporo Uneka. Ta main a préservé Teraki de l'horreur en tuant le démon. Je partage avec toi la souffrance que tu as traversée afin que se révèle la confiance du devoir accompli. Par tous les

esprits réunis de Teraki, le peuple reconnaissant s'exprime à travers moi. ».

Une puissance immense m'envahit et mon corps vacilla. L'instant d'après, la réalité s'effaçait, tout semblait irréel... Puis, le corps se détendit sous la douce chaleur de ses mains.

Dame Kenata ajouta : « Tu es maintenant une protégée de Teraki. ». Durant un long moment, je sentis son regard glisser sur moi. Puis, elle retira doucement ses mains. Lorsque je relevai la tête, Dinsiri laissa apparaître un grand sourire, elle vivait l'expérience à travers nous : son regard scintillait. L'autorité bienveillante de Dame Kenata s'installa. J'intégrais une grande famille : Teraki m'ouvrait ses bras.

- Ces derniers jours ont été ponctués de décisions difficiles. Aussi, lorsque tu retourneras à la Demeure Blanche, quelques jours après, un conseiller viendra te rendre visite. Quoique tu souhaites, son rôle sera de faciliter tes projets. Je dois te dire aussi que j'ai convié Oktan à une visite. C'est un sage éclaireur respecté, il m'a aussi fait parvenir une lettre à ton sujet... Aucune ombre ne limite ton destin. Lorsque le royaume reviendra au calme, alors Dinsiri viendra te consulter. Je souhaite aussi qu'elle intègre la Demeure Blanche quelque temps. J'aimerais que tu t'entretiennes avec elle durant son séjour afin de l'instruire sur l'éclat initial. Une partie de toi est en proie au doute : lorsque les Hommes esprits t'ont approché, ils leur étaient bien difficiles de déterminer à l'avance tes choix, jusqu'à ce qu'ils comprennent que le chemin que tu suis est celui de la douce confiance de la vérité. Hirosha m'a révélé que l'on te décrit ainsi. Ces derniers jours, lorsque ta vie a connu le tourment, tu as préservé le chemin de la douceur. Lorsque les forces de la confiance se sont opposées au démon, tu as su entrevoir l'instant et saisir ta chance avec bravoure. Comme l'eau, l'instant d'après, tu étais déjà sur un autre chemin : voici la vérité. Ce que tu as accompli laissera l'empreinte de la force et de la sagesse, deux qualités que l'esprit de la mort donne à celui qui la côtoie : tu grandiras ainsi. Je souhaite que Dinsiri fréquente les esprits que tu possèdes et suive le chemin de cette douce confiance dans la vérité. Mioru a réglé ta dot, mais celui que tu devais servir n'est plus. Depuis que tu es à la Demeure Blanche, as-tu découvert le chemin qui guide ton cœur et ton esprit ?

- Alors que l'esprit et le cœur ne le savaient pas encore, mon corps le connaissait déjà et mes pas m'ont amené jusqu'au Temple Blanc. Depuis, le cœur et l'esprit se sont accordés en chemin à ce que je devienne emora : je m'instruis dans ce sens.

- Oh ! Quelle belle voie, donner aux Hommes les messages de Maharisha.

- Aujourd'hui, tu es libre de tout devoir envers Teraki. Tu pourras t'accomplir sur le chemin qui plaît à tes pas. Sais-tu que je suis restée à la Demeure Blanche quelque temps... ? Étant originaire de Gasho, je devais acquérir les finesses de la culture de Teraki avant de m'unir à Teki. C'est à ce moment que j'ai rencontré Hirosha, nous avions le même âge et cela a facilité notre rapprochement. Plus tard, lorsque tu as été choisie par Mioru, tu es devenue intéressante pour le palais. Avant de te recevoir, j'ai parlé avec Hirosha. Elle a placé toute sa confiance en toi et moi j'ai toute confiance en elle : voilà ce qui nous réunit... Tu es maintenant affranchie de toute inquiétude, plus rien n'affectera ton esprit.

Affranchie

« Reste dans la confiance, puis l'instant d'après, laisse ta détermination s'imposer, quand le moment viendra, tu le sauras. ».

Comme une force contenue, un bourdonnement, le corps survolait l'allée centrale du palais. Les grandes dalles grises se répétaient indéfiniment et endormaient toute résistance : l'esprit s'abandonnait. Comme me l'avait dit Dame Kenata : « Tu es maintenant affranchie de toute inquiétude, plus rien n'affectera ton esprit. ». Depuis cette entrevue, en effet, plus rien ne serait comme avant. La renaissance m'offrait un nouveau tournant. Parfois, une expérience se résume à quelques mots : au-delà de l'étonnement, l'esprit de décision et de la détermination s'associent et dénouent les choix que l'on pensait impossible. À cet instant, en échange de l'impensable, l'issue victorieuse m'offrait tous les possibles. Je devais rendre visite à Mossi afin de la remercier et libérer son cœur de l'inquiétude. Je comprenais maintenant le sens de ses paroles : « Reste dans la confiance, puis l'instant d'après, laisse ta détermination s'imposer, quand le moment viendra, tu le sauras. Après l'effet de surprise vient la décision, fais ce à quoi tu as été préparée, dans l'élan, mon esprit sera avec toi. ». Même si, sur le moment, l'esprit trop confus ne pouvait envisager ce qui se dessinait, ses mots m'avaient suivi, comme une présence secrète qui agit en son temps... Tétanisée par l'immense pouvoir de Thopporo et choquée par son esprit machiavélique, j'avais déjà abdiqué : d'un seul geste, sa lame tranchante avait déchiré en moi toute confiance, tout repère. Dans ce néant, aucune justice ne semblait alors subsister. Et pourtant, en reconnaissant Kimaë, mon cœur s'était réveillé à ses vérités profondes. C'est précisément à ce moment que tout a changé. Au-delà des conséquences, dès lors que je me pensais déjà condamnée, c'était la vie de ma sœur de cœur qui a porté l'élan, même si cela devait me mener à la mort... mais face au pouvoir, la vérité s'est révélée. Avant de me lever et de m'approcher de Thopporo, j'ai senti la présence et la force de Mossi me pousser à l'improbable afin de braver sa folie : jusqu'à l'ultime geste, elle était avec moi. Parfois, l'esprit de décision doit tuer l'esprit d'abdication, c'est finalement ce qui a été le plus difficile : se lever !

Même si au départ, cela semblait impossible, le destin a trouvé son chemin et mon cœur n'avait qu'une envie ; rejoindre Nambu, lui annoncer que cette passion n'a pas été vaine. À cet instant, rien ne s'opposait à mon essentiel.

Le jade sacré

« Dans la douce confiance de la vérité... l'éclat divin le sait déjà : Je suis le choix, l'action, la conséquence, l'expérience : je suis le destin. ».

Kimaë m'attendait à l'entrée du palais, nous devions rentrer à cheval à la Demeure Blanche. Je voulais déjà y être, m'endormir et me réveiller, impatiente de retrouver mes repères. Je remarquai chez Kimaë un état de grâce total, elle m'annonça qu'une place, avec tous les honneurs, lui était réservée. Elle était appelée à servir ses présentations culinaires à Dame Kenata lorsqu'elle s'y sentirait prête. Mais son désir était de retourner à Koä pour y affermir sa famille. Bien que son frère soit encore jeune, il était appelé à s'occuper des terres familiales, car ses parents malades s'affaiblissaient de jour en jour.

Dès mes premières visions, Kimaë et moi, nous nous amusions souvent à nous poser des questions afin d'affiner les détails de nos perceptions et un soir, elle m'avait demandé : « Quelle richesse pourrait combler mon destin ? ». Je lui avais annoncé : "Ta terre est un trésor. Je te vois les bras tendus vers le ciel tenant une statue de Maharisha, les rayons du soleil traversent et illuminent son visage. Je vois le tien resplendir de lumière. Dans la grâce totale, tu remercies la vie. ». Kimaë m'avait alors répondu : « Je ne vois rien en moi qui puisse révéler la grâce totale, à moins que le visage illuminé de Maharisha ne se révèle devant moi. ». Je poursuivais... « À l'extrémité de tes terres, juste avant les hautes montagnes, je vois une maison construite sur les plaines descendantes. Entre celle de tes parents et cette maison, tu construiras la tienne, elle est haute et repose sur de la pierre. Ton père et ta mère ont de beaux sourires, je vois leur santé se rétablir. Trois guérisseurs sont autour d'eux, dont l'un prépare une mixture et la verse dans un flacon. ».

Quelques jours après, une autre vision était apparue, comme pour confirmer la précédente avec des détails plus précis. C'était la dernière vision avant que Kimaë ne parte pour honorer sa dot : « À l'entrée des montagnes, une statue en jade, elle représente un homme avec un haut chapeau tenant de la main droite un rouleau de lecture ouvert. Je l'entends dire : « Ici ! » et de la main gauche, il pointe l'index vers le sol où se trouve une pierre de la hauteur du genou. Il surplombe debout sur un rocher « bien plus petit qu'un homme ». Plus loin, derrière lui, se trouve le gros rocher en forme de cône. On y monte par un petit chemin qui serpente jusqu'à en faire le tour. Puis, je monte si haut jusqu'à devenir le ciel et distingue au loin une autre statue en jade. Je la reconnais, c'est une déesse de la mer. Elle regarde vers le port où sont amarrés quatre navires. Un bateau de transport de taille moyenne, son cœur cache un trésor… Il est encerclé par trois autres bateaux qui dégagent une force de défense impressionnante, leurs canons sont ouverts prêts à le défendre. Cette déesse protège leur voyage. ».

Les expériences douloureuses de ces derniers temps ne demandaient qu'à se libérer au grand jour. Les pas rythmés et interminables des chevaux entraînaient notre conversation… Kimaë poursuivit : « Je ne voulais pas t'en parler avant, car après ce que nous avons vécu et ce que nous devions encore affronter, je préférais que nous mobilisions nos forces. Mais, j'ai quelque chose de très important à t'annoncer. Sais-tu ce que j'ai vu la dernière fois que tu m'as parlé ? Il y avait dans tes yeux une lueur étrange, un esprit qui s'éloigne. Comme si une partie de toi partait et laissait la place… puis l'instant d'après, une gravité. Comme si une autre partie de toi m'incitait à bien comprendre qu'une révélation importante était là. Lorsque les premières feuilles de l'automne sont tombées, j'ai posé le pied dans cette nouvelle demeure. Je n'y voyais que le signe de la résignation et le renoncement soudain à tout espoir, tout repère. À la fin de la saison, le commerçant qui avait honoré ma dot est tombé à son tour. Ensuite, ses sœurs et ses enfants se sont déchirés ses biens. Je n'étais pas non plus en mesure d'aider qui que ce soit. Aucun pouvoir ne me le permettait, car je ne devais être une de ses femmes officielles que cinq saisons plus tard : dans cette famille, je n'existais plus.

J'ai fait parvenir une missive à Hirosha qui m'a demandé de quitter les lieux, pour me rendre au Temple d'Or au plus vite, et d'attendre ensuite ses instructions. Je n'ai reçu aucune nouvelle d'elle jusqu'à ce que Mioru me rappelle à ses instructions. Entre-temps, j'ai aidé à la jardinerie et à la cuisine au Temple d'Or. Puis, j'ai reçu une ordonnance du Palais d'Or pour être au service de Thopporo. Au Temple d'Or, j'ai eu de bonnes relations avec l'intendante principale. Lorsqu'elle a su que je venais de Koä, elle a absolument voulu que j'aille porter ses paroles d'intentions sur les pierres au temple de Maharisha, car toi et moi, nous sommes reconnues comme « sœur de cœur » et, nous avons ce lien spécial qui nous rapproche de Maharisha. Dernièrement, le Temple d'Or avait reçu une commande de tissus précieux pour le temple de Koä et l'occasion s'est présentée, j'ai été choisie pour l'accompagnement. J'ai demandé à l'intendante si je pouvais rester quelques jours sur place et elle m'a laissé le temps nécessaire…

Revenir sur nos terres natales après toutes ces années a été un choc. Tant de changements en moi s'étaient révélés mais Koä, imperturbable, m'avait attendue. À la nuit tombée, je me suis laissée aller à son éternité apaisante. À l'aube, un élan incompréhensible m'a habité et j'ai traversé mes terres jusqu'aux grandes montagnes. Sur le moment, je me suis dit qu'une partie de moi voulait les revoir une dernière fois… Je suis alors restée assise un long moment devant leur majesté, imaginant chaque instant que je devrais encore les abandonner. Je pensais à toi, notre vie, ce que nous avions vécu ici, jusqu'à la Demeure Blanche... Puis, soudainement, les dernières paroles de ta vision sont revenues : Grave, comme une injonction ! Alors, je me suis levée et je suis partie jusqu'au gros rocher en forme de cône, à l'ancienne petite mine... Kimaë et moi savions qu'il fut un temps où un homme « chanceux » y avait trouvé une pierre de jade. Cet évènement avait lancé pour les villageois l'ouverture de la mine près du gros rocher. Mais après quelque temps sans succès, les joies soudaines s'étaient vite effondrées. Lorsque les Hommes trop pressés remarquèrent que l'homme « chanceux » ne revenait pas tenter sa chance une deuxième fois, certains commencèrent à penser qu'il avait gardé pour lui le lieu de sa trouvaille et qu'ils piochaient le sol inutilement. Ils finirent par s'accorder à dire qu'il leur avait menti afin de profiter en solitaire de ses trésors et qu'il devait sûrement en chercher d'autres dans un endroit caché, d'autant que plus personne n'avait revu depuis l'homme « chanceux ». En arrivant sur les lieux, j'avais trouvé « Le rocher bien plus petit qu'un homme ». Le dos tourné au gros rocher en forme de cône, je suis monté dessus, puis naturellement, l'index de la main gauche tourné vers le sol a désigné une pierre « de la hauteur d'un genou ». Je suis redescendue, après l'avoir roulé plus loin, j'ai commencé à creuser et creuser encore... jusqu'à déterrer une autre pierre « de la hauteur d'un genou » : En la mouillant, le jade d'un vert magnifiquement lisse et translucide s'est révélé, aucun grain n'entachait sa pureté. Il possédait aussi une particularité, sur sa hauteur, il y avait une partie transparente. C'est alors que je me suis rappelée une autre vision que tu avais eue un peu auparavant... À l'entrée du chemin qui traverse la forêt, à environ trente pas sur la gauche, tu avais entendu quelqu'un qui semblait t'appeler... En suivant le fil de ta vision, tu étais arrivée jusqu'à un arbre penché qui se plaignait qu'une grosse pierre prenait la place de ses racines. Depuis longtemps, dans son ombre, la terre la protégeait du regard des Hommes et il t'attendait afin que tes paroles libèrent la pierre prisonnière de son destin.

L'esprit de l'arbre avait ajouté que lorsqu'elle sera révélée à la lumière, son éclat de vie resplendira aux yeux de tous : la pierre deviendra sacrée et les Hommes la vénéreront. En suivant le chemin de la forêt que tu m'avais décrit, sur la gauche, à environ trente pas, l'arbre incliné était là, il semblait me dire : « Creuse ! et tu comprendras pourquoi je penche ainsi... ». C'est ce que j'ai fait, jusqu'à trouver presque, sous ses pieds, une autre beaucoup plus haute que moi, de la même qualité que celle de la hauteur d'un genou, dans des tons verts intenses magnifiques. Lorsque j'ai eu fini, j'ai rebouché soigneusement afin de ne pas attirer la curiosité. Mon devoir me rappelait pour le Temple d'Or, mais cette situation imprévue laissait envisager que je pusse peut-être sauver mon sort si j'en parlais à Hirosha. Lorsque je fus rentrée à la Demeure, elle n'était pas là, alors je décidai de voir Mossi pour lui présenter ce secret qui me répondit qu'elle en parlerait à Hirosha, dès son retour. Depuis, j'attendais en vain... Entre-temps, on me dépêcha à servir au Palais d'Or et je suis resté avec cette attente, sans avoir aucun moyen de communiquer avec Hirosha ou de recevoir la moindre information. Je pensais le trésor enterré et mon destin oublié. Mais les liens ont opéré et Mossi a parlé de cette découverte à Hirosha. Puis, Hirosha en a alors référé à Dame Kenata en lui expliquant que, vu leurs tailles, nous n'avions aucun moyen de les déplacer et pour une pierre pareille, rien de mieux que son aide précieuse afin que ces terres soient protégées des pillages. Lorsque j'ai rencontré Dame Kenata, elle s'est montrée fine connaisseuse du jade et m'a proposé d'envoyer un sculpteur afin d'évaluer la qualité de la pierre. Elle était en quête d'une pierre de haute qualité afin de sculpter en entier le corps de Maharisha. Si la qualité était avérée, la pierre serait transportée jusqu'au nord de Gasho par les mers, là où se trouvent les plus grands sculpteurs du royaume. Lorsque Dame Kenata m'annonça cela, la vision de la déesse des mers prit tout son sens. Dame Kenata décida aussi de prendre soin de mes parents et de dépêcher prochainement trois de ses meilleurs guérisseurs afin de s'occuper de leur état de santé. C'est l'aboutissement de tes prédictions, elles ont révélé les trésors cachés de la terre de mes ancêtres."

La fatigue accumulée par les jours précédents semblait la rattraper, les lèvres n'avaient plus vraiment les forces nécessaires pour le moindre balbutiement, mais nos silences complices laissaient exprimer la joie conquérante.

À la tombée de la nuit, nous arrivâmes aux portes de la Demeure Blanche : devant nous, se tenaient les trois gardes et à leurs côtés, comme immortelle, Hirosha.

Cette vision me replongeait à notre premier jour d'arrivée lorsqu'à notre accueil, Hirosha nous avait annoncées : « Bienvenue dans la demeure de Maharisha ! Ici vos pieds se posent dans l'incertitude, ils se reposeront à cet endroit lorsque la confiance habitera votre cœur et que vous connaîtrez votre vérité intérieure. Alors, votre destin commencera ! ».

La grande chevauchée du destin s'était accomplie. Entre-temps, jours après jours, les choix passés et les actions façonnées pour les atteindre ont changé la nature du chemin. Les expériences acquises et les fruits récoltés orientent les choix futurs… Mais, sur le chemin, à chaque pas, dans la douce confiance de la vérité, l'éclat divin le sait déjà :

Je suis le choix,
l'action,
la conséquence,
l'expérience.
Je suis le destin

La rencontre

« L'être divin n'est pas confronté aux mauvais choix et ne connaît pas la souffrance de séparation ; rien n'est cassé, perdu ou éloigné. Dans l'instant de l'intention, la création est manifestée. ».

Plusieurs saisons étaient passées et Kimaë avait rejoint sa famille. Sa maison fut construite sur le marbre. De mon côté, étant libre de tout engagement, j'avais retrouvé Nambu et anobli mon destin. Nous habitions ensemble dans la demeure de Teraki et je me préparais à devenir officiellement emora. Comme nous l'avions convenu avec Dame Kenata, Dinsiri s'était rendue à la Demeure Blanche. Nous allions partager une rencontre, l'intimité silencieuse était aisée entre nous. Assise à la plus haute terrasse surplombant le panorama, l'instant appelait l'immensité, aussi vaste que le poids qu'elle portait, aussi insistant que ses futures responsabilités. Même si parmi les Hommes son pouvoir était immense, elle n'en portait pas encore les marques. Dans l'attente désespérée d'un temps consumé qui ne peut réapparaître, Dinsiri entretenait sa souffrance nostalgique. Mais, une partie d'elle venait se libérer des entraves d'un passé révolu.

Ce partage silencieux me plongeait dans ses profondeurs, j'avais tout mon temps et m'imprégnais de sa présence. Elle regardait sans voir, écoutait sans entendre et parlait sans comprendre… Figée comme une statue, comme bannie de sa propre présence, une partie d'elle peinait à tout mouvement. Pourtant, je la sentais prête à se libérer d'un fardeau trop lourd à supporter pour une jeune fille. On dit qu'avant qu'elle ne parcoure son chemin, l'eau est d'abord contenue, puis, n'en pouvant plus, se libère par l'évidence la plus faible. La faille commençait seulement à se déchirer. Complice, sa bouche laissait échapper des mots emmêlés, pour en accentuer

199

l'ouverture.

- Je regarde ce magnifique paysage, mais le cœur n'en ressent rien. Pourtant, ma vie est remplie. J'accomplis cérémonieusement mes devoirs journaliers. Dans ces interminables protocoles rassurants et protecteurs, les gestes si habitués ne laissent entrevoir la moindre erreur. Cependant, malgré moi, je reste confinée dans ce tourbillon qui m'entraîne dans une vie sans saveur.

Je ne répondais pas, avant que l'esprit ne puisse percevoir son éclat, les prémisses sont souvent chargées de douleurs et de difficultés. En confiance, Dinsiri libérait spontanément ce qui obstruait sa vision.

- À la mort de mon père, l'esprit de torpeur a envahi ma mère, elle ne parvenait plus à faire face à ses obligations. Un jour, j'ai surpris les conseillers principaux dans une grave discussion concernant la situation du palais et les conséquences que cela aurait sur Teraki. C'est à ce moment que la peur a envahi mon esprit. Peu de temps après, ma mère m'a fait part qu'elle retrouvait sur mon visage l'expression sereine de mon père et que cela lui donnait beaucoup de force. Elle a fait, à ce moment, une allusion concernant l'esprit de Dinsiri… Alors, je lui ai donné ce qui nourrissait son cœur et j'ai montré un visage paisible, espérant qu'elle retrouve l'entrain. Pour m'accompagner dans cette tâche, l'esprit de Dinsiri est devenu mon credo, ma voie, afin qu'il puisse lui insuffler à nouveau la vie à travers moi. J'y pensais continuellement, jusqu'à livrer mon âme, évinçant le visage de l'accablement sans réellement m'en soustraire. J'ai sacrifié le bonheur illusoire sur ma propre peine. Maintenant que le temps a fait son œuvre, ma mère a courageusement repris un semblant de vie. Dans le même temps, le mien s'en éloigne, n'y trouvant plus de goût, comme si quelque chose s'était oublié. Le visage que tu as vu lorsque tu m'as rencontré n'était qu'un masque, c'est celui que je porte depuis le départ de mon père, pensant qu'avec le temps, il habiterait aussi mon cœur. Mais il n'en est rien et finalement, je me suis égarée par tant d'omissions. La joie de l'esprit s'est éteinte et le cœur reste insipide. Perdue, je cherche à me raccrocher, mais je n'y puise que le néant. Chaque nuit, des rêves terribles me hantent. Chaque matin, je remets le masque de Dinsiri l'enchanteur, celui que ma mère et mon père m'ont offert comme cadeau. Cette sensibilité magique, je la porte aujourd'hui comme un fardeau. Dinsiri n'est pas responsable, je sais simplement qu'il n'est pas ma vérité et je voudrais retrouver celle qui me permettra de reprendre le vrai chemin de Dinsiri. Ce serait la plus belle réalisation que je puisse offrir à mes ancêtres, mais aussi à ma propre vie.

- Comme un témoignage d'amour, d'une mémoire, d'espoirs… Fruit de deux êtres scellés par un instant, un prénom n'est jamais anodin dans le monde des Hommes. Tu as la chance d'en porter un merveilleux, mais le plus beau des cadeaux peut parfois révéler ses faiblesses. Dans sa quête de bien faire, l'être choisit un chemin et s'y projette. Avec la persévérance, le goût de ses peurs paraît diminuer et leurs formes originelles semblent s'estomper… Mais, en regardant de plus près, il s'aperçoit qu'elles se démultiplient et s'étendent comme des traces sur les nouveaux visages acquis. Les efforts vains se mélangent à l'insécurité et au temps : c'est aussi ce qu'il perd, une sorte de fuite en avant où se mêlent la nécessité et l'urgence. L'esprit trop soucieux de trouver la paix ne parvient pas à se reposer, il ne perçoit que le miroir de ses souffrances. Épuisé dès le réveil, le retard le rappelle malgré lui, le cœur chargé d'espérance libératrice poursuit sa lutte sans issue. Il ressemble à l'Homme qui court afin d'échapper à un monstre, mais chaque fois qu'il se retourne, il est toujours là, parfois plus loin ou parfois tout proche… L'être ne se laisse pas porter par l'entrain initial, il puise douloureusement dans les sources de ce qu'il imagine. La peur que cela engendre lui donne la force de fuir, d'autant que la confiance s'amoindrit par crainte de faillir. Parfois, la vie insatiable touche le cœur jusqu'à le meurtrir ou le perdre. Dans ces moments, il convient de laisser passer les responsabilités et les engagements afin que le regard se rapproche de ce qui est là et que le verbe libère les mémoires qui masquent l'élan.

- La stabilité n'était que l'illusion de mon ignorance. Les piliers inébranlables de l'enfance semblaient éternels, mais d'un trait, tous ces repères ont disparu. Le regard protecteur de mon père s'est évanoui ainsi que la présence rassurante de ma mère : sans repères, les démons ont fait jour. Dans les temps qui ont suivi, j'ai toujours fait preuve d'une grande sensibilité, mais elle est devenue ma faiblesse et s'est laissée envahir par d'autres visages. Les pensées, les doutes et les peurs ont pris place et dirigé mes choix, puis ma vie, jusqu'à me donner l'illusion d'une échappatoire pour, finalement, m'évider jusqu'à la dernière goutte d'espoir.

- Ce qui nous entoure est chargé d'histoires, de vibrations qui se rencontrent, se repoussent, se détruisent ou s'attirent et s'unissent jusqu'à l'aboutissement de la forme. Au plus profond du tangible, dans notre monde intérieur jusqu'à nos pensées, la sensibilité permet de percevoir ces subtilités, distinguer le connu du caché afin de comprendre le sens intime de ce qui nous entoure, bien au-delà, de la perception habituelle : c'est une qualité rare. La sensibilité ouvre grand la porte sur des univers et lorsqu'un événement survient, le poids de cette connaissance peut ébranler. Au-delà de l'expérience où rien ne semble demeurer, veille la vibration initiale, ton pouvoir créateur. Il t'appartient de lui donner un sens afin de retrouver ta vérité. De vies en vies jusqu'à la naissance, l'Homme construit ses vérités selon les croyances qui l'entourent : ses références le tranquillisent. Parfois, d'un évènement soudain, tout est balayé et l'être perd ses repères. Ce qu'il pouvait regarder et toucher n'est plus, toutes les réponses lui échappent, il ne voit que le vide qu'il intègre comme vérité. Les doutes et les peurs attirent les esprits qui offrent des solutions contre des conditions. Dans la confiance d'une perspective, l'être emprunte un chemin et donne son essence de vie à l'esprit qui l'habite.

- Comme la promesse de retrouver ce que j'avais perdu, c'est à ce moment que l'esprit confus a suivi cette nouvelle cause dans l'illusion d'une vaine libération… mais il n'en est rien. Comment redonner le sens et retrouver le goût ?

- Tu peux être libre du poids de cette expérience, le prénom Dinsiri n'est qu'une échappatoire. La peur impose davantage d'efforts contre un semblant d'oubli, malgré la profondeur des blessures à surmonter. Le pouvoir immense de ton père a révélé ses faiblesses… jusqu'à l'effondrement de ta mère : ce sont les mémoires ancestrales. Le troisième élément est le rebondissement des précédentes : cette conversation inquiétante entre les conseillers, c'est à ce moment où ton chemin a pris une nouvelle tournure. Reviens jusqu'au moment où tu l'as perdu afin de libérer ce qui a marqué tes choix. Comme tu le sais, j'ai vécu aussi cela et même si aujourd'hui je peux en parler avec une assurance tranquille, c'est que le temps a permis l'apaisement. Mais lors de notre rencontre au palais, le pire s'était présenté et j'avais déjà accepté de sacrifier ma vie. Les temps qui ont précédé, j'avais aussi perdu tout goût et tout sens. Dans la confusion, le destin m'a entraîné dans sa tourmente. Les racines familiales se réactivent à chaque incarnation. Chaque pas effectué nous en rapproche et chacun y fait face au temps venu. Nous pouvons accepter les croyances qui habitent l'esprit comme étant vrai, mais nous pouvons aussi les refuser et en être libre. Lorsque l'être est emporté par le destin, il lui reste toujours cette alternative, celle de dire « non ». Les conséquences sont toujours dérangeantes, souvent elles changeront les règles et imposeront l'instabilité. Comme portée sur une voie dont le dénouement est inconnu, il ne reste que le choix de lui faire confiance. Le « non » s'émancipe face à la peur, il est semblable à la parole lâchée que l'on ne peut rattraper, tel un oiseau de mauvais augure insaisissable, le monstre intérieur, dont la force balaie en un instant un destin prédéfini. La condition n'est que le fruit de l'illusion de l'esprit, le connu t'habite sans y percevoir de sens, ni de goût. Dans son ombre, au même instant, resplendit l'éclat de Maharisha que chacun porte en soi. Dans la fulgurance de ton pouvoir créateur, l'élan te donnera la force au-delà des fardeaux familiaux. Dans ces moments, il convient d'être dans la confiance de sa vérité. S'incarner, c'est découvrir et s'intégrer dans des espaces, en expérimenter les possibles et les limites. À travers elles, l'observateur y révèle sa mémoire par son histoire, il ne vit que celles qui résident déjà en lui. Afin de s'adapter à son environnement et vivre son aventure, le corps en action collabore avec l'esprit, l'histoire évolue et les formes s'accumulent avec celles déjà existantes. À certains moments, l'incarnation peut être lourde et même paraître insurmontable et parfois, jusqu'à s'éteindre définitivement. Mais, tant que la flamme demeure, l'aventurier s'accomplit. La difficulté que l'on peut rencontrer en chemin est l'attraction de la forme masquant l'éclat de l'esprit. Oublier qui regarde, c'est oublier le pouvoir créateur qui réside en soi, être absorbé et enfermé jusqu'à la dépendance, dans un jeu de répétitions d'actions et de réactions initiées par les formes pensées. Les sens donnent raison et la raison s'abandonnera à ses croyances, ses nouvelles vérités. Pourtant, il ne s'agit pas d'être au-delà de la perception habituelle, ni même de trouver un état, il s'agit d'être là. La présence libère l'intensité de la perception, sa nature essentielle, au-delà de l'apparence, celle de tous les possibles, celle que le cœur ressent lorsqu'il connaît sa vérité…

- C'est cette vérité que je suis venue chercher auprès de toi Ina.
- À l'entrée du temple de Maharisha est gravé : « Dans la douce confiance de la vérité. ». À première vue, cette petite phrase ne représente pas grand-chose, pourtant, l'initié y retrouve

l'essentiel. « Dans » signifie « Au-dedans. », c'est de là que tout commence. Durant son incarnation, Maharisha a peu enseigné, lorsqu'on lui demandait les clefs de la sagesse et de l'accomplissement, elle répondait en souriant : « Enseigner, c'est diriger et diriger c'est s'éloigner de la vérité. Tout est en soi, ce qui est devant nous en est le révélateur. » Elle a donné trois chemins d'observations : Le premier est le monde céleste que nous appelons le subtil, l'essence et l'infini, le réalisé et le non-réalisé. Il est intriqué dans le monde de la terre et les autres mondes, dans lesquels nous y retrouvons la présence des dieux, des esprits et des mémoires. Le second est le monde terrestre qui contient la forme et ses conditions, l'esprit et ses dépendances. Le troisième est la présence silencieuse, ta propre existence, reliée au monde de la terre et du ciel par l'énergie de vie intelligente. La vie est faite de rencontres, certaines ne durent qu'un instant et d'autres se rejoignent de vies en vies. Mais ce qui est déterminant est la place et le pouvoir que nous leurs accordons. Tout commence par une question, « l'espace », le regard sensible se tourne vers la réponse, « la forme », et libère ainsi la richesse des subtilités cachées afin de comprendre ce qui l'habite. Au-delà de la pensée se révèle la vision : c'est là, à cet endroit, que sommeillent les évènements du destin engendrés par les racines familiales, les croyances profondes accumulées de vies en vies ainsi que les esprits rencontrés. Marqué dès la naissance, le corps exprime ses émotions. L'esprit en livre les ressentis et les pensées les interprètent, donnant naissance aux choix de chacun. Les sentiments de joie, de douceur, de tristesse, de colère ou de peur évaluent chaque situation. Au jour s'ensuit la nuit, c'est cela que la vision perçoit en révélant ses innombrables différences. Dans ces potentiels, nous pouvons y percevoir la naissance et la mort de la forme. Dans le monde de la terre, l'être associé à l'esprit de survie peut emprunter les chemins de colère, de peur et de vigilance pour se protéger afin d'échapper à l'esprit de la mort. Face à ses esprits, l'être est sans cesse confronté aux choix : les peurs s'insinuent à tout ce qui veut vivre en soi. Dans le monde de la forme, tout se négocie et finalement rien ne se perd. Mais, les gagnants ne sont jamais libres car l'esprit de dépendance semble les lier à jamais, les mémoires vivront en lui et renaîtront sous de multiples masques au moment opportun. Tous ces esprits sont intriqués et chacun convoite la meilleure place en dépassant ses limites. Seul un esprit sensible peut les différencier et se libérer des illusions des esprits de la terre. Les racines de ton père possèdent des forces phénoménales, mais celui-ci a trébuché sur ses propres souches. Les dualités, les colères, les tristesses et les peurs ont habité le palais dans lequel tu évolues et c'est de cela dont tu libéreras ta lignée. C'est de là que commence l'observation et que se révèle le pouvoir infini.

- Une nuit, quelques jours avant sa disparition, mon père a fait un songe. Il a rencontré Maharisha sur la plage qui traçait des symboles sur le sable. Ensuite, elle lui a remis un éclat lumineux dans le creux de ses mains avant de les refermer l'une contre l'autre avec bienveillance. Durant plusieurs jours, son esprit est resté habité par la grâce de sa présence. Il avait alors demandé qu'un sage du temple de Koä vienne lui rendre visite afin de lui enseigner ses connaissances. Mais celui-ci n'a pas eu le temps de venir, car entre-temps, mon père n'était déjà plus là… La veille de sa disparition, comme un dernier partage, il m'avait alors dessiné le symbole de Maharisha.

- Est-ce qu'il t'a expliqué leurs significations.

- Non, mais il ressentait que c'était important de le partager avec moi.

- Cette connaissance est marquée, depuis longtemps, par le secret. Mais je peux déjà t'expliquer sa signification. Maharisha disait : « L'être divin n'est pas confronté aux mauvais choix et ne connaît pas la souffrance de séparation ; rien n'est cassé, perdu ou éloigné. Dans l'instant de l'intention, la création est manifestée. ». Dans le monde de la terre, les formes peuvent se distinguer et se séparer. Lorsque l'intention s'oriente sur des besoins, les choix laissent parfois le goût des regrets, du manque et de la souffrance. Les esprits des formes chercheront alors à retrouver leur essentiel. L'éclat initial permet de libérer les esprits afin qu'ils retrouvent la demeure intérieure.

Le premier point, au centre, représente l'alliance de la présence silencieuse et de l'énergie de vie : l'observateur, le regard de celui qui sait, le témoin divin. Il est habité de la confiance qui comprend et réunit naturellement avec douceur. Le second, c'est le grand cercle, l'endroit où s'exerce son pouvoir divin dans la création. Il contient le pouvoir de l'infini, du fini et des esprits qui habitent la forme et le sens : c'est l'espace des vérités et des illusions, des réalisations et des mémoires qui nous habitent. Il y a quatre grandes directions, En haut, en bas, à droite, à gauche. Elles émanent de l'éclat initial, c'est sa brillance. Ce sont ces directions que l'emora utilise, mais il y a deux sens : soit nous le parcourons du grand cercle jusqu'au centre pour l'éclat de vérité et de compréhension. C'est ce qui vient à nous, ce qui nous cherche ; c'est l'histoire oubliée ou égarée, une vérité qui nous appelle. Elle émerge du grand cercle et peut s'imposer, parfois hurler jusqu'à faire souffrir le corps et l'esprit, c'est la condition de cette existence qui cherche sa demeure. La conscience libère l'illusion, ouvre le chemin et ainsi la mémoire se révèle enfin. Soit nous l'accompagnons avec l'éclat d'accomplissement en suivant la direction du centre jusqu'au grand cercle. C'est l'intention qui se projette dans le monde de la création. Lorsque c'est fini, nous utilisons les quatre petits traits pour effectuer la lemniscate : cela libère le mouvement créateur par le geste et achève l'expérience en remettant notre confiance à l'énergie de vie qui œuvre pour le meilleur. Voilà la signification de l'éclat initial.

Le pouvoir de dire « non »

« Non, cela ne me convient pas ! ».

Les éclaireurs sont des Hommes esprits capables de parler aux divinités de la terre. On dit qu'ils sont libres des blessures de l'expérience et aident les humains à se libérer de l'emprise terrestre et des esprits célestes qui cherchent à les garder dans les mondes d'illusions, en les retenant dans de nouvelles expériences. On les appelle « les éclaireurs », car lorsque ces Hommes esprits parcourent les mondes célestes, ils retrouvent leur nature initiale. Leurs corps sont alors l'éclat, car là d'où ils viennent, ils sont libres du monde de la forme.

Shuko devint plus tard le premier éclaireur. Mais bien avant, après une vision mystique, il avait écrit ses premiers vœux. Ensuite, ses pas l'avaient dirigé jusqu'à Koä, car c'est de là que tout devait commencer C'est en ce lieu qu'il y avait rencontré Maharisha. Au premier regard, leurs cœurs s'étaient reconnus. Naquit alors une idylle amoureuse jusqu'à ce qu'une missive de la mère de Shuko le rappelât. Maharisha décida de le suivre jusqu'à cette contrée lointaine et dangereuse. Ils devaient traverser par la mer, durant sept jours, avec des passeurs expérimentés.
Depuis tout jeune, Shuko avait un lien avec l'esprit de la guerre. Bien que les conflits se soient arrêtés avant son départ, ils avaient repris depuis peu. À leur arrivée, les événements s'enchaînèrent brusquement. Sylva, la mère de Shuko, avait perdu la vue et ne pouvait pratiquement plus se déplacer. Ils durent l'amener à l'hôpital de la ville pour des soins. Maharisha était naturellement sensible à la souffrance humaine, elle s'occupa de Sylva ainsi que des autres malades sur place. Durant cette période sombre, Shuko avait la plus grande peine à subvenir aux premières nécessités. La vie à Komo était

tellement rude que le projet d'enfanter, dans de bonnes conditions, semblait contrarié à jamais. Entraînée dans ce tourbillon sans fin, Maharisha en avait presque oublié sa vie à Koä. Pourtant, une partie d'elle y songeait encore...

Alors que Shuko attendait à un lieu de ravitaillement sur la plage, ce soir-là, la mer était particulièrement agitée, il ne voyait pas de barques à l'horizon. Il était fréquent que les passeurs soient en retard. Mais le jour commençait à se lever et Shuko comprit qu'ils ne viendraient pas. Une froideur l'envahit et le mit face à ses pensées les plus sombres : le poids de la guerre qu'ils enduraient, leur stock de nourriture presque épuisé, l'injustice du quotidien et tous les efforts accomplis en vain pour les surmonter... Toutes ces pensées l'envahissaient. D'une émergence infime à un sursaut intérieur, comme si tout s'était réuni, une révélation évidente s'imposa. À cet instant, une partie de lui disait « non ! » Comme habité de toutes ces présences, Shuko prit un petit bâton et traça sur le sable l'éclat initial comme le lui avait montré Maharisha. Il se sentait appelé à s'exprimer, à dire « non », comme s'il ne voulait plus participer, que tout était fini... Il effleura la première ligne devant lui qui le menait jusqu'au centre de l'éclat initial. Immédiatement, un esprit habité de tristesse se présenta à lui et lui signifiait qu'il ne pouvait pas le laisser ainsi dans le désarroi. Il lui montra le visage de son père, puis des membres de sa famille disparue. Shuko s'effondra, tant le chagrin était immense. Il connaissait cette situation, depuis son plus jeune âge, et jamais la guerre n'avait montré un autre visage que celui de l'accablement. Les calamités de chaque jour n'avaient mené qu'à la ruine. Shuko lui répondit : « Non, cela ne me convient pas ! ». Alors, un autre esprit se présenta, il portait la culpabilité et rappela à Shuko toutes les bonnes actions qu'il avait accomplies pour sauver des vies et que s'il renonçait maintenant, ceux qui resteraient seraient alors abandonnés de sorte qu'il ne devait pas s'y résoudre. Il revoyait les visages reconnaissants de ceux qu'il avait déjà aidés. Mais Shuko s'opposa encore et répondit d'un ton ferme : « Non, cela ne me convient pas ! ». Alors, le visage de l'esprit chercha à l'intimider et d'un ton effrayant lui dit qu'il anéantirait Maharisha s'il s'arrêtait maintenant. Shuko fut saisi de peur, car s'il pouvait prendre une décision sur son propre destin, comment accepter de sacrifier celui de Maharisha : il voyait sa douce présence, son amour bienveillant. L'esprit dominateur ajouta : « Tu dois continuer ! » Shuko ne pouvait se résoudre à condamner l'amour éternel qu'ils s'étaient promis, ni consentir à livrer Maharisha à ce destin et cherchait à se libérer de ce dilemme. Shuko se souvint alors que Maharisha lui avait révélé le secret qu'elle avait vécu lorsque sa sœur Sounindra l'avait sauvé. Sa sœur lui avait aussi révélé que chaque être descendait de l'esprit d'une divinité. De ce fait, il devait garder confiance, rien ne pourrait lui arriver. Depuis son enfance, Shuko avait connu l'horreur de la guerre et n'avait jamais rencontré une divinité qui avait apaisé le chemin de souffrance des âmes meurtries. Il s'en était accommodé, mais Maharisha lui avait révélé ce secret et il croyait en elle. Alors, il détourna le regard de l'esprit de la guerre qui l'incitait au consentement. Il ne voulait plus être seul face à cet esprit qui semblait, à cet instant, invincible. Shuko devait prendre une décision et pour cela, il avait besoin des forces de l'au-delà. C'est alors qu'il dessina juste au-dessus de l'éclat initial un regard, celui de l'esprit divin de Sounindra, et lui demanda de la protéger.

Au plus profond de lui, naissait une décision simple mais d'une portée incommensurable pour son destin. Plus jamais il ne donnerait son consentement à l'esprit de terreur qui ne proférait que mensonges et menaces pour l'impressionner. De toute sa vérité, Il répondit alors : « Non, cela ne me convient pas ! ».

Shuko avait revécu tout ce qui avait initié ce moment. À chaque fois, il s'y était opposé avec fermeté et l'instant d'après, tout s'était tu. Une force supérieure le submergea : l'énergie de vie fusionnait avec sa présence silencieuse. L'évidence se présenta et il affirma : « Je suis la présence, je suis l'énergie de vie. ». Il caressa alors le centre de l'éclat initial, puis suivit la direction qui s'éloigne en répétant cette formule empreinte de magie « Que l'énergie de vie manifeste le génie ». Des images revenaient, une vision l'entraîna jusqu'à Koä où la paix y régnait depuis longtemps. Shuko ressentit un sentiment de plénitude. Il posa son bâtonnet et se décida à rentrer en passant par les flancs montagneux. Ainsi des hauteurs, il pourrait peut-être encore voir arriver les passeurs. Alors qu'il descendait le dernier versant, de l'autre côté, il aperçut au loin entre les rochers fracturés par les eaux, une femme et un enfant qui s'affairaient et ramenaient des paquets. Shuko comprit ce qui se passait. Il descendit à vive allure, vit une grande barque de chargement échouée et plus loin encore, un autre débris auquel un homme s'accrochait sans espoir, presque sans vie. Puis sur la droite, un autre homme luttait dans des efforts vains contre le courant qui l'éloignait davantage de la rive. Shuko était très bon nageur et décida de leur porter secours. Il avait eu un frère pêcheur et l'aidait fréquemment. Mais un jour, alors qu'il n'était pas parti avec lui, son frère n'était jamais revenu. Alors, Shuko avait décidé de devenir potier comme son père. Mais, ce soir-là, il ne laisserait pas ces hommes périr. Il se jeta à la mer, les courants l'amenèrent rapidement en direction des rochers. Après avoir lutté sans relâche contre les éléments déchaînés, il réussit à ramener le premier sur la terre ferme. À son retour, la femme et l'enfant avaient disparu. L'homme sauvé des eaux resta un long moment inerte sur le sable. Shuko ne pouvait rien faire de plus et se jeta à l'eau pour secourir l'autre homme. Après moult efforts, ils purent revenir sur la plage. À leur retour, le jeune homme reprenait progressivement ses esprits. Durant ce temps, Shuko ramena ce qu'il pouvait des vivres dispersés : du riz, de la viande et du poisson. Même s'ils ne pouvaient plus être stockés, tout n'était pas perdu. Il comprit que les hommes qu'ils venaient de sauver étaient les passeurs que Shuko avait tant attendus. Le premier se dénommait Massao : c'était un vieux expérimenté, il était parti avec un jeune qui n'avait pas suivi ses conseils et la sanction avait été sans appel. Le jeune homme, Aksari, se confondait en excuses devant Massao. Pourtant, le jeune homme venait d'une famille noble, alors que Massao n'était qu'un simple passeur. Mais ce jour-là, Aksari avait usé lamentablement de son statut au péril de leurs vies…

La famille d'Aksari possédait une flotte de dix navires de transports dont le frère parcourait les mers, ce dernier l'accusait de vivre oisivement et de n'être d'aucune utilité pour leur famille. Alors qu'ils marchaient ensemble, bien qu'il ne savait pas nager, Aksari, touché dans son honneur, lança un défi à son frère et lui dit que lui aussi pouvait braver les dangers de la mer. Il fit construire une barque, choisit alors le plus expérimenté passeur et décida de l'accompagner afin de prouver qu'il n'était pas un homme sans valeur. Avant son départ, il avait organisé une fête pour l'évènement et criait haut et fort qu'il serait revenu dans trois jours. Après une journée, le soir venu, alors qu'ils naviguaient, au loin, un nuage noir promettait une pluie battante, comme en pareille saison. Massao conseilla qu'il serait bien plus prudent de baisser la voile et d'attendre, quitte à prendre un jour de plus pour le voyage. Mais Aksari se souvenait de ses prétentieuses déclarations et il lui était hors de question d'envisager un retard pour son premier périple. Il voulait revenir en vainqueur et avait ordonné à Massao de poursuivre jusqu'à traverser l'impossible. Massoa qui vivait dans la pauvreté avait accepté de l'accompagner en échange de nourriture et son statut ne lui permettait pas de tenir tête à Aksari.

Shuko écouta leur histoire et regardait, au loin, la grande barque morcelée contre les rochers. Il en avait déjà ramené deux parties et percevait le haut mat. Mais dans l'immédiat, l'essentiel était de ramener au plus vite les denrées et de revendre ce qui pourrait l'être. Il demanda aux hommes de surveiller les deux morceaux d'épave de la grande barque et d'attendre que la mer ramène encore quelques vivres.

Sur le chemin du retour, la grande barque ne sortait pas de ses pensées et une idée germa. Il connaissait un cordier, Koma, qui était le meilleur ami de son frère. Cet homme solitaire habitait non loin d'ici, et il possédait une petite barque : c'était exactement ce qu'il lui fallait... Lorsqu'il arriva dans son village, les maisons avaient été brûlées. Il partit à la recherche de la barque de koma et la trouva au bout de la berge, au milieu des herbes hautes. Koma dormait à l'intérieur. Il lui raconta qu'alors qu'il était parti en mer, des soldats avaient attaqué le village. À son retour, il ne restait que des cendres. Depuis trois jours, il n'avait retrouvé aucun survivant.

Parfois, la vie ne laisse pas le temps à l'apitoiement. Shuko lui exposa la raison de sa venue. Ils devaient agir rapidement afin de bénéficier des courants changeants et se dépêcher avant que la grande barque ne soit découverte par d'autres et ne fasse des envieux. En ces temps hostiles, la loi était simple : « lorsqu'un bien est abandonné, il appartient au premier qui le touche. ».

Arrivés sur les lieux, ils devaient contourner la longue ligne de rochers jusqu'à la pointe où se trouvait l'épave. Durant ce temps, Shuko assemblait le long cordage et le ceint à sa taille. Ensuite, il nagea jusqu'à l'épave et attacha la corde au sommet du mât. L'objectif était de libérer l'épave des roches et de la faire basculer en la tirant. Pour cela, ils allaient utiliser les courants qui, auparavant, avaient fait échouer la grande barque. À elle seule, la petite barque ne pouvait pas la tirer. C'est pourquoi, Shuko devait également ramener le reste de la corde au rivage. Avec le courant qui entraînait la petite barque, Shuko, Massao et Aksari tiraient depuis la terre ferme. Le mat bascula et la grande barque fut entraînée dans l'eau. Les trois hommes purent enfin la ramener sur le rivage. Ils constatèrent des dégâts considérables. Tout le côté gauche qui avait été arraché correspondait, précisément, aux deux parties que Shuko avait récupérées. La barque était réparable sans grands frais. Le grand mat n'était pas fendu et sa voile intacte. Des vivres et des produits de nécessités courants étaient attachés sur son flanc droit.

En sa qualité de marin aguerri et d'ancien charpentier marine de construction navale, Koma avait rapidement évalué la valeur de la barque marchande. Sa forme ventrue pouvait transporter de lourdes charges. Koma, qui avait le sens des affaires, proposa de réparer et de consolider son flanc avec les planches de sa petite barque. Il souhaitait réutiliser l'embarcation, les profits pouvaient être grands... Finalement, la mer déchaînée avait délivré un message clair à Aksari, il préférait de loin la terre ferme, même sans honneur, il souhaitait rentrer chez lui retrouver sa tranquillité. L'homme, encore reconnaissant d'être en vie, se savait redevable et renonça à tout droit sur la barque.

Quant à Shuko, il s'imaginait revenir à Koä avec Maharisha grâce à l'embarcation qui pouvait facilement remplir cette fonction. Lorsqu'il énonça son projet aux hommes aguerris de la mer, ils en furent enchantés, d'autant plus que Massao connaissait l'emplacement de la localité.

Koma et Massao ne possédaient rien, mais avec cette grande barque de chargement, tous les rêves étaient permis, ils pourraient travailler tous les deux.

Sur le chemin du retour, malgré l'épuisement, Shuko repensait à cette nuit qui ne ressemblait pas aux précédentes. Dans son pouvoir de dire « Non », il avait retrouvé l'autorité sur les expériences que propose le destin. Il ramena des vivres à Maharisha et, au-delà de tout, il portait au plus profond de lui un espoir, une issue. Les messages de son mantra libéraient leurs pouvoirs, Il se sentait enfin libre.

Affirmation des vœux de Shuko

Préserver la santé et garder
une longue vie.
Devenir la force tranquille.
Vivre dans l'amour et la paix
avec une femme douce.
Sortir de son corps par le
voyage de l'âme.
Révéler le talent.
Accomplir une bonne destinée
et connaître la richesse.
Vivre dans le bonheur et la
réussite de l'écriture.
Que les portes s'ouvrent
devant moi.

L'esprit d'autorité et du consentement

« On dit que le mauvais esprit montre toujours un esprit charmant à l'Homme commun et que sa perfidie ne se révèle que dans l'infime détail. ».

Ina arrivait à son dix-septième printemps, c'est à ce moment qu'elle devait recevoir le sacrement de l'éclat initial, car c'est à cet âge que Maharisha avait eu sa révélation. À son tour, elle pourrait alors devenir emora.

L'annonce ne tarda pas et Hirosha l'informa qu'elle avait reçu une convocation du temple principal de Koä où elle devait s'y rendre, sous trente jours. Le sacrement concernait l'esprit d'autorité. Jusqu'alors, Maharisha l'avait enseigné naturellement mais, après des événements, tout changea et il fut interdit de le transmettre au peuple. L'éclat initial révèle l'esprit d'autorité et donne le pouvoir à l'être de librement accepter ou refuser un esprit, une mémoire ou une pensée, s'affranchir de la peur, jusqu'à être libre dans ses choix. Pour le pouvoir, la liberté est une menace, le peuple collabore avec le désir et se soumet aux besoins afin d'échapper à la peur. Or, lorsque le peuple acquiert de l'indépendance, il s'éloigne de la servitude. Dans ce cas, le pouvoir sera contraint d'influencer, menacer ou même réprimer la rébellion. Mais, c'est souvent une manœuvre dispendieuse, car elle demande du temps et des moyens. Il est donc préférable d'inciter le peuple à coopérer. Lorsque les vérités acceptées sont remises en question, les risques d'insubordination et de défiance menacent l'équilibre acquis. Depuis le départ de Maharisha, les royaumes qui se sont succédé se sont tous accordés sur ce fait : le peuple ne pouvait pas développer un esprit critique, car cela n'était accordé qu'aux classes dirigeantes de haute lignée. De ce fait, l'enseignement de l'éclat initial ne pouvait être livré au peuple et serait donc réservé aux emoras.

Pour asservir Koä, un grand seigneur avait eu l'idée de dépêcher un émissaire qui avait proposé de construire un temple magnifique à l'effigie de Maharisha. Il avait aussi offert aux serviteurs fidèles de Maharisha de sculpter les milles et un esprit qui habitent l'intimité de chaque être, derrière le temple du jardin. Mais, ce projet immense demandait aussi du temps. L'émissaire fit alors s'installer des tailleurs de pierre, ainsi que des bâtisseurs aux abords des montagnes généreuses de Koä. Ensuite, vinrent les artisans, les agriculteurs... par familles entières. Si ces nouveaux venus procuraient beaucoup de changements, ils ne dérangeaient point et chacun se consacrait à ses tâches en vue de la réalisation de l'édifice. En trois années seulement, la main-d'œuvre attirée par les nombreuses opportunités fit que la population de Koä avait déjà augmenté d'un tiers. Face à la nécessité d'accroître les besoins en denrées alimentaires, l'émissaire organisa un immense champ auquel tout le monde collaborait. Koä ne reconnaissait plus son visage initial, mais le peuple empruntait une nouvelle destinée : tout allait très vite...

Après plusieurs saisons à cultiver les terres, la récolte fut bonne et les greniers bien remplis. L'émissaire partageait par équivalence. À l'année suivante, la deuxième grande récolte était sur le point de se produire lorsque le champ principal ainsi que les greniers furent détruits par un feu nocturne : Koä sombra alors dans une grande déroute. Le seigneur « généreux » aida le peuple à se nourrir et fit livrer riz et céréales, c'est à ce moment qu'il connut son premier endettement et s'initia à la servitude, mais les grandes espérances font oublier ces détails...

Par ses accès aux mers paisibles, Koä servirait de port. Il s'agirait donc de le construire et ensuite de relier Koä à la ville voisine par une route. Tout cela offrait de magnifiques perspectives d'échanges commerciaux. La première administration fut mise sur pied rapidement et l'émissaire devint donc l'administrateur de Koä. Chacun venait s'inscrire, en échange, il recevait une attestation signée de reconnaissance et de participation au développement de Koä. Les anciennes emoras de Koä ne ressentaient pas de vérité dans les paroles de l'administrateur, ni même du seigneur qui l'avait envoyé. Les projets grandioses éblouissaient le peuple enrôlé qui restait, de toute façon, sourd à toute remarque et collaborait aveuglément. Lorsque trois anciennes emoras décidèrent de ne pas s'inscrire à l'administration, l'administrateur rentra dans une colère noire et annonça que les non-inscrites ne pourraient pas poser le pied dans le nouveau temple. C'est alors que de jeunes emoras s'inscrivirent. Conformément aux us et coutumes, trois femmes et deux hommes fidèles à l'ancien temple vinrent devant l'administration pour y tracer le symbole de l'éclat initial sur le sol et les villageois s'attroupèrent autour du symbole. Ils restèrent ainsi pour y donner les révélations et libérer les mauvais esprits. L'éclat initial dévoila que l'administration portait en elle le désir d'asservir le village et que le futur se profilait sous de grandes difficultés. C'était incompréhensible ! Depuis sa venue, l'administration investissait des sommes faramineuses pour le bien de Koä. Alors, une division se forma entre les villageois au point qu'une émeute violente éclata devant l'administration, blessant et tuant plusieurs personnes. Les débordements furent difficiles à contenir. Afin d'apaiser les agitations collectives entre les anciens villageois et les nouveaux arrivants dont les croyances étaient différentes, il fut décidé que seules les emoras pourraient pratiquer la magie de l'éclat initial jusqu'à nouvel ordre…

Lors des promenades, certains villageois remarquèrent que les visages des nouvelles statues sculptés ressemblaient étrangement, trait pour trait, aux visages de l'emora principale et de ses deux conseillères. Elles représentaient les esprits de l'arrogance, de la convoitise et de l'ignorance. De jeunes emoras constatant l'opprobre demandèrent que l'on détruise les statues, mais les sculpteurs s'y opposèrent, justifiant qu'ils avaient fait un « bon travail… ». L'administrateur dut encore intervenir et prit position pour les sculpteurs, en insinuant que leurs esprits malveillants interprétaient sombrement les œuvres sacrés d'inspiration divine de Maharisha. Quant aux traits si caractéristiques de ressemblance, ce n'était que le fruit du hasard et cela ne représentait en rien une gravité au point de les détruire. Finalement, tous vinrent les voir afin de se distraire. Pour le peuple de Koä, autant d'animation donnait quelques occupations et railleries à partager. Après le travail, chacun donnait son point de vue et il n'était plus question de détruire les trois statues devenues ridiculement célèbres. Mais l'administrateur n'était pas en reste et fit observer que les rivalités des emoras étaient animées par l'esprit de jalousie, avant de conclure que leurs esprits vindicatifs n'incitaient qu'à l'amertume et à la calomnie. Les anciennes emoras ne réagirent toujours pas. Le gouverneur demanda à consolider l'engagement envers Maharisha et insista sur le fait que la perversion avait envahi l'enseignement originel. Désormais, les jeunes emoras furent hiérarchisées. Puis, il fit établir un accord acceptable dans lequel il ne serait plus question d'autorité, car seule la prétention peut se soustraire au choix des divinités. Très affairé, le peuple remarquait bien certaines irrégularités de l'administration, mais même si le doute persistait, il gardait confiance dans les jeunes emoras. L'administrateur devint gouverneur et une fête immense fut organisée. Après un certain temps, tandis que Koä changeait, les vielles emoras furent retranchées dans leurs demeures et leurs conseils presque oubliés…

On dit que le mauvais esprit montre toujours un esprit charmant à l'Homme commun et que sa perfidie ne se révèle que dans l'infime détail. Mais l'on dit aussi que rien de ce qui est caché ne saurait le rester et que le temps, même dans sa grande patience, le révélera : c'est justement ce qui arriva…

Chaque jour, la jeune emora principale faisait le lien entre le temple de Maharisha et l'administration, afin de rendre compte au gouverneur de l'avancée des travaux et des derniers détails, avant l'inauguration qui devait avoir lieu le lendemain. La venue du seigneur Anakari était aussi très attendue. Depuis l'arrivée du gouverneur, sa vie avait changé, elle était encore jeune mais d'une nature très serviable. Au fil des rencontres, elle avait fini par s'attacher au jeune gouverneur charismatique. Elle avait même détecté chez le gouverneur certaines sensibilités qui lui ressemblaient... Elle ressentait pour lui de l'admiration et, en même temps, de la crainte. Mais, rien d'anormal, car c'était un homme important. Elle restait de longs moments au bureau central des entrées d'informations. Alors qu'à cet endroit, ses pas la rapprochaient du gouverneur, ce jour-là, ils la rapprochèrent de la vérité. Au loin, elle entendit des railleries, un homme qui demandait au gouverneur « Quelle était donc cette phrase ! ». Puis, elle entendit le gouverneur prononcer la phrase gravée à l'entrée du temple et, instantanément, l'homme et le gouverneur qui éclatèrent de rire. L'homme se moquait à voix haute : « Maharisha a dit... Maharisha a dit... » et après de nouveaux éclats de rire, l'homme fustigea : « Ce ne sont que des bêtes serviles sans cervelles ! ». La sage emora se figea : elle ne comprenait pas tout, ses pieds s'immobilisèrent avant de revenir sur ses pas. Elle était la seule à avoir entendu cela, un malaise indescriptible occupa son esprit. Ce soir-là, elle décida de retourner au temple. En longeant l'allée centrale de l'administration, trois hommes qui déchargeaient un bateau, l'interpellèrent et lui demandèrent où poser les informations de directives pour Koä. Tous trois étaient des écrivains d'Anaki, elle leur indiqua, conformément aux usages, qu'il fallait les déposer au bureau central. Ils y déposèrent une dizaine de grandes planches de papier avant de repartir. Autour d'elle, tout était calme, aucun bruit, quelque chose l'incitait à consulter ces fameuses planches. Il y avait les plans généraux de Koä, mais bien plus encore... ils montraient une route qui menait au village voisin. Ces planches déroulaient l'histoire qui se profilait pour Koä sur trois saisons. Un nouveau casernement y était mentionné, mais aussi des plans militaires et un projet d'invasion de la ville voisine y figurait, décrivant de façon très précise, les moyens et les coûts nécessaires. Tout était minutieusement expliqué dans les moindres détails. Le gouverneur avait fait un « bon » travail pour le seigneur et avait lancé des projets d'une grande envergure. Il s'était présenté en bienfaiteur et avait séduit le peuple de Koä sur ses valeurs spirituelles en proposant de construire le temple de Maharisha, tout en retirant les anciennes emoras du temple au profit de jeunes remplaçantes inexpérimentées afin que, progressivement, l'autorité s'oriente vers l'administration. Il fallait juste encore un peu de temps avant que le peuple sédentaire ne s'y accoutume. Il avait pu ainsi ramener de jeunes travailleurs par centaines et augmenter la population, sans installer le moindre soupçon. L'objectif réel était de la diviser dans ses valeurs, de créer des troubles et de l'instabilité dans Koä. La saison précédente, le champ avait été sciemment brûlé, afin de créer de la peur et de la dépendance, et ainsi, positionner le seigneur Anakari en sauveur. Il avait projeté le peuple de Koä dans ses désirs de richesse, dans l'unique dessein de lui donner l'envie de travailler avec davantage d'entrain. Avec cette nouvelle population, Koä était en quête de sécurité. Il y aurait bientôt un casernement, puis, le projet de la grande route qui devrait traverser les hautes montagnes. L'objectif militaire en était clairement la finalité : il consisterait d'abord à élargir la grande route pour y faire passer une armée dont une cavalerie sur les hauteurs des montagnes et attaquer la ville voisine qui possédait des richesses de minerais. Il suffirait d'attendre encore quelques saisons, puis viendrait le temps où l'on rebrûlerait les champs en accusant la ville voisine. Ensuite,

Koä appellerait à la vengeance et se contenterait alors de proposer une expédition punitive afin de venger l'affront. L'invasion de la ville se ferait en une vingtaine de jours. Bien que la population y soit nombreuse, elle est peu exercée à l'art de la guerre. Elle s'abreuve aussi depuis une seule source d'eau en provenance des montagnes. Il s'agira, en amont, quelques jours auparavant, d'y déposer des charognes afin de répandre la maladie et d'affaiblir la population. La deuxième phase nécessitera environ six cents hommes : - une cavalerie de cent hommes - deux cents archers et lanciers expérimentés - trois cents restants composés des nouveaux bâtisseurs qui seront armés pour l'occasion. Ces derniers n'auront plus d'utilité pour Koä et plus tard, les survivants serviront à travailler dans les mines. La stratégie était simple, le grand village était solidement barricadé, mais il ne soupçonnerait pas que son flanc gauche ne serait plus protégé des hautes montagnes : c'est de là que viendront les pluies de flèches en feu, pendant que la cavalerie contiendra la dispersion des villageois en fuite et éliminera les opposants.

Les jours passèrent et le temple fut prêt à l'inauguration, tout Koä s'était rassemblé. Très tôt, les femmes avaient parsemé d'innombrables pétales de fleurs le long du chemin qui menait jusqu'au temple. Lorsque le seigneur l'emprunta, la jeune emora reconnut l'homme de la veille accompagné du gouverneur. La cérémonie commença : le gouverneur retraça l'histoire de Koä, puis celle de Maharisha dans une longue tirade. Il relata la rencontre du peuple de Koä et celle de peuple d'Anaki dont l'axe central était le seigneur Anakari et le gouverneur, son fidèle serviteur. Il félicita le peuple courageux pour le labeur effectué, puis reconfirma le nouvel âge que connaîtrait Koä sous les ovations du peuple exalté de tant d'annonces et de promesses encourageantes. Les plus durs engagements ouvrent les plus grandes espérances. Le peuple était prêt à tout croire, porté par la foi et les accomplissements déjà réalisés devant leurs yeux. La cérémonie consistait à lever le voile de tissus et révéler la grande pierre gravée, située à la droite de l'entrée du temple.

« Ici j'accepte la vérité de mon destin et me soumets à la seule autorité de Maharisha.
Au sage peuple de Koä qui porte les faiblesses des Hommes et emprunte l'infini chemin de libération.
Le peuple de Koä reconnaissant envers le seigneur Anakari pour son œuvre et son service rendu. ».

C'est à la fin de l'allocution du gouverneur que les emoras devaient piquer leur index avec une épine de rose que Maharisha aimait tant et y déposer ensuite une goutte de leur sang, comme empreinte sur la pierre, en signe d'engagement. C'était une idée que leur avait signifié le gouverneur en leur disant que cela se faisait à Anaki et que le seigneur serait très sensible à cette marque d'allégeance. Ensuite, Anakari retira ses chausses, emprunta l'allée centrale, puis fit demi-tour, acclamé par la foule exaltée. Le seigneur ne demanda pas de cérémonie de vision et reprit le navire qui l'avait conduit jusqu'à Koä.

L'emora prit le temps de réfléchir à ce qu'elle avait vu et entendu. Elle était encore jeune, mais elle avait compris les objectifs profonds du gouverneur, l'éloignement des vieilles emoras... Elle se sentait cependant bien isolée, car auparavant les jeunes filles parlaient librement. Mais les événements successifs avaient naturellement clivé les emoras et la confusion régnait. Certaines pensaient comme les vieilles emoras mais n'en disaient mots et suivaient l'orientation des projets du temple. Cependant, la majorité restait dans l'ignorance du dessein dissimulé par le gouverneur. Tout cela paraissait bien trop gros et presque impossible à imaginer tant les investissements avaient été importants et il est vrai aussi que chacune y trouvait son compte. Finalement, le même climat régnait, du temple jusqu'à Koä, les peurs s'insinuaient silencieusement sous les promesses d'évènements bienheureux. Il s'exhalait la sensation que nous marchions vers une apparente lumière alors même qu'elle nous guidait, irrémédiablement, vers l'obscurité... mais l'espoir demeurait... Dans ce projet, le temple de Maharisha avait une place de choix et le peuple ne remettrait jamais en cause l'honnêteté des esprits. Dans sa crédulité, le peuple de Koä venait de graver sur cette pierre son adhésion au consentement. Maharisha avait autorité sur le destin, mais seulement sous le regard de l'administration. Le peuple reconnaissait d'une part que l'Homme porte, en lui, les faiblesses et d'autre part, que les conditions de cette libération resteraient infinies. En fin de compte, il en porterait le poids pour l'éternité. À cet instant, le sens profond était changé et la vérité inversée. Sous le regard du seigneur, le peuple de Koä pourrait retourner à ses labeurs dans la pénitence et la soumission. La jeune emora était l'emora principale. Elle comprit aussi qu'elle n'en avait pas réellement l'expérience requise : c'est justement cette immaturité qui avait servi le gouverneur. Depuis, elle semblait avoir grandi et cherchait une solution pour revenir vers les anciennes emoras, sans se faire repérer. Mais, elle n'eut pas le temps de s'en inquiéter très longtemps, car la fin de l'histoire eut un rebondissement inespéré. Sur la mer du retour, le seigneur Anakari subit une attaque et son navire coula. Le gouverneur ne bénéficia plus de subventions pour le projet. Sans aucun soutien, il disparut à la saison suivante. Progressivement, les nouveaux arrivants repartirent, Koä retrouva sa tranquillité.

Ina et Dinsiri nouaient une complicité sincère et avaient en commun la passion des mots. Elle souhaitait lui offrir un manuel, une mémoire essentielle de l'expérience partagée avec l'éclat initial durant ces vingt et un jours. Malheureusement, les règlements interdisaient d'enseigner et de donner des écrits, si ce n'est entre emoras... Malgré cette intimité, elle ne pouvait s'y soustraire mais en ressentait une certaine gêne. Elle décida de se rendre au Temple Blanc afin de prendre conseil auprès de Mossi et de faire confiance à l'esprit de Maharisha qui la guiderait. De toute façon, il n'y avait que cela à faire.

La cérémonie des encens

Les rituels des encens marquent les moments importants, ils ont lieu lorsqu'une personne vit un changement majeur et qu'elle ne souhaite pas garder l'empreinte du passé. Les cérémonies réveillent les esprits et les qualités afin de favoriser l'accomplissement des futurs projets, de purifier les maisons, les champs de cultures, lors d'événements, les changements de saisons, d'enjeux décisifs ou de rituels funéraires...

Mossi était assise dans la cour du temple, elle traçait sur le sable l'éclat initial. Je connaissais la raison de ses gestes... la plus ancienne habitante de la Demeure Blanche avait rejoint le royaume céleste. Pour cette cérémonie, on laissait brûler les encens. Mossi était très attachée à « l'ancienne ». Elles avaient noué une amitié indéfectible. Il est d'usage qu'une emora libère les derniers liens et révèle l'éclat d'incarnation afin de favoriser la montée de l'esprit du défunt. Hirosha s'occupait des encens : ils devaient être brûlés selon un ordre particulier. L'encens oliban et la myrrhe éloignent les esprits, purifient et libèrent l'empreinte du passé. C'est à ce moment que Mossi caressait l'éclat et nommait les esprits ou les expériences douloureuses que la défunte avait affrontés durant son incarnation. Ensuite, Hirosha brûlait le bois d'agar et de santal blanc afin de rappeler la présence de l'âme d'incarnation de la défunte. Mossi caressait alors l'éclat et nommait les qualités, les accomplissements et les bonnes actions de la défunte. Venaient ensuite les encens floraux. Tout d'abord la rose, afin d'éloigner la tristesse et libérer l'esprit de toute empreinte qui pourrait la retenir au royaume terrestre. Pour ce faire, Mossi énumérait les noms inscrits sur la liste des descendants, mais aussi les esprits attristés connus et ceux des mémoires de la défunte. Et pour finir, les encens préférés de la défunte en signe de respect, de reconnaissance et de remerciement pour sa présence d'incarnation. L'ancienne aimait particulièrement la fleur de cerisier et de prunier blanc : c'était le moment où Mossi les laissait se consumer, ce fut le dernier geste de commémoration. Mossi se rappelait que lorsqu'elles étaient encore jeunes, elles les cueillaient ensemble en grimpant aux cerisiers…

Le temps est venu

« L'esprit a ses visions et nul ne doit être privé de parler à l'esprit de chaque chose. ».

Après le rituel, Mossi souhaita aller en forêt afin de prendre quelques écorces. C'est un endroit où nous aimions nous rendre afin de prendre un peu de recul sur les événements, c'était aussi le lieu privilégié des promenades et des causeries informelles…
- Le grand moment se profile maintenant pour toi Ina !
- Je l'attends avec impatience, je vais enfin pouvoir utiliser l'éclat initial officiellement afin de devenir emora et m'ouvrir à ses visions.
- Tu sembles réfléchir à quelque chose ?
- Oui, depuis hier, je pense à Dinsiri. Son père a vu, en vision, Maharisha qui lui a révélé l'éclat initial.
- Voilà une belle vision…
- Oui. En effet, son cœur garde encore les mémoires de son passé. Mais depuis quelques jours, elle semble habitée d'un élan. Malgré ses hautes fonctions, son esprit préserve une certaine pureté et c'est une femme pleine de talent. J'aurai aimé

lui enseigner les visions de l'éclat initial afin que nous puissions le pratiquer ensemble.

- C'est une bonne idée !

- À Koä, il est interdit de l'enseigner.

- Ce sont de vieux règlements et il se transmet discrètement depuis longtemps. Toi-même, tu le pratiques depuis ton plus jeune âge…

- Il est ridicule de pratiquer l'éclat initial librement dans le secret, tout cela n'a aucun sens.

- Tu dois t'y rendre dans les jours prochains. C'est peut-être l'occasion de révéler l'éclat initial à sa fonction première : la vérité. Sa pratique ne devrait pas être cachée et cela pour plusieurs raisons. La première est que Maharisha l'a livré librement à ceux qui s'y sont ouverts, tout simplement, parce qu'il existe initialement dans le cœur de chaque Homme. La deuxième raison est qu'il a été interdit de le transmettre pour de mauvaises intentions. Il est vrai qu'en tant qu'emora, nous livrons l'éclat initial dans le secret, car il a été interdit par le sceau du seigneur Anakari. Beaucoup d'emoras m'ont déjà fait part de cette étrangeté, je vais prendre à cœur de libérer l'éclat initial. Le temps est venu. Ce soir, je ferai parvenir une missive à Dame Kenata, afin que Dinsiri ait le pouvoir de lever ce sceau qui n'a plus aucun sens aujourd'hui. L'esprit a ses visions et nul ne doit être privé de parler à l'esprit de chaque chose. Je viendrais avec vous afin de participer à cet évènement.

Le sacrement de l'éclat initial

« Lorsque la vérité fait jour, l'ignorance n'est plus, la convoitise se révèle indifférente et l'arrogance disparaît. ».

La grande fête annuelle de Koä se préparait, elle allait durer trois jours. C'est le moment où nous célébrions la naissance de Maharisha, puis au troisième jour, celle des sœurs de cœurs.

Mais cette année serait un peu différente... l'éclat initial devait retrouver sa place originelle et se libérer du sceau du seigneur Anakari. Toutes les emoras allaient donc être informées de ce changement. Cela signifiait qu'à la fin des trois jours, chacun pourrait retrouver sa souveraineté et pratiquer l'éclat initial, recevoir les visions et écouter les messages que livre l'esprit.
Pour moi, cette année avait aussi une signification particulière. Après le sacrement, chaque emora pouvait choisir librement l'emora qui l'instruirait. Pour ma part, mon regard se tournait naturellement vers Mossi. Je souhaitai intégrer le Temple Blanc au moment venu...

Mossi, Dinsiri et moi arrivâmes ensemble à Koä. Beaucoup d'emoras venaient des villes voisines et les préparatifs pour l'occasion avaient débuté. L'emora principale du temple de Maharisha était une femme qui sortait peu, je ne l'avais pas revu depuis mon départ. Ce matin-là, nous eûmes une longue discussion et elle me demanda de lui raconter ce que le destin m'avait offert durant ces années à la Demeure Blanche, et comment je souhaitais suivre mon chemin dans la voie.

Les emoras du temple ouvrirent la première journée de la fête annuelle. Ensuite, vint le discours de Dinsiri qui raconta l'histoire de Koä, depuis son passé lointain, évoquant la plaque commémorative d'Anakari, puis la vision de son père pour l'éclat initial. Elle fit alors appeler six hommes forts de Koä qui brisèrent la plaque en trois morceaux : La première partie fut placée aux pieds de la statue de l'arrogance, la seconde devant celle de la convoitise et la troisième aux pieds de l'ignorance. La plaque ainsi dispersée, Dinsiri conclut : « Lorsque la vérité fait jour, l'ignorance n'est plus, la convoitise se révèle indifférente et l'arrogance disparaît ».
On me fit ensuite appeler, afin de tremper l'index dans l'encre rouge et tracer dans les rainures de la grande plaque gravée du

symbole de l'éclat initial. Il s'agissait de lui redonner ses couleurs annuelles, comme l'avaient fait avant moi les précédentes et comme le feraient, après moi, les futurs emoras. Vinrent ensuite cinq jeunes filles avec de grands éventails qui devaient ainsi sécher l'encre rouge sur la pierre gravée. Sur la pierre chaque villageois pouvait à son tour tracer l'éclat initial, effectuer les salutations sacrées, faire des vœux d'affirmations ou poser des offrandes de remerciement.

Les paroles du sable

« Au moment venu, la vision libère les ombres et révèle sa vérité. ».

Le lendemain, dès le lever du soleil, je proposais à Dinsiri de nous rendre à la plage afin de lui montrer comment tracer l'éclat initial. Nous souhaitions aussi en savoir davantage sur la disparition de son père.
Les tracés finis, ma main commençait à ouvrir l'espace en le caressant. Une première vision s'imposa : « Ton père possède une force immense. Autour de lui, se dressent des hommes en armures, sitôt sont-ils armés qu'ils tombent face à une armée inépuisable. Plus loin, il y a son frère, ils sont séparés par ces armées. Aucun ne recule, mais aucun n'avance. Ils ne peuvent se parler, ni se comprendre. Au plus proche des combats, je vois les cours d'eau dont les flots sont rougis par le sang. Usés, les soldats s'y abreuvent de désespoir. À la saison où les eaux montent et balaient les mémoires des Hommes, ils s'affairent à reconstruire leurs troupes dans des combats sans issue. À cet endroit, le temps s'épuise inlassablement... ». La vision n'avait pas fini de livrer ses secrets : « Je vois ton père assis, habité par une idée. Il regarde au plus loin un chemin où se trouve son frère. Teki veut passer par les plaines montantes, afin de contourner la montée des eaux. Proche de lui, je vois ses

conseillers : trois hommes. Le premier possède deux visages : celui d'un sage conseiller et celui de Thopporo Uneka. Il utilise un langage caché et dirige les pensées de ton père. Sa parole est confiante, comme celle d'un savoir absolu. Elle est aussi mielleuse que celle d'un vieil homme qui souhaite conquérir le cœur d'une jeune fille innocente, tels des saveurs qui deviennent amères et provoquent le dégoût lorsqu'on les avale par ignorance. Mais il est déjà trop tard, car seule l'expérience peut le connaître... Le visage éclatant et les traits fins, il est habillé de vert sombre et porte sur la tête une somptueuse coiffe. Il montre des montagnes plus hautes, comme s'ils devaient contourner le passage des plaines. Je vois ton père emprunter ce chemin. Subitement, une pluie de flèches meurtrières s'abat sur eux. Entourés par les flammes, les chevaux se cabrent sans aucun sens. Au sommet de la plaine, siège une armée, elle porte le visage de Thopporo. Je la vois descendre, à grande vitesse, et s'abattre d'un trait sur ce qui reste de l'armée dévastée : le cheval de ton père s'effondre sous l'assaut. L'armée ne laisse sur son passage que des traces d'ombres inertes... ». Je finissais par tracer un grand huit en suivant les quatre lignes d'interdirections de l'éclat initial afin de réunir les énergies, l'ambiance redescendait...

- Ce que tu me révèles met en lumière la souffrance que je porte, mon esprit ne pouvait y mettre de mots.

- Au moment venu, la vision libère les ombres et révèle sa vérité.

- J'ai très bien reconnu le conseiller dont tu as parlé. C'est celui dont j'ai aussi entendu les paroles et qui a provoqué ce changement en moi. À ce moment, mon destin a pris une nouvelle direction, habité par les peurs, je ne trouvais aucun chemin. Depuis peu, ce conseiller a quitté le palais, il a feint de se rendre en négociation afin de pacifier Nippura sur les marchés des métaux. Je comprends pourquoi... depuis le déclin de l'empire de Thopporo, il est en fuite et nous n'avons rien vu.

J'ai souvent ressenti une étrangeté en sa présence.

Causerie entre Ina et Dinsiri

« Les vérités et les illusions dirigent les âmes intérieures, mais au-delà, demeure l'esprit libre de ses conditions. ».

- Maharisha s'est présenté à mon père parce qu'une histoire prenait fin et qu'une autre avait déjà commencé. Des forces s'opposaient et chacune souhaitait en orienter le sens. Cette période était d'un grand inconfort, car personne n'en connaissait la destination et chacun en appréhendait déjà les conséquences. C'est dans l'incertitude du résultat que les décisions sont prises, aucune garantie ne se présente jusqu'à la réalisation finale. Les préparatifs ont demandé plusieurs années, mais le nerf de l'affrontement n'aura duré que cinq jours.
- Lorsque nous nous rendons à un endroit, en ligne droite, le corps et l'esprit ne font pas d'effort et se laissent bercer. Mais lorsque survient un virage, l'attitude et l'intention permettent de maintenir le cap. C'est dans ces moments qu'il convient d'adopter la bonne posture. Les frictions que nous avons pu constater entre Teraki, Zoraki, Nippura et Gasho ressemblent à celles que l'être vit intérieurement. Zoraki, représente le lieu de la frustration et de l'envie où tout semble insuffisant alors même que ses terres plates sont riches et la récompense du travail y est aisée. Mais, en tournant le regard vers Nippura, elle a perdu le sens et y convoite la richesse de ce qui brille. Son regard est aussi tourné vers Teraki, car c'est là où naquît le pouvoir initial et vécut l'empereur Ki. Comme l'enfant rejeté qui veut se venger, Zoraki a tourné le regard vers Gasho, car c'est là qu'est la faiblesse et c'est en même temps un lieu stratégique, la porte qui descend jusqu'à Teraki. Ce qui vit de la colère et de la frustration va s'exprimer dans une zone faible ou

fragilisée. C'est ainsi que Zoraki a mené ses premières attaques sur Gasho, même si au fond de lui, c'est Teraki qu'il convoitait. Par esprit de justice et de loyauté, Teraki a défendu Gasho en répondant par des attaques sur Zoraki, mais elle a mené ses offensives, au sud de Zoraki, pour en diviser les troupes. C'est à ce moment que Nippura est intervenu dans l'ombre, en fournissant davantage de fer à Zoraki, dans le but que les troupes s'épuisent des deux côtés et s'évident progressivement. Finalement, le machiavélisme de Nippura a utilisé les faiblesses de chacun et fourni du métal à Gasho, s'accordant ainsi les bonnes grâces de Teraki. Puis, secrètement elle a conclu des accords avec Zoraki et mis en place un plan d'invasion. Teraki est une force principale, c'est le lieu où l'être est guidé par ses propres valeurs et exprime ses vérités et ses choix librement. C'est ici que tout semble possible et réalisable. Elle a pour alliée principale Gasho qu'elle protège systématiquement, car elle est associée par des ancêtres communs. À Gasho, tout est lent et laborieux, ses faibles ressources sont puisées sur des terres montagneuses, difficiles d'accès et épuisantes. Gasho est une terre qui se contente de peu et préserve une langueur paisible dans la nostalgie de ses ancêtres. Elle y puise ses forces dans la persévérance, le courage et le temps : c'est un peuple résistant. Nippura est la terre de contrastes, sur laquelle se croisent l'extrême pauvreté et l'extrême richesse. Afin de maintenir son pouvoir, Nippura utilise les dénonciations, les persécutions et les complots. Comme tu le vois, ce qui se joue à l'extérieur est le reflet de ce qui se joue à l'intérieur de chaque être et il est intéressant d'en faire surgir les lignes profondes.

- J'adore l'histoire de Gasho, elle est tellement touchante. Sa force repose sur la légende d'un jeune homme amoureux fou d'une jeune fille enfermée par un père possessif. Il avait creusé un tunnel, sous la demeure du père, pour y rencontrer secrètement sa bien aimé. Gasho a l'âme sensible et toute son histoire repose sur cet amour, inacceptable pour ce père autoritaire. Gasho a développé, par la suite, un réseau impressionnant de souterrains sur ses propres terres, comme on le dit à Gasho : « Tout se passe à l'intérieur. ». C'est d'ailleurs, cette même idée qui a resurgi lorsque Teraki a été en froid avec Gasho et lui avait interdit de traverser ses terres pour rendre visite à leurs ancêtres décédés, Gasho avait alors creusé ce même souterrain. Les Hommes de Gasho, habitués aux durs labeurs, n'avaient pas peur des travaux impossibles et ont ainsi traversé Teraki jusqu'aux montagnes sacrées. Mais, plus les secrets sont importants et plus ils sont difficiles à garder et lorsque Teraki a appris qu'elle était traversée de tout son long, elle a été touchée par l'ampleur de ce labeur improbable. Teraki avait aussi des ancêtres et comprenait les souffrances qu'elle avait imposées à Gasho et lui avait alors autorisé à retraverser ses terres librement et avait fait fermer la porte d'entrée de ce souterrain. Avec le temps, puisqu'il avait perdu son intérêt, presque tout le monde en avait oublié son existence. Longtemps après, c'est ce même souterrain qui a été la perte de Thopporo, car il passait précisément sous le Palais d'Or et permit l'invasion de l'intérieur.

Bien mené, le plan de Thopporo aurait pu fonctionner s'il n'avait pas eu ce caractère diaboliquement destructeur. Cet homme eut beaucoup de mal à se faire accepter par son peuple qui avait développé, contre lui, une animosité. Son frère bienveillant était difficilement remplaçable et Thopporo a mené une campagne dévastatrice à ses opposants, en leur imposant la peur. Mais pour que celle-ci s'installe durablement, le peuple doit d'abord s'y habituer et cela demande, en général, une génération ou deux. Mais l'impatience et la surestimation s'ajoutent aux projets précipités. C'est ainsi qu'il a monté une armée avec des Hommes qui portaient en eux la mémoire du passé. Afin de ne pas éveiller les soupçons vis-à-vis de Teraki et Zoraki, il a fomenté en toute discrétion en éparpillant les

lieux de formation de ses troupes. Pour Thopporo, l'idée était que l'on ne puisse pas en évaluer le nombre. Mais réellement, cette idée venait de Mioru qui, par sa connaissance de la nature humaine, avait pu anticiper les orientations de ces armées. Il savait que lorsqu'une force se construit loin de ce qui la nourrit, elle préserve un caractère indépendant. La force autonome s'éloigne naturellement de ce qui lui fait peur, mais lorsque sa force est suffisante, il peut lui faire face ou même s'opposer à ce qui l'a nourrie. Finalement, lorsque Thopporo a voulu réunir ses armées, elles avaient gardé leurs caractères divisés et belliqueux. Certaines n'ont même pas répondu à l'appel. Cela, Mioru l'avait entretenu en informant continuellement les généraux des malversations de Thopporo afin de créer le doute et puis... le rejet : cela demanda des années de propagande. D'ailleurs, les armées qui suivirent Thopporo sont celles qui furent formées auprès de lui. Comme me l'avait dit mère Kenata : « lorsqu'une souffrance est intense et qu'elle dure dans le temps, l'esprit envahi par la peur peut se résigner et se préserver par l'ignorance ou abandonner tout espoir en acceptant la souffrance connue. ». C'est aussi le chemin qu'avait emprunté mère Kenata, mais d'une autre façon. Le mien était marqué par la peur et je pressentais ce qui allait se produire. Même si à ma façon, j'essayais de montrer force et élan à ma mère, intérieurement, les efforts restaient vains... Les liens déjà étroits avec Gasho et Teraki se resserrèrent encore et ont fait naître une idée qui est ensuite devenue une stratégie. Sans ce moment presque insignifiant, tout cela n'aurait pas pu advenir et nous serions, aujourd'hui, sous la coupe de Thopporo. Le changement ne pouvait que venir de Teraki. Bien que la mort de Teki ait été vécue comme un effondrement indéniable pour le peuple presque abandonné, l'abattement ne pouvait demeurer, car Teraki a préservé ses vérités et sa fierté a refait jour...
- L'être est l'objet de ses vérités. Le corps et l'esprit en suivent

le sens à chaque instant. Ce sont ces nombreux visages et leurs oppositions qui ont provoqué ce virage. D'autres au contraire, se fondent comme l'ombre et échappent aux contrôles, mais lorsque les conditions d'expressions sont réunies, par surprise, elles surgissent en un instant devant les regards étonnés. Certaines s'associent aisément, mais d'autres s'opposent, alors, la confusion s'installe. En général, l'être choisit ce qui le rassure ou lui procure de la joie. Mais parfois, l'imprévu se produit et lorsque les nécessités l'imposent, les choix les plus aisés s'expriment, tantôt à contrecœur, tantôt dans la douleur… Qu'elles prennent naissance dans les racines ancestrales ou qu'elles s'acquièrent au cours de l'existence, avant d'être acceptées, les vérités doivent répondre à des conditions. Elles sont alors exposées aux valeurs profondes, mais aussi à la reconnaissance de ses victoires antérieures. L'être peut choisir d'y adhérer ou non. Lorsqu'une situation change, les vérités peuvent aussi changer : ce que l'être considérait comme vrai peut alors trouver un autre sens. En regardant sa propre vie, il est aisé de comprendre quelles sont les vérités intérieures qui la dirigent. L'être peut se sentir victime, mais non coupable, et c'est de cela qu'il devra se distinguer, en devenant responsable. Les vérités et les illusions dirigent les âmes intérieures, mais au-delà, demeure l'esprit libre de ses conditions.

La messagère de l'éclat

« Je suis la messagère, j'annonce que le cœur de l'Homme va maintenant vivre librement son éclat. ».

Après vingt et un jours, Dinsiri était repartie au palais d'Ichida, elle avait souhaité faire part de mes visions à Dame Kenata et mettre en place un plan afin de faire rechercher ce conseiller. À son retour, elle avait changé et son corps portait une assurance certaine, un nouvel élan l'animait. Le passé évanoui laissait place à un esprit volontaire porté par les responsabilités que lui incombait sa position. Alors que nous discutions, Dinsiri me faisait part de ce changement.

- Ces derniers jours, je ressens la présence de mon père. Auparavant, c'était un fardeau dont je ne pouvais me libérer, comme une histoire vide de sens. Il est toujours là aujourd'hui, mais c'est différent, c'est une légèreté, tout prend sens, comme si l'esprit avait retrouvé sa demeure.

- Le temps de ta réalisation est maintenant venu. J'ouvrai devant elle une grande feuille. « Tu vas maintenant tracer l'éclat initial. Il te servira à révéler l'éclat de compréhension. Aujourd'hui, le nouveau est présent. Laissons les visions s'installer et lorsque les questions auront leurs réponses, alors nous recueillerons ton verbe créateur afin qu'il puisse donner sens et force à ton accomplissement ». Dinsiri traça le symbole. Je lui posais ma première question.

- Qu'est ce qui existe en toi et ressent le besoin de se révéler ? Comme je le lui avais montré, elle effleurera la première ligne devant elle qui la menait jusqu'au centre de l'éclat initial, puis sa bouche livra facilement ses premiers mots…

- Je ressens quelque chose de doux. Au départ, c'est comme un secret qui se révèle et qui pousse vers l'extérieur…

- Qu'est-ce que tu vois autour de cela ?

- Je vois des pétales orange à peine ouverts qui l'entourent, une fleur commence à éclore… Je la vois au début timide, puis au fur et à mesure qu'elle se déploie, sa couleur s'intensifie du plus profond de son cœur : un éclat originel. C'est ce qui lui donne le bonheur d'exister.

- Qu'est-ce que tu vois autour de cette fleur ?

- Je vois d'autres fleurs, mais elles ne possèdent pas cet éclat. Certaines le possèdent mais ne le montrent pas, elles attendent le bon moment, le temps n'est pas encore venu… D'autres fleurs voient son éclat et à leur tour, elles révèlent leur propre éclat.

- Est-ce que tu entends quelque chose ?

- Oui, une mélodie sereine, elle donne le signal aux autres fleurs, lesquelles font aussi cette mélodie qui s'étend de plus en plus loin. Je vois que les fleurs qui ne connaissaient pas l'éclat commencent à voir qu'elles ont aussi cet éclat, elles sont étonnées...

- Pourquoi vois-tu qu'elles sont surprises ?

- Elles sont habituées à se protéger. Elles sont éloignées les unes des autres, comme si chacune se méfiait de l'autre, je ressens de l'inquiétude.

- Est-ce que tu vois ce qui les inquiète ?

- Oui, les autres fleurs sont loin et cela les inquiète. Elles entendent du bruit autour d'elles.

- Est-ce que tu peux me décrire ce bruit que tu entends ?

- Ce sont des bruits de métal qui s'entrechoquent, lorsque la résistance s'est tue, il ne reste que des pleurs... Le bruit s'éloigne déjà pour faire taire ce qui lui résiste...

- Est-ce que tu vois autour de ce bruit des paysages ?

- Oui... Je vois de jeunes hommes et de jeunes filles qui marchent vers ce paysage de guerre. Ils ne le veulent pas, mais ils y sont obligés, sinon le bruit se rapproche de leur famille. Ils sont déjà résignés au sacrifice.

- Revenons sur cet éclat que tu vois dans la fleur, que fait-elle pour apaiser le bruit du métal ?

- Je vois des formes en métal: ce sont des armes rassemblées au plus bas des plaines montantes, par milliers, des Hommes les déposent avec convictions, ça fait beaucoup de bruit !

- Qu'est-ce que tu ressens maintenant ?

- J'ai chaud... très chaud... Je vois des armes jetées dans un liquide en feu, elles fondent...

- Qu'est-ce que tu vois ensuite ?

- Je vois le métal très lourd, il est rassemblé, c'est très haut, je ressens l'éclat de la fleur qui habite maintenant le cœur des Hommes, comme une mélodie joyeuse : je les vois taper sur le métal avec entrain pour lui donner forme.

- Qu'est-ce que tu peux me dire de cette forme ?

- Ça fait comme trois montagnes, heu non... on dirait trois hommes, ils sont à la fois proches et séparés. Je vois au centre un grand homme, plus grand que les deux autres, qui tient quelque chose à la main. Les deux autres hommes regardent. Avec sa main, il montre quelque chose dans les hauteurs, au loin... c'est encore du métal. Je vois les familles qui vont dans cette direction. Il y est inscrit leur nom dessus, je vois que certains parlent avec leurs ancêtres... Ils peuvent pleurer à cet endroit car ils y retrouvent ceux qu'ils ont perdus.

- À quoi ressemble ce que tient ce grand homme ?

- C'est tout petit, presque rien... on voit qu'il est tourné vers le soleil qui brille tout autour de lui, c'est magnifique et attractif. Je vois le visage du père de mon père : c'est l'empereur Ki, mon père et son frère regardent ce rond. C'est ce presque rien qui a tout déclenché, car il porte en lui le désir, comme quelque chose d'entier qui contient une face immensément lumineuse et de l'autre une face cachée, elle est comme divisée...

- Que fait l'éclat de Dinsiri maintenant ?

- Il est léger... aussi léger que l'air qui le porte, il s'éloigne au loin...

- Suis-le...

- J'aperçois le Palais d'Or, au loin, et au moment où l'éclat s'approche du temple, j'entends le bruit des murs qui tombent. Les villageois entrent et suivent cet éclat. Ils sont libres d'y rester autant qu'ils le veulent, ils y déposent des fleurs. Je vois maintenant l'éclat juste au-dessus du Palais d'Or, les lettres qui étaient inscrites dessus ont disparu... il appartient maintenant à la mémoire des Hommes. L'éclat reste là, il a fini son voyage...

Dinsiri effectuait alors de grands huit, afin de réunir et sceller cette histoire. Elle releva la tête et me regarda avant d'ajouter :

- Je sais maintenant quel est mon chemin et ce que je dois accomplir. L'éclat que je porte est lié au renouveau. Ce sont les statues de mes ancêtres. Mon grand-père tenait dans sa main la précieuse pièce qui a ouvert ce destin. Mais maintenant tout est fini, il ne reste que la mémoire. Je ferai rassembler les armes afin que les Hommes voient que le métal ne servira plus à la fabrication des armes, mais à sceller l'ancienne histoire, afin de l'ouvrir à nouveau sur la joie et la réunion des peuples de Teraki et de Nippura. Le Palais d'Or va connaître et commencer son histoire, celle qui rendra au peuple son bonheur et sa liberté.

Je vais convier Zoki, le frère de mon père, qui a le cœur dans la peur, il craint déjà les représailles. Le loup qui déchire ses proies a perdu ses dents, sa soumission est inévitable. Avec le temps, lorsqu'il ne sentira plus de menaces, son cœur retrouvera celui de l'agneau et il ne sera plus un danger pour personne… L'histoire est scellée, les convoitises sont rabattues. Les blessures causées pourront maintenant se refermer. Je suis la messagère, j'annonce que le cœur de l'Homme va maintenant vivre librement son éclat.

Je suis la vie.
Unie au grand tout,
l'indivisible, sans référence et
sans mouvement.

Je suis la vie.
Étincelle de croissance,
l'élan allège ma différence,
de l'expérience se nourrit mon
histoire.

Je suis la vie.
Entière dans ma réalisation,
complète et divisée
la mémoire est mon repos.

MANUEL ESSENTIEL

De

l'Éclat Initial
"Manifeste le génie"

Tony Hemery

Avant-Propos

Cher lecteur,

"Comme un explorateur en terre inconnue, chaque aventure naît d'un pas audacieux."

C'est avec cette audace que je t'invite à entreprendre le voyage à travers les pages suivantes. Il ne se limite pas à l'espace et au temps, mais plutôt au cœur même de ton être. L'éclat initial trouve une nouvelle ampleur à travers les horizons de la technologie.

La fusion entre l'intemporel et le contemporain peut conduire à une expérience enrichissante. Ce manuel est conçu pour te guider dans cette exploration, te fournir des outils simples et authentiques. Au fil des pages, découvre comment l'innovation, sous la forme des QR codes, peut servir de passerelle vers l'inspiration et la connaissance de l'éclat initial.

Tout au long des chapitres, tu découvriras des QR codes. Certains ont une orientation narrative, préservant ainsi l'esprit du roman "Le Destin d'Ina", offrant une expérience d'écoute relaxante. D'autres QR codes ont une orientation vidéo pratique simplifiée, te permettant d'explorer et de pratiquer l'éclat initial en te connectant avec tes propres sensations.

Ces QR codes apparaîtront régulièrement tout au long des chapitres. Prends le temps de les écouter selon ton rythme et tes préférences. À la fin du manuel, tu trouveras également deux QR codes supplémentaires : l'un proposant du contenu audio, et l'autre des exercices pratiques. Chacun regroupe l'ensemble des vidéos, te permettant de les réécouter dans leur intégralité et dans l'ordre.

N'hésite pas à profiter pleinement de cette expérience

enrichissante et immersive.

Avec mes remerciements,

Tony Hemery

Une Exploration Intemporelle Amplifiée par la Technologie

Comment Utiliser les QR Codes
1. Avec ton téléphone ou ta tablette,
2. Ouvre l'Appareil Photo : Lance l'application de l'appareil photo.
3. Repère le QR Code : Dans le manuel, tu verras des QR codes, ressemblant à des carrés noirs et blancs.
4. Scanne le Code : Dirige ton appareil photo vers le QR code et, si nécessaire, **touche l'écran pour activer la détection**. Laisse ensuite l'appareil scanner automatiquement le code.
5. Explore le Contenu en Ligne : En scannant le QR code, tu seras dirigé vers une page YouTube spéciale où tu trouveras des vidéos pratiques et des voix off afin de t'approprier la méthode de l'éclat initial. Ces vidéos sont conçues pour être faciles à suivre.

Que cette expérience t'aide à acquérir une compréhension plus aisée de l'éclat initial

QR code : Découvrez l'Éclat Initial avec Tony Hemery : Révélez le génie.
Temps d'écoute : 4 minutes env.

Essentiel

Vade-mecum

À Dinsiri···

Cet abrégé se veut simplifié afin que tu puisses comprendre et utiliser l'éclat initial de façon personnelle. Cependant, avec la pratique, tu en comprendras la richesse de son essence et de ses expressions. Explore tes croyances et encore au-delà... car c'est au cœur de toi que demeurent tes vérités profondes jusqu'à la quintessence de tes pouvoirs, la magie de la vie qui t'anime. La quête aboutie, l'illusion des formes s'effondre. Libre à l'infini, d'une lucidité immuable, l'esprit perçoit qu'il est ce qu'il cherche. Une partie de toi le sait déjà...« Tout vient de toi et tout retournera à toi. ».

Révélation

Bienvenue à toi !

Tu es le génie créateur révélé. Dans la douce confiance de ta vérité, ose cette responsabilité par la compréhension de ce que tu es et de ce qui t'entoure. Avec la pratique, révèle ton potentiel de perceptions du monde subtil, réuni l'esprit et clarifie ce qui t'émancipe et ce qui te retient. Par le pouvoir de l'intention, libère la force de vie créatrice de ton accomplissement.

Avec...

- **L'éclat initial,** révèle en toi l'unité primordiale de ta présence silencieuse, explore l'infini potentiel de l'énergie vitale dont tu disposes et son expression dans le monde de la forme. Reconnais ce qui dirige tes vérités, comprends l'origine et le sens de ton histoire jusqu'à l'instant.

- **Les salutations,** reconnais et communique avec ce que tu es et ce avec qui et quoi tu es en relation. Perçois les messages que la vie tout autour de toi exprime au-delà de tes croyances.

- **Les vœux d'intentions** expriment par le verbe la forme des affirmations. C'est le sens que tu donnes à tes réalisations.

Ce manuel de l'éclat initial, des salutations et des vœux d'intentions s'articulent autour des 32 phrases d'introspections. Tu les retrouveras un peu plus bas, elles sont choisies avec attention et un sens particulier afin de t'amener à explorer ce que tu es et ce qui t'entoure sans toutefois t'influencer sur ta perception. De par leurs formes de représentation, elles laissent une empreinte ouverte, comme un point de départ à la révélation de l'essence primordiale de ton être. Ainsi tu peux suivre librement le fil de tes croyances et de tes vérités et laisser émerger la révélation de l'inconnu. C'est la porte essentielle de ton monde intérieur et de la cause profonde jusqu'à leurs expressions dans l'instant. La partie silencieuse de toi sait exactement ce que tu cherches et ce que tu as besoin de mettre en lumière. Fais-lui confiance, abandonne-toi simplement à la perception.

Affranchis-toi !

Comme une préface, lorsque les voiles s'éclaircissent, survient le moment où, au-delà de l'agitation de la pensée, la vibration fondamentale émerge. À la fois unique et complète, c'est la présence silencieuse qui précède toute manifestation. À la fois commune et infinie, son énergie vitale anime les diverses manifestations du monde matériel. Elle laisse son empreinte dans la mémoire, et l'être intérieur reconnaît sa vérité, amorçant ainsi la quête. La pensée la cherche et s'interroge. Parfois éloignée, parfois à portée de main, tu as soif de savoir, bien au-delà de ce que tu crois ou de ce qui t'a été enseigné. C'est à ce moment que tu te recentres, pour que l'esprit saisisse qu'il n'y a pas de quête à entreprendre, tout est déjà là. Il n'est ni proche, ni loin, tu es l'éclat initial.

L'existence est une grande aventure, tantôt jeu, tantôt défi à relever, tantôt acte à accomplir... Dans cette expérience, accorde-toi le temps de l'explorer, laisse la facilité s'installer. Oublie ce qui te distrait et suis simplement les fils de ta perception afin d'y percevoir les mystères. La vision de l'esprit est libérée de l'emprise de l'espace et du temps.

Dans ta vérité présente, explore les forces, les potentiels, les croyances, les peurs, les doutes qui guident tes pas.
La compréhension de l'histoire révèle les raisons, les chemins des mémoires passées, tes ressources, tes attachements... jusqu'à leurs origines.
L'intention projetée donne un sens aux désirs. Ouvre les espaces de perception et découvre les voies futures possibles d'accomplissement.

Tu portes en toi une magie infinie : ton corps, ton esprit te le montrent à chaque instant. Affranchis-toi de ce qui chercherait à te soustraire, de ce qui te retient, du jugement et de la culpabilité. Exprime ta singularité originelle et révèle l'esprit souverain créateur.

Présentation de l'éclat initial, des salutations et des vœux d'intentions.

QR code 1 voix audio : Temps d'écoute : 7 minutes env.

Je suis...
Ici et au-delà,
Je suis la présence silencieuse et l'énergie de vie.
Au-delà, de la forme, de toute division.
L'essence avant toute intention.
De l'origine jusqu'à sa mémoire, le génie se manifeste.
Je suis l'éclat initial

Éclat initial

Signification de l'éclat initial

Aux prémices de toute forme, à l'aube de l'intention, avant même l'expression du monde matériel et spirituel, comme immuable, demeure ta présence silencieuse et ton énergie de vie : c'est la vibration initiale de ton être, la quintessence de ton rayonnement.

Description et usage du symbole

Le point

« Ici, je suis là. ».

« Source de tous les potentiels, libre de toute vision, le pur esprit est l'étincelle initiale. ».

Le point symbolise ta présence silencieuse, l'unité primordiale, ta quintessence. L'esprit dans lequel réside le pouvoir avant toute création. Il précède les mondes de la forme avant toute représentation ou intention qui y sont associés.

Le cercle

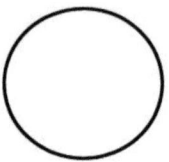

« Au-delà, tout est là. » .

Le cercle symbolise ton énergie de vie, l'expression de l'intention de ta présence fondamentale sous toutes ses formes de réalisations matérielle et spirituelle. C'est le monde de la forme avec lequel tu es en relation et que tu reconnais. **C'est tout ce qui existe.**

Les quatre directions

Ligne, direction, rayonnement, chemin…

La vibration fondamentale de la présence silencieuse et l'énergie de vie se projettent par l'intention et donnent la forme par le sens à la création.
Les quatre directions sont utilisées pour **l'oscillation.**
Elles ont deux directions :

Du cercle jusqu'au centre avec l'éclat de vérité et de compréhension.

La direction (avec l'oscillation) commence de l'externe jusqu'au centre. Ils commencent par le monde réalisé (le grand cercle) jusqu'à le point initial (le centre), C'est le résultat du monde projeté, les vérités intérieures. Elle est utilisée pour la compréhension du monde qui nous entoure et des vérités qui influencent notre vie. Elle est utilisée avec l'éclat de vérité et l'éclat de compréhension.

Du centre jusqu'au cercle avec l'éclat d'accomplissement.

La direction (avec l'oscillation) part du point initial (le centre) et s'étend vers l'extérieur (le grand cercle). À partir de l'éclat initial, elle est mobilisée par l'intention pour projeter l'énergie de vie en direction de la réalisation dans le grand cercle. Elle est également employée à la conclusion de chaque projection pendant la pratique de l'éclat d'accomplissement, conjointement avec la lemniscate.

Les quatre interdirections

Les lignes directrices sont utilisées lors de l'emploi de la lemniscate. Elles agissent comme des repères pendant le tracé de la lemniscate.

La lemniscate

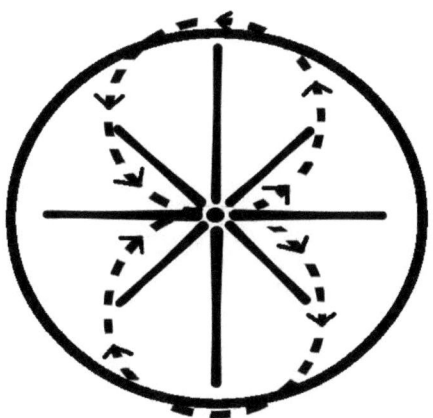

La lemniscate peut être utilisée avec…

- L'éclat d'accomplissement, à la fin de la pratique d'intention. Après avoir parcouru la direction qui part du centre jusqu'au cercle, effectue une lemniscate pour activer l'intention et conclure.
- Les salutations, pour finaliser la verbalisation.

- Les vœux d'intentions, pour activer et conclure les vœux.

Tu peux ensuite prononcer la phrase suivante : "Que l'énergie de vie manifeste le génie." Cette phrase exprime que l'intelligence de la vie peut agir pour activer les vœux, ou utiliser toute autre phrase que tu juges appropriée. Cette phrase est également utile lorsque tu ne sais pas quelle direction donner à une situation. Tu laisses alors l'énergie de vie agir pour le meilleur.

Méthode de la Lemniscate : Activation des Intentions et Clôture des Pratiques.

QR code 3 Vidéo pratique : Temps d'écoute : 2 minutes env.

L'oscillation

La méthode d'oscillation, acte essentiel de la pratique, permet d'ouvrir l'esprit à la vision tout en maintenant une présence dans l'instant. C'est comme une caresse que l'on effectue dans le vent ; il ne s'agit pas d'aller dans un sens ou dans l'autre. Il s'agit plutôt de caresser, de sentir la présence qui se trouve sur la direction. C'est maintenir, sur la direction, ta présence sur la présence.

Lors de la pratique de l'éclat de vérité et de compréhension, l'oscillation permet après la vision de la ramener progressivement vers le centre. C'est l'acte de ramener en toi ce qui te cherche, de le libérer par la reconnaissance et de le ramener à la mémoire de la présence silencieuse. Tu peux osciller en effectuant des ronds dans un sens ou dans l'autre, ou passer dans un sens ou l'autre en ligne droite pour te maintenir sur la présence.

Avec l'éclat d'accomplissement, lorsque tu pratiques avec l'intention à partir du centre sur la ligne qui se dirige vers le cercle, tu vas alors osciller pour projeter l'intention de manifestation. Tu ressentiras alors l'expression de ce que tu projettes. À la fin, effectue une lemniscate comme expliqué plus haut.

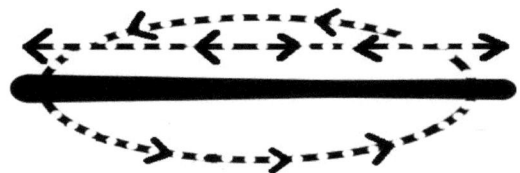

Méthode de l'Oscillation : Pratique de l'Éclat Initial avec les Quatre Directions.

QR code 2 Vidéo pratique : Temps d'écoute : 2 minutes env.

Synthèse audio romancée et Compréhension du Symbole de l'Éclat Initial

Le centre, le cercle, les quatre directions, l'oscillation, lemniscate, 32 Explorations introspectives.

QR code 2 audio : Temps d'écoute : 42 minutes.

La pratique des emoras

La pratique essentielle

Oscillation Méditative avec l'éclat initial : Voyage au Cœur de Soi avec l'Oracle Mossi.

QR code 3 audio : Temps d'écoute : 7 minutes env.

"Comme un retour à la source, la fluidité se laisser-aller..."

C'est la pratique du relâchement. Il n'y a pas d'intention particulière ; il s'agit simplement d'osciller en laissant libre cours à ce qui se présente, que ce soit une pensée concernant une situation, une personne, un rêve, tes occupations journalières... Tout ce qui vient de la pensée, toutes les projections sont ramenées à la présence silencieuse. Comme un retour à la source, l'eau coulante se laisse aller. Sans effort, l'esprit ne cherche pas, il se contente de reconnaître, libre de toute attente, de toutes séparations. Cette pratique favorise le processus naturel de reconnaissance et de libération. En confiance, elle est accompagnée par l'oscillation à l'énergie de vie.

Comment pratiquer :

Commence à osciller sur la direction qui commence du cercle. Lorsque tu perçois une pensée, une réflexion, une vibration, quelque chose qui est là, ramène-la en oscillant vers le centre. Ensuite, accompagne-la simplement sur la direction qui suit, en commençant du centre jusqu'au cercle.

Pratique essentielle des emoras : Libération Intérieure.

QR code 4 Vidéo pratique : Temps d'écoute : 2 minutes env

Osciller avec l'intention

Découvrir...

"Reconnaître ce qui est là, le ramener à soi, puis le libérer au génie de la vie."

Percevoir à partir du sens de la phrase. Comme une porte ouverte sur un univers jusqu'alors inexploré, elle laisse place à ce qui est là et s'exprime à travers la présence d'une simple vibration, une représentation de forme ou une histoire qui se raconte... Laisse-la émerger de ton espace intérieur. Prends le temps de verbaliser ce que tu perçois, n'hésite pas à te répéter afin de te maintenir dans ta présence tout en t'oubliant pendant l'oscillation.

Commence par "Ce que je cherche" le premier jour, puis termine au cinquième jour par "Ce qui est là" :

Ce que je cherche... Ce qui me cherche... Ce que je suis... Ce que je fais... Ce qui est là.

Verbalise ou affirme mentalement... reste simplement sur cette orientation et observe ce qui se présente en oscillant à partir du grand cercle vers la direction jusqu'au centre, le lieu de non-création.

Lorsque tu ressens une présence dans la direction, prends le temps d'osciller dessus avant de la ramener jusqu'au centre. Une fois terminé, continue à osciller en remontant de la direction jusqu'au grand cercle, c'est le lieu d'expression libérée de l'énergie. En affirmant : "Que l'énergie de vie manifeste le génie." Une fois terminé, effectue une lemniscate.

Exemple :

1 - Commence à osciller à partir du grand cercle vers le centre.

2 - Remonte directement du centre vers le cercle d'accomplissement.

La vibration

"Tout commence par un mouvement."

Un éveil dans l'univers, l'intention se manifeste, l'énergie de vie suit son sens. Sa fréquence apparaît, marquant le début de l'aventure. En parcourant son chemin, elle croise d'autres vibrations, celles qui existent déjà. L'intention initiale évolue, s'adapte à son environnement, se libère ou s'accumule, se densifie jusqu'à révéler sa forme singulière ou sa ressemblance.

Le monde de la forme s'étend en ampleur, vaste comme les capacités et les limites de notre perception, que ce soit dans la solidité, la fluidité, l'immobilité ou la fluidité. La vibration renferme une mémoire, une émotion, un sentiment, une pensée pour celui qui la perçoit, engendrant des sensations de confiance, de joie, de tristesse, d'appréhension ou de peur. Ce sont ces liens qui nous unissent, et la collaboration ainsi que l'autonomie portent les souvenirs de la relation. La compréhension des vérités et de l'histoire ouvre la voie aux choix qui guideront l'individu vers son accomplissement.

Dans l'univers infini, la vibration réside au cœur de chaque expérience, révélant et exprimant des vérités, des compréhensions, et l'accomplissement de l'existence. L'oscillation sur une ligne de direction agit comme un révélateur, éclairant progressivement les détails cachés, tout comme la lumière qui éclaire un tableau sombre. Dans l'abandon de la pratique, la vibration commence à livrer son message, guidant l'explorateur sur le chemin de la connaissance et de la réalisation.

La vibration relie chaque être et chaque élément de l'univers dans une symphonie complexe et harmonieuse. Chaque mouvement, chaque intention, chaque rencontre résonne comme une danse tissant la trame de la réalité.

L'illusion de l'oubli

S'accomplir librement dans le monde de la forme

"Révèle tes dons, exprime tes capacités, car la seule vérité est d'accomplir ton dessein."

À la fois libre et reliée, tu es et vis l'expérience de la forme. Ces interrelations t'engagent dans des interdépendances : elles sont le sujet et l'objet de la condition. Déjà accompli, dans l'illusion d'un monde inachevé, tout en toi et autour de toi change et évolue. Tel une peur, l'idée de l'impermanence s'assujettit à la dissolution de l'existence jusqu'à sa mémoire. Ce que tu es et ce que tu connais souhaite demeurer : pourtant, l'expérience n'est jamais oubliée, rien n'est perdu : tu es l'expérience, tu es la mémoire.

"Ce que je cherche et ce qui me cherche" Ce qui est là est marqué par le temps et les esprits avec lesquels tu es en relation, comme intriqués, mélangés au point d'en confondre ta propre présence jusqu'à ton propre dessein. Le lieu où tu peux les reconnaître siège dans ta pensée. Comme un pont entre ton monde intérieur et ton monde extérieur dont tu es le gardien, tu reconnais les relations profondes de tes engagements... Sa vibration est présente et la pensée l'exprime par la forme de ses messages. Les mémoires des expériences passées demeurent parfois comme un présent trop pesant. Elles demandent parfois à s'ajuster, jusqu'à se délier. L'essentiel est de laisser place à l'instant, à ta présence silencieuse, afin de révéler ta pleine vision.

Osciller avec l'éclat initial sur ces moments, c'est s'abandonner à une douce attention, afin de révéler une mémoire, la ramener à son origine. Toi seul connais les vérités et les illusions que tu sers. Vis dans la conscience de ta condition, puis détache-toi de ce qui te retient dans le doute, l'inquiétude et les peurs, afin de te réapproprier la responsabilité de ton pouvoir. Révèle tes dons, exprime tes capacités, car la seule vérité est d'accomplir ton dessein.

Vibrations… pensées… représentations… esprits…

Dans le manuel, j'emploie les mots : vibrations, pensées, représentations, esprits… Chaque terme porte en lui ses croyances et ses histoires, ses causes et ses conséquences… Utilise celui que tu préfères ou garde celui qui correspond à ce que tu crois.

Lors de tes expérimentations, tu pourras aussi ressentir lors de l'oscillation sur la direction une simple sensation, quelque chose qui est là, qui bloque, ou au contraire, cela sera très intense et cela s'ouvrira immédiatement sur une vision, ou parfois rien... Quoi qu'il en soit, lors de ton ressenti, que ce soit une simple vibration, une présence aux autres, l'essentiel est l'attention que tu portes en continuant à osciller, puis de décrire avec des termes simples : c'est rond, c'est grand, ça fait un bruit sourd, ça fait comme une barre, ça glisse tout seul vers le centre ou ça s'oppose, c'est juste une vibration, comme un son... Prends le temps de décrire ce que tu vois, afin de maintenir ta présence sur la perception et de laisser ainsi la pensée décrire ce que l'esprit voit pendant que tu oscilles. Il n'y a pas d'objectif de vision à atteindre, il n'y a pas une histoire particulière à raconter, chacun trouve ce qu'il doit expérimenter. Une simple vibration ou présence est suffisante, il s'agit surtout de la ramener au centre, afin que ce qui te cherche trouve le chemin de la libération.

Éclat de vérité, éclat de compréhension, éclat d'accomplissement

"Éclaire tes pensées, tes actions, tes valeurs, tes vérités cachées avec l'éclat de vérité. Explore tes mémoires profondes, les racines de ton histoire avec l'éclat de compréhension. En toute confiance sur ton chemin, d'une danse infinie, manifeste ton génie avec l'éclat d'accomplissement."

L'éclat de vérité
Du présent à l'instant...

"Observe ce qui existe en toi."

C'est ton monde actuel, ta relation avec les vibrations qui se forment et dans lesquelles tu évolues, ta vérité. Ce sont tes pensées, leurs représentations, ce que tu fais, tes valeurs intérieures, ce qui te guide dans tes choix, tes réactions, ce que tu expérimentes à l'instant, ton environnement, ton entourage, le résultat à cet instant.

Comment pratiquer avec l'éclat de vérité :

Choisis une phrase dans le thème d'exploration, puis commence à osciller à partir du cercle en direction du centre. Lorsque tu ressens une vibration sur la ligne, prends le temps de la découvrir, observe sa forme, son intensité... Perçois comment cette vibration existe en toi tout en continuant d'osciller dans cette direction. Est-ce une scène de vie, une image, une représentation ? Prends le temps de le découvrir... Quand tu as suffisamment exploré, guide la représentation vers le centre.

L'éclat de compréhension

Du passé à l'instant...

"Comprends la source de ce qui existe en toi.".

C'est l'origine, les mémoires non libérées qui influencent ou dirigent tes vérités, tes croyances, tes valeurs, une situation, une orientation...

Comment pratiquer avec l'éclat de compréhension.

Tu souhaites révéler la lumière sur le chemin parcouru par l'énergie de vie, ce sont les mémoires des ancêtres, les expériences que tu as vécues précédemment... afin de les explorer, choisis une phrase dans le thème d'exploration que tu as déjà expérimenté avec l'éclat de vérité, puis **commence à osciller à partir du cercle sur la direction jusqu'au centre**. Lorsque tu ressens une vibration, laisse-la s'exprimer afin de conforter ta présence sur la vibration. Ensuite, tout en continuant à osciller sur la direction, tu peux commencer à poser les questions de régressions comme : pourquoi, comment... ou bien, tu peux construire des phrases d'explorations du passé avec : comment a commencé l'expérience, qu'est ce qui s'est passé précédemment, d'où vient cela ? Tu peux aussi explorer de façon simplifiée en répétant simplement « pourquoi » plusieurs fois jusqu'à retourner à l'origine. Prends le temps de mettre en lumière toutes les informations qui se présentent. Même si elles paraissent insignifiantes, il est important de les énumérer, car c'est justement ce presque rien que ton regard a évincé. Souvent, d'un simple détail, un univers immense s'ouvre et révèle ce que tu ne pensais pas imaginer. Laisse émerger l'infime, le caché est souvent la clef.

Lorsque **tu as suffisamment exploré, ramène la vibration vers le centre**.

Lors de la pratique avec l'éclat de compréhension, tu peux aussi utiliser les phrases de thèmes en les formulant au passé : Ce que j'étais, ce que j'ai cherché, ce qui m'a cherché, ce que j'ai cru, ce que j'ai été, ce que j'ai voulu, ce que j'ai choisi, ce qui était là, ce qui m'a freiné, ce qui m'a bloqué, ce que j'ai reçu...

L'éclat d'accomplissement

Du futur *à l'instant*...

"Manifeste le génie en toi !"

C'est ton intention qui se manifeste par l'énergie de vie. C'est l'acte créateur insufflé par l'intention, c'est l'instant dans le futur, le sens que tu donnes à ton accomplissement.

Comment pratiquer avec l'éclat d'accomplissement.

Lors de la pratique avec l'éclat de compréhension, tu peux utiliser les phrases de thèmes au présent ou les formuler **au futur :** Ce que je serai, ce que je vais chercher, ce qui va me chercher, ce que je désire, ce que je voudrai, ce que je projette, ce qui sera là, ce qui va venir, ce qui va m'aider, ce que je vais acquérir, ce que je vais accomplir, ce que je ne sais pas...

La direction de l'éclat d'accomplissement est différente de l'éclat de vérité et de l'éclat de compréhension.
Avec l'éclat initial, commence à osciller en commençant par **le centre sur la direction jusqu'au cercle**, C'est le moment ou l'esprit s'abandonne à la réalisation, il oscille certes, mais aussi il projette, il intentionne... C'est comme s'associer à l'enthousiasme de créer. Prends le temps de voir l'énergie qui se libère lorsque tu oscilles et de lui parler en te rappelant que tout part du centre, c'est le lieu où il n'y a ni erreur, ni doute, ni peur. Le lieu de tous les possibles, c'est un état d'ouverture et de confiance. Tu peux aussi à ce moment percevoir l'énergie de ce qui va se passer, ou comment cela va se passer, la projection sera alors différente et nécessite une certaine expérience afin de ne pas faire émerger et de projeter des peurs oubliées... dans le cas où cela se produit, retourne à la pratique de l'éclat de compréhension afin d'en connaître les causes jusqu'à son origine... ou bien, tu peux remettre cela a l'énergie de vie en confiance.

Lorsque tu as fini, effectue une lemniscate en prononçant la phrase : Que l'énergie de vie manifeste le génie... Que le meilleur soit… ou toutes autres phrases que tu souhaites exprimer et continue d'effectuer tranquillement le mouvement de lemniscate afin de donner de la vie à ton intention.

Écoute méditative et Compréhension profonde sur les pratiques de l'Éclat de Vérité, de Compréhension et l'Éclat d'Accomplissement Dans la pratique de l'éclat initial

Qr code 4 Audio: Temps d'écoute : 14 min.

Quelques thèmes de perceptions…

Pratique avec l'éclat de vérité, l'éclat de compréhension, l'éclat d'accomplissement

Les thèmes principaux utilisent des mots et des phrases simples. Commence par un mot et laisse ta perception te révéler le chemin d'introspection. Ensuite, développe les phrases par des affirmations ou des questions selon les recherches que tu souhaites découvrir ou projeter. Choisis simplement une phrase en utilisant l'éclat de vérité. Ensuite,

271

avec l'éclat de compréhension, remonte à ses origines. Enfin, avec l'éclat d'accomplissement, manifeste ton expression avec le monde qui t'entoure. À chaque thématique, je te propose des phrases ou des mots à titre d'exemple, choisis celui/celle qui te convient.

La présence silencieuse
Reconnais en toi la présence immuable au-delà de toute représentation, de toute forme, de toute création, pour favoriser la confiance, le retour à soi, l'unité.

Je suis là, je suis, je suis au-delà, ce que je suis, ce que je suis aussi, quelle est la vibration de ma présence immuable et de l'énergie de vie···

L'énergie de vie
Découvre l'énergie de vie en toi et dans tout ce qui t'entoure, de la plus grande jusqu'à son essence. Reconnais-la pour explorer ses potentiels infinis.

Je suis l'énergie de vie, l'énergie de vie est porteuse de la connaissance, l'énergie de vie me livre l'information, l'expression de l'énergie de vie, l'énergie de vie est la mémoire du monde, l'énergie de vie est l'intelligence du monde, l'énergie de vie libère mon accomplissement, quelle est la vibration de mon énergie de vie ? Comment l'énergie de vie s'exprime autour de moi ?

La présence silencieuse et l'énergie de vie

Reconnais en toi à la fois la présence immuable et l'énergie de vie pour révéler ton existence et son expression.

Je suis la présence immuable et l'énergie de vie, être la présence immuable et l'énergie de vie. Quel est l'éclat initial de ma présence immuable et de l'énergie de vie, quelle est la vibration de ma présence immuable et de l'énergie de vie⋯

Les projections…

La projection, qu'elle soit libératrice ou constructive, est l'endroit où la conscience se porte et où l'esprit regarde. Reconnais ce qui surgit du plus profond de toi et comprend le sens de ta projection.

Où se dirige mon intention, où regarde la présence silencieuse ? Ce que je regarde, au-delà se révèle la solution⋯

Le monde de la forme…

Comprends la relation que tu entretiens avec le monde de la forme : lieux, objets, situations, pensées. Va au-delà de tes croyances, sois étonné.

- Comment ressens-je mon existence terrestre ? Qu'est-ce qui réside au plus profond de moi au-delà de mes pensées ? Qu'est-ce qui réside au plus profond de moi, au-delà de mes croyances ? Quelle est la valeur la plus importante pour moi ? Qu'est-ce que je ressens concernant cette pensée ?
- Ce que je veux… faire, vivre, savoir, donner, recevoir,

273

connaître, continuer, arrêter, trouver, expérimenter…

- Ce que j'ai, ce que je vis actuellement, ce que j'aime, ce que je souhaite, ce que je construis… Qu'est-ce qui vit autour de moi ? Qu'est-ce qui a de l'importance pour moi ?
- Ce que je fais, avec quoi, avec qui, comment je le fais, pourquoi je le fais, qu'est-ce que j'aimerais faire…

Les peurs…
Le monde de la peur est au service de la sécurité. Certaines te protègent, d'autres te freinent. Comprends ses vérités, ses illusions, ses mémoires et révèle comment elles agissent en toi.

La peur de⋯ perdre, se perdre, réussir, commencer, arrêter, l'inconnu, faire, parler, décevoir, rencontrer, souffrir, se mélanger, déplaire, des autres, du conflit, des complications, d'une personne, de quelque chose, du futur, d'abandonner, d'être jugé, d'échouer, mourir⋯

L'opposition intérieure…
Reconnais un esprit ou une pensée qui s'oppose à ta projection ou ton destin. Comprends ses ambitions, les mémoires qui te dirigent.

Ce qui s'oppose en moi, ce qui refuse de coopérer, ce qui se moque de moi, ce qui me dévalorise⋯

Le changement, le renouveau, la fin de… le début de…
Regarde ce que tu ressens face au changement, l'instabilité, la joie, l'enthousiasme ou la peur. Expérimente ce que le

changement passé t'a apporté, ce que tu as gagné ou perdu. Comprends ce qui s'oppose ou provoque le changement en toi.

Libre de mon passé, changement inespéré, progresser pas à pas, changement bénéfique, évoluer, s'améliorer, révéler en moi le changement, la vibration de l'imprévu, le lâcher prise, la résilience…

L'amour, la bienveillance…
La relation à l'amour peut être une quête, un manque, une sécurité. Laisse-toi le temps de le découvrir et de le ressentir.

L'harmonie du couple, vivre l'amour sincère, l'amour en moi, l'union heureuse, je suis prêt à vivre l'amour, je mérite l'amour, l'harmonie familiale, l'amour divin, je salue ce que j'aime, celui / celle que je vais rencontrer, je salue celui/celle qui marche à mes côtés, comment rassurer…

La chance, les possibilités…
Et si tout était possible ? Laisse-toi le temps de le découvrir.

Je suis la chance, la protection céleste/subtile, s'ouvrir à une chance extraordinaire, j'offre la chance, je porte chance, je suis ouvert au possible, les conditions favorables, tout en moi se dirige naturellement vers la chance…

Le talent, les qualités, le potentiel...
La vie est expression. Libère ce qui réside en toi, explore tes potentiels, sa vibration...

Je suis le talent, je libère le potentiel, les qualités en moi, le talent se révèle en moi, le courage, l'intégrité, la persévérance, l'honnêteté, la loyauté, la bienveillance, la bravoure···

Moments difficiles...
Observe la nature fondamentale d'un moment difficile, sa vibration et comment elle existe en toi. Choisis simplement un mot, oscille et laisse-la te parler. Perçois son origine et ton positionnement actuel.

Blocage, échecs, frustration, obstacle, séparation, rupture··· Ce qui ··· ralentit, s'oppose, bloque, contrarie, empêche... Quelle est la vibration qui ··· ?

Les pensées journalières...
Celles que tu reconnais en toi, qui se répètent, plaisent ou déplaisent. Regarde-les simplement, utilise l'éclat de vérité puis l'éclat de compréhension. Finalise avec l'éclat d'accomplissement pour affirmer une intention, une direction, une position... Utilise seulement l'éclat d'accomplissement si tu le souhaites.

Lorsque tu ressens un dérangement, affirme aussi : L'esprit de cette pensée ne représente rien pour moi, je refuse l'esprit de cette pensée, je refuse la vibration de cette pensée, je refuse cette pensée, libre de cela, cette pensée est libre de se libérer, cette vibration trouve son chemin, cette vibration me cherche, je la reconnais et la libère à l'énergie de vie.

L'instant d'une éternité

Ce que je suis, ce que je cherche, ce qui me cherche, ce qui est là, ce qui me reconnais, ce que je reconnais, ce qui me perçoit ce que je perçois, ce que je comprends, ce que je crois, ce que j'affirme, ce que j'accomplis...

Le présent, le passé, le futur... c'est la quête d'un instant. Ta sensibilité te permet de reconnaître les vibrations de ta condition, de tes croyances, des mondes physiques ou spirituelles et ses formes avec lesquels tu es en relation. Affranchis-toi jusqu'à la révélation, en toi demeure l'éternité.

Pratiques introductives avec l'éclat de vérité, l'éclat compréhension et l'éclat d'accomplissements

Qr code 1 video pratique :Temps d'écoute : 7 min.

Du présent, passé, futur, à l'instant...

Explorer...

Une vibration, une sensation, une forme, une image, des scènes de vie, certaines connues, d'autres en devenir ou encore l'émergence d'une vision sur un passé lointain.
Le langage de l'esprit trouve le moyen d'exprimer sa présence.
Laisse-toi porter par ce que tu perçois. Afin de te familiariser avec la pratique des éclats, tu peux utiliser à titre d'exploration :

Ce qui est là, ce que je cherche, ce qui me cherche...

« De par sa nature impermanente, le monde de la forme est caractérisé par le besoin. Dans sa condition, l'esprit oscille entre l'éphémère et sa quête de l'éternité. De la fuite à la sérénité, il cherche inlassablement ce qu'il est déjà··· ».

De par leur interdépendance, ce qui est là, ce que je cherche et ce qui me cherche sont en étroites relations. *Prends le temps de les distinguer afin de comprendre, les résultats qu'elles produisent en toi, ils peuvent trouver leurs origines sur les pas déjà parcourus ou ceux que tu souhaites emprunter.*

Ce qui est là, *c'est l'instant de ce que qui est connu ou reconnu, ce sont des pensées, des situations, des objets, des lieux, des expériences de vie, des mémoires, des esprits, des*

divinités... Ce sont les vérités auxquelles tu adhères.
C'est aussi à cet endroit que se trouvent le temps et la condition, la direction : ce que je cherche et ce qui me cherche, du passé au futur, de l'origine jusqu'à la destination.

Ce que je cherche, c'est la quête, la projection, ce qui donne la raison de l'incarnation, c'est aussi la libération des mémoires et blessures de ce qui me cherche. Tu dois savoir que le destin connaît tes desseins profonds, une partie de toi peut ne pas souhaiter ce que tu vivras, tandis qu'une autre plus intime t'y projettera.

Ce qui me cherche, ce sont les mémoires, les blessures, les capacités, les réussites qui cherchent à te rejoindre, c'est ce qu'une partie de toi a perdu, ignoré... La grande loi de l'énergie de vie te le présente ou redonne, car rien n'est oublié, tu le retrouves dans tes pensées.

Ce qui est là, ce que je cherche et ce qui me cherche se trouvent devant ce que l'on regarde, à l'endroit de la perception, ils se présentent sous la forme de vibrations et activent l'esprit qui la traduit et lui donne le sens.

Tout commence par une vibration, le chemin parcouru lui donne une forme d'expression que l'être sensible peut percevoir. Tu pourras ainsi parcourir pour ta pratique les 32 phrases d'explorations introspectives.

32 Explorations introspectives :

Ce que je suis, ce qui est là, ce que je cherche, ce qui me cherche, ce que je vis, ce qui me fait réagir, ce qui existe en moi, ce qui existe autour de moi, ce que je reconnais, ce qui me reconnaît, ce que je perçois, ce qui me perçoit, ce qui me freine, ce qui me bloque, ce que je possède, ce que je trouve, ce que je comprends, ce que je crois, ce que je mérite, ce que je désire, ce que je veux, ce que je choisis, ce que je projette, ce que j'exprime, ce que j'affirme, ce que je fais, ce que je reçois, ce qui vient, ce qui m'aide, ce que j'acquiers, ce que je ne sais pas, ce que j'accomplis.

Ces phrases d'introspection sont de puissants outils pour la pratique de l'éclat initial. Leur simplicité et leur accessibilité te permettent de les utiliser facilement dans ta vie quotidienne. Elles favorisent l'exploration, la réflexion et la connexion avec ton être intérieur et ton environnement. En les intégrant dans ta pratique, tu t'ouvres à la révélation de ton essence profonde et à une plus grande compréhension de toi-même. Choisis une phrase chaque jour afin de te familiariser avec ta pratique durant 32 jours.

Explorations Introspectives : Guide Pratique de l'Éclat Initial

QR5 Audio: Temps d'écoute : 7 min.

Salutations et relation bienveillante

« Regarde l'endroit ou se posent tes pieds, ce que tes mains utilisent, les pensées qui habitent ton esprit : c'est ta relation avec le monde qui t'entoure.».

Les salutations éclairent ton intérieur, mettant en évidence le lien profond qui te lie à ton environnement. En retour, cette relation t'apporte une énergie précieuse, tissant les fils de communication avec les dimensions éthérées. Lorsque tu te sens prêt(e), offre ta salutation et prends le temps de recevoir sa réponse, son attitude. Quel comportement adopte-t-elle à ta venue, montre-t-elle un visage de bienveillance, de joie, ou au contraire est-ce de la défense, de l'opposition... ? Regarde la réaction qu'engendre en toi cette reconnaissance, elle porte le voile de tes souvenirs, parfois agréables, d'autres fois moins... Progressivement, tu distingueras ce que tu imagines, ce que tu ressens, de ce qui existe réellement à ce moment. Ce sera une belle surprise de comprendre que ce qui t'entoure possède sa vibration et son influence sur toi. Ainsi, tu pourras te positionner, mais tu n'es pas obligée de réagir, car une partie de toi peut le faire naturellement, tu es libre de l'accepter ou de la refuser, si cela est nécessaire...

Salutations à l'évidence

« L'effort passé, les pieds posés au sommet de la montagne, le monde de la forme offre sa magie. Enflammé par le spectacle, il l'appelle pour la saluer. En échos, l'immensité lui répond. Repu, il s'abandonne à l'instant. Du plus profond de son être apparaît alors la sublime quintessence. ».

« Je te vois, je te reconnais, je te salue... »

281

Des premiers pas jusqu'au départ, tu expérimentes ton corps, ton foyer, ton univers, des plus proches aux sphères subtiles : divinités, esprits, âmes, pensées, émotions, entités variées qui t'entourent. Affinité, diversité, ou même opposition, tout coexiste en toi. Prends le temps d'écouter, et tu perceras les mystères qu'ils cachent.

Salutation

"Je reconnais le monde qui m'entoure.

Je salue la terre et l'au-delà.

Je reconnais sa réponse.

Par l'éclat, dans la douce confiance de la vérité,

j'oriente l'accomplissement.

Je suis là.".

Les salutations sont essentielles, éveillent ta perception, animent l'émotion, et tissent des ponts entre toi et l'extérieur. La plupart du temps, elles s'effectuent avec l'éclat d'accomplissement, comme un cadeau de reconnaissance, d'attention et de liens. Dans cette pratique, tu privilégieras toujours la simplicité, l'essentiel est d'offrir la salutation et ensuite d'écouter la réponse de sa vibration en toi. La salutation avec l'éclat initial s'effectue d'une façon similaire aux salutations que tu effectues avec les personnes que tu rencontres, c'est aussi simple que cela.

Saluer s'étend aux êtres vivants, à l'environnement, aux objets, aux situations, projets, et mots, pour capter leur essence en toi.

- Êtres vivants : Famille, amis, et même les lignées familiales.

- Environnement : Lieux de vie et de travail, lieux connus

ou à découvrir.

- Objets : Attachés, convoités, ou simplement salués.
- Conditions, situations, désirs, projets, rêves, capacités.
- Esprits intérieurs : Traits, personnalités, pensées, sentiments, émotions.
- Mondes subtils : Divinités, esprits, mondes explorés en esprit.
- Mots : Tranquillité, confiance, audace, richesse, amour, compréhension, mémoire, intelligence, force.

Souvent, les liens s'entremêlent dans les salutations. Par exemple, une personne dans un lieu, en quête de tranquillité.

Les salutations et le temps

La grande salutation : c'est celle qui t'accompagne pour la durée de ta vie, elle évolue ou fil du temps, de tes situations et des envies. Elle comporte les grandes lignes.

Salutation saisonnière : six mois ou trois mois... Elles sont souvent utilisées pour favoriser les cultures ou une situation pour une période de vie limitée dans le temps, pour l'assimilation de certains projets...

Salutations courtes de quelques jours : neuf, trois jours, une journée... elle est souvent utilisée avant que ne se produise une situation ou afin de se présenter avant une événement particulier dans un court délai.

Salutation de l'éclat initial : est utilisée avec l'éclat de vérités, de compréhension et d'accomplissement après avoir étudié une situation afin d'en assimiler les énergies, de comprendre ou d'affirmer ta position.

Comment se pratiquent les salutations

Ce qui est là, Ce que je cherche, ce qui me cherche…

Tu peux effectuer différentes salutations : ton environnement journalier, un lieu que tu connais ou que tu souhaites explorer, une personne avec qui tu es en relation, une pensée particulière qui revient, une qualité que tu souhaites révéler en toi. Mais aussi lorsque tu as expérimenté une situation particulière avec l'éclat d'accomplissement et que tu souhaites saluer ce que tu attends…

Le monde de la matière.

Choisis des thèmes de ton environnement de vie : la terre, ton pays, ta ville, une population, un animal, un lieu d'habitation ou d'activité, un arbre, un objet… Énumère les personnes avec qui tu es en relation, celles qui ont de l'importance pour toi : familiale, amicale… tu peux aussi choisir celles avec qui tu rencontres des difficultés ou celles que tu souhaites connaître ou même tes futurs descendants…

Le monde spirituel.

Nomme les divinités que tu sers, les défunts avec qui tu as eu des relations, ceux que tu ne connais pas, les esprits qui peuplent les mondes subtils que tu souhaites découvrir…

Le monde de la pensée.

Pour les pensées, tu peux explorer des qualités que tu possèdes ou que tu souhaites acquérir, la liste est longue : la force, la générosité, la mémoire, la patience, la souplesse, la

compréhension,   l'intelligence...
Cela peut être aussi l'énergie d'un mot que tu désires
simplement faire vivre en toi : le bonheur, la joie, la sérénité,
l'enthousiasme... Prends le temps de t'ouvrir à ce qui
t'intéresse. Lorsque tu es familiarisé avec la pratique, tu peux
t'intéresser à des particularités dont tu souhaites être libre, des
pensées qui reviennent régulièrement, des peurs, des craintes,
des hontes...

Les thèmes de salutations

Lors de ta pratique, tu recevras en retour les salutations de ce
que tu as salué, prends le temps d'écouter la réponse. Souvent,
tu retireras de grandes satisfactions des attentions que tu portes
au monde qui t'entoure. Cependant, parfois tu pourras aussi en
ressentir une gêne, un mal-être et tu comprendras alors que
quelque chose sommeille en toi à ce propos... Prends le temps
d'en comprendre les raisons. Afin d'en saisir la signification en
toi, utilise l'éclat de vérité. Ensuite, si tu souhaites explorer
davantage, effectue l'expérience avec l'éclat de compréhension
afin d'en révéler les raisons et les sources profondes. Lorsque
tu as fini, tu peux effectuer les salutations avec l'éclat
d'accomplissement afin que l'énergie trouve librement le
chemin de réalisation.

La grande salutation

Tu peux utiliser : je reconnais... je salue... je suis.

Présentation avec « Je salue »

Je salue la présence silencieuse, je salue l'énergie de vie, je
salue l'éclat initial, je salue le vide... l'élan... la vibration... le
plein... la forme... la vie... le monde de l'esprit... le monde

285

matériel... le geste... le mouvement... le déplacement... le lieu d'activité... le lieu où je me déplace... le lieu où je suis... le lieu où je me lave... le lieu où je dors... le lieu où je mange... les lieux où je vis... la maison... la rue... la ville... le pays... l'être qui marche à mes côtés... les descendants que je connais... les descendants que je ne connais pas... les ascendants que je connais... les ascendants que je ne connais pas... le monde animal... les êtres humains... les animaux... le monde minéral... la montagne... la pierre... le monde végétal... les herbes... les fleurs... les arbres... le monde liquide... l'eau que je bois... la pluie... le ruisseau... la rivière... la mer... la terre... le feu... l'air... l'eau... la terre... la lune... le soleil... l'univers...

La salutation courte

Tu peux nommer le nom de ta maison, celle/ celui qui est à tes côtés... tes ascendants... tes descendants... tes amis...

Je suis la présence silencieuse, je suis l'énergie de vie, je suis l'éclat initial. Je reconnais le monde de la forme spirituelle, je reconnais le monde de la forme matérielle. Je salue l'esprit de/ des divinités, je salue l'esprit de mes ascendants... je salue l'esprit (de celle, de celui) qui est à mes côtés... je salue l'esprit de mes descendants... je salue l'esprit mes amis... je salue l'esprit du lieu où je vis... je salue les esprits des lieux de mes activités.

Salutations des qualités

Tu peux utiliser : je salue l'esprit de... , je reconnais... , je suis... , je salue... Tu peux aussi saluer ainsi : je salue ma vérité, je salue la vérité en moi. La réponse à la salutation sera alors différente et propre à ton intériorité. Tu peux aussi ajouter ou retirer une qualité qui te convient.

Je salue la vérité... je salue la compréhension...

l'accomplissement… la douceur… la confiance… le calme… la clairvoyance… le discernement… l'intelligence… la responsabilité… la liberté… le pouvoir… la bienveillance… l'honnêteté… le courage… la fidélité… la détermination… l'intégrité… la persévérance… la loyauté… la réussite… la croissance… la richesse… la joie… la sagesse… la chance… le bonheur… l'abondance… la sérénité… l'indulgence… l'amour… la santé…

Prépare tes salutations

Faire la liste de tes salutations :

Note qu'il est parfois difficile de nommer une situation, un arbre, des habitants d'un village, une pensée… Pour cela, utilise un moyen simple, tu peux lui donner un prénom, un nom, un numéro… Pour une maison, tu peux simplement nommer son numéro en disant « la maison 44 » tu peux le faire aussi pour une situation « la situation 32 » ou simplement dire : la maison à laquelle je pense, ou la situation à laquelle je pense, la personne à qui je pense, cette pensée qui vient… L'important est que tu puisses la retrouver en toi et savoir ce que tu salues.

Commence par : Je suis la présence silencieuse… je suis l'énergie de vie…

Première partie

Énumère :

- Ton lieu de vie : ton pays, la population, ton village, ton lieu d'habitation, ton lieu d'activité, les endroits que tu fréquentes…

- Les personnes qui sont en relation avec toi, du plus proche au plus éloigné, les ascendants et les descendants, tes amis, tes relations, animaux…

- Un ou des objets que tu aimes.

Deuxième partie

Nomme :

- Les divinités que tu sers.

- Les êtres désincarnés ascendants ou descendants, si tu le souhaites, ceux que tu ne connais pas, afin de faire leur connaissance.

- Une de tes anciennes ou futures incarnations afin d'assimiler ou connaître certains traits ou particularité, cela peut aussi être dans le but de voir ton évolution future. Si tu ne connais pas le nom, tu peux en inventer un, cela te permettra d'avoir une référence de perception.

- Les esprits qui peuplent le monde spirituel, les esprits de la nature, des arbres, d'objets…

Troisième partie

Qualités : Choisis des qualités que tu aimes, que tu reconnais, celles que tu souhaites révéler ou découvrir. Situations : Énumère les situations qui sont en lien avec tes projets de vie actuels, ce que tu souhaites accomplir ou au contraire celles dont tu souhaites t'éloigner. Tu peux leur donner un nom ou même un numéro. Pensées : Regarde les pensées qui habitent ton esprit, celles qui reviennent, celles qui sont importantes pour toi, celles que tu souhaites éloigner ou intégrer en toi. Choisie en une, donne-lui un nom ou un chiffre, c'est le point de votre réunion.

Finis par : Je suis l'éclat initial

Les planches découpées spécifiques...

Les êtres humains...

« Je reconnais, je salue. ».

Je salue les êtres humains que je connais... je salue les êtres humains que j'ai connus... les êtres humains que je vais connaître : Dans ce cas, tu ne peux pas nommer les personnes, mais tu peux saluer la vibration que cela représente en toi, il en est de même pour les lieux, les objets, ils portent déjà en toi leur empreinte énergétique.

Les ascendants et les descendants...

« Je reconnais, je salue. ».

Je salue ma mère... je salue mon père... l'être qui marche à mes côtés... mes enfants...

Le déplacement...

« Je reconnais, je salue. ».

Je salue le lieu où se posent les pieds... je salue le lieu où se sont posés les pieds... le lieu où vont se poser les pieds... le lieu que je vois... le lieu que j'ai vu... le lieu que je vais voir...

L'esprit...

« Je reconnais, je salue. ».

Je salue l'esprit qui réunit chaque chose... je salue les esprits d'en haut... les esprits de la terre... les mondes des esprits...

L'esprit du corps humain...

Salutations du corps...

« Je reconnais, je salue, je suis. ».

Je salue l'esprit de mon corps... je salue l'esprit de ma tête... de mes yeux... de ma bouche... de mes oreilles... de mon cou... de mes épaules... de mes bras... de mes mains... de mes

289

organes sexuels… de mes jambes… de mes pieds.

Salutation des qualités du corps.

« Je reconnais, je salue, je suis. ».

Je salue la force de mon corps, je salue la souplesse de mon corps… la vitesse de mon corps… la résistance de mon corps… l'endurance de mon corps… la coordination de mon corps.

Salutation pour la réalisation d'un projet, d'un désir ou d'un besoin…

« Je reconnais, je salue, je suis, je fais. ».

Je suis l'idée, je suis la réflexion, je suis la tranquillité, je suis l'objectif, j'organise, je priorise, je persévère, je patiente, je suis le courage, je salue l'information, je salue l'association, je suis le mouvement, je te salue… (en pensant à quelque chose de particulier).

Salutation/affirmation pour une rencontre amoureuse

Il est conseillé de pratiquer les affirmations avec l'éclat initial en prenant le temps d'expérimenter les phrases d'affirmations avec l'éclat de vérité afin de t'assurer d'être en accord intérieurement avec ton intention… Ensuite, utilise l'éclat de compréhension afin d'en comprendre les origines, puis libère tes formulations d'intentions avec l'éclat d'accomplissement. Un vœu d'intention écrit (affirmation, mantra) sera un soutien essentiel sur ton chemin de réalisation.

Salutation et intention pour l'être aimé.

« Je reconnais, je salue. ».

Je te reconnais, je t'accepte, je te respecte, je fais confiance en toi, je partage, je t'aide, je te parle, je te comprends, je t'écoute, je te remercie, je t'encourage, je te valorise, je t'accompagne, je te félicite, je t'apprécie, je te désire, je t'aime, je reconnais ta présence près de moi, je salue la vibration de notre amour...

Salutation des valeurs du couple.

« Je reconnais, je salue. ».

Je reconnais... je reconnais l'(les) esprit(s) des valeurs de notre couple... je reconnais les valeurs de...

L'amitié, la passion, l'honnêteté, la communication, la complicité, l'authenticité, la transparence, le respect, l'écoute, la bienveillance, la patience, le partage, la tolérance, la disponibilité, la générosité, la simplicité, le courage, la persévérance, la compréhension, la sagesse, la simplicité, la reconnaissance, la confiance.

Salutation d'Ina

Le monde qui t'entoure est souvent sujet à la distraction, alors, pour la pratique, je commence par : Je salue ma présence silencieuse, je salue l'énergie de vie. C'est utile pour me recentrer et m'intégrer dans mon espace intérieur. Ensuite, je finis par : je suis l'éclat initial. Ainsi, dans la confiance, je sais qu'une partie de moi connaît l'apaisement et la réponse aux vérités que je sers.

Voici un exemple que j'utilise pour mes salutations matinales avec je salue, je reconnais, je suis...

Je suis la présence silencieuse··· je suis l'énergie de vie.

Je salue Maharisha··· je salue la terre··· je salue Koä···

291

je salue les habitants de Koä··· je salue ma maison d'Ichida··· je salue la Demeure Blanche··· Je salue le Temple Blanc··· je salue Nambu··· je salue Hirosha··· je salue Mossi··· je salue Kimaë··· je salue le bonheur··· je salue la santé··· je salue la douceur··· je salue la confiance··· je salue l'esprit de vérité··· je salue l'esprit des emoras··· je salue l'enfant que j'attends··· je salue la joie···

Je suis l'éclat initial.

la confiance... l'esprit des emoras... la Demeure Blanche... le temple Blanc... le bonheur... la joie... Je suis l'éclat matitad... la santé... ma maison d'Jchida... Je salue Maharisha... Nambu... Kimaé... Hiroshu... Mesri... Kaï... la terre... l'énergie de vie... Je salue le présence silencieuse... Je suis présence silencieuse... Je salue... la douceur...

Les Intentions de Création

"Une partie de toi se souvient..."

Dans l'idéal de réalisation, il n'y a pas de voie, tu es la voie. Entière et accomplie, tu ne cherches rien : tout est là. Dans la clarté de l'esprit, libre de toute dépendance envers ce qui te cherche.

Pourtant, durant ta condition d'incarnation, tu as pour compagnon le monde de la forme et les esprits qui l'habitent. Par le besoin et le désir, ils te sollicitent autant que tu les sollicites. Ces propositions donnent lieu à des collaborations. Certaines te maintiennent en vie dans le monde de la forme, d'autres procurent de grandes joies, ou au contraire t'amenuisent... Il n'est pas toujours aisé d'en percevoir la véritable nature, ni même de prévoir le futur d'une relation, tant les masques ressemblent à un éventail qui s'ouvrirait à l'infini...

Les multiples voiles peuvent distraire et confondre tes pensées, jusqu'à faire oublier le sens profond de ton dessein. Mossi dit souvent que lorsque l'esprit est confus, on peut voir sa forme s'agiter en tous sens, sans aucune direction. Il convient alors de t'arrêter et de retrouver les valeurs que tu sers. Car souviens-toi, au-delà des conditions dans lesquelles tu évolues, tu es l'éclat initial.

L'Art de l'Intention

"La quête est le chemin d'un rêve."

Qu'on l'appelle vœu, prière, mantra, incantation, souhait, demande, commande, affirmation, formulation... l'être rassemble ses pensées et oriente son intention par le verbe. Cela peut être pour se protéger, réaliser un désir, s'exprimer, ou atteindre un objectif. Par le biais de simples mots ou de plusieurs phrases, il s'accorde à son credo. Grâce à la répétition régulière, la formulation ouvre un état d'attention, de réceptivité, d'intégration et d'abandon, favorisant ainsi la mobilisation des ressources nécessaires pour la réalisation. L'art de l'intention nécessite un mélange judicieux d'engagement, de positionnement et de compréhension. Les affirmations peuvent être accompagnées de rituels. Avec cette puissante alliée, l'intention est vécue comme un accueil qui favorise la clarté de l'esprit, agissant sur l'état émotionnel et le bien-être en général, jusqu'à son accomplissement.

Les thèmes sont variés et propres aux besoins de chacun.

« De l'intention à la force du verbe. »

- La réalisation d'un objectif, d'un désir...
- Acquérir, protéger ou purifier un lieu d'habitation.
- Rencontrer l'amour. Protéger et harmoniser le couple.
- La prospérité, une rentrée financière.
- Réussir une négociation.
- Éloigner un ou des ennemis. Annuler un sort. Se protéger, se libérer des mauvais rêves.
- Être protégé durant un voyage.
- Retrouver la santé, préserver une longue vie.
- Se détacher de l'inquiétude et des peurs.
- Se réapproprier son pouvoir, son autorité et sa responsabilité.
- Retrouver son chemin de vie, le goût de ses passions, la confiance, suivre ce qui nous appelle intérieurement.
- Avoir de la chance, développer un talent, s'ouvrir à une capacité, obtenir un avantage, un mérite, un pouvoir, de l'honneur...

- Servir un esprit ou une cause particulière.
- Harmoniser son être, intégrer en soi une intention, une source d'énergie visant à guider l'esprit et le corps.
- Honorer une divinité, des ancêtres, un être, un animal, un objet...
- Offrir une bénédiction de chance, de bonheur, de protection, la venue d'un nouveau membre de la famille...

Préparer les Vœux d'Intentions

Je salue, je reconnais, je suis, je mérite, je choisis, j'agis, j'accomplis...

La pratique des vœux d'intention avec l'éclat initial dévoile la clarté de l'esprit pour se connecter à nos intentions profondes. Exprime librement tes choix à travers la signification des mots, car ils portent une vibration. L'énergie de vie la reconnaît et en suit le sens jusqu'à la réalisation.

En toi réside la mémoire de tes expériences, tes qualités, tes engagements, tes dépendances, tes collaborations, tes consentements, ta souveraineté, tes victoires, tes joies, tes souffrances, tes défaites, tes rêves, tes doutes...

Observe ce qui anime ton cœur, ce dont l'esprit te rappelle. Trouve ce qui les associe naturellement, sans privilégier l'un par rapport à l'autre. Tu n'auras pas à chercher des conflits ou à penser qu'un choix prévaut sur un autre... Les désirs peuvent trouver leur équilibre, un chemin commun se dessine.

Parfois, le cœur utilise la pensée pour justifier des passions déraisonnées, alors qu'une autre part de toi peut opposer la sagesse ou la mesure... Apprécie ce qui est réalisable dans ton intériorité avec l'éclat initial, et assure-toi que les mots et les verbes employés reflètent tes vérités et tes accomplissements.

Lorsque les désirs qui animent ton cœur demandent de la magie, de la chance, et que tu ignores comment les concrétiser, laisse l'intelligence de l'énergie travailler pour toi et tracer le chemin. Afin que l'esprit ne s'y oppose pas, choisis de maintenir une ouverture quant au « comment » de la réalisation pour préserver le champ de toutes les possibilités.

Avec le pouvoir du verbe, n'impose pas aux esprits de suivre le chemin que tu as tracé pour eux, tout comme tu ne peux influencer qui ou quoi que ce soit. Cependant, la porte est grande ouverte pour la réalisation de tes propres désirs. Sois simplement précise et avisée dans les termes que tu choisis. Lorsqu'une situation dépend de quelqu'un ou de quelque chose, il est préférable de travailler sur le pont qui te relie à cette situation, c'est-à-dire à ton monde intérieur.

Par exemple, ne demande pas à quelqu'un de changer son comportement ou de dévoiler ses sentiments... Cependant, tu peux souhaiter vivre une relation amoureuse passionnée ou refuser certaines énergies ou situations. Tu es responsable de ce que tu vis et de ta relation avec le monde des formes, mais ne choisis pas de lui dicter le chemin ou d'imposer un choix « le comment » lorsque cela ne dépend pas que de toi.

Exemple des vœux d'Ina.

Les vœux d'intentions d'Ina.

Je suis la présence silencieuse,

l'énergie de vie manifeste le génie.

Dans la douce confiance de la vérité···

l'éclat divin le sait déjà :

Je suis le choix, l'action, la conséquence, l'expérience,

Je suis le destin.

Tout en moi progresse et se multiplie sans effort, ni inquiétude.

Comme la rivière suit le chemin, j'avance avec sérénité.

Je suis l'éclat initial.».

Prépare tes vœux d'intentions

Comment créer tes vœux d'intentions

Perçois ce qui est fondamental pour toi, les ressources essentielles, tes activités, la santé, le domaine relationnel, sentimental...
Même si tu ne sais pas comment le réaliser pour le moment, si tu penses que tu le mérites, alors, affirme-le.
Comme tu peux le lire, j'utilise le « Je », cela te permet de ramener les vibrations vers toi, d'intégrer des connaissances...
Lorsque tu te sentiras prête, tu pourras utiliser des phrases moins personnelles, et t'associer à l'intelligence de l'universalité. Libre de comparaison et de différenciation, l'énergie de vie transcende le monde de la forme et exprime simplement sa nature immanente.
Commence par : Je suis la présence silencieuse... je suis l'énergie de vie...

Tu peux t'inspirer des thèmes suivants :

Les qualités du corps, les valeurs de l'esprit

La réussite, le bonheur, les objectifs, la beauté, la renommé, les rêves, la connaissance, le voyage, le paraître, la comparaison, l'illimité, la santé, la chance, la force, la tranquillité, l'accomplissement, la perception, la souplesse, la prospérité, la réussite…

Ce que je reconnais, ce que je cherche, ce que je demande, ce que je vois, ce que je sais, ce qui existe, ce que j'accepte, ce que j'ai réussi, ce qui est là, ce que je suis, ce que je fais, ce que je choisis, ce que je mérite, ce dont j'ai besoin, ce que je désire, ce qui m'inspire, ce qui me donne envie, ce qui me motive…

Sur les pensées : les pensées qui reviennent, les pensées que je projette, les pensées dont je me libère, les pensées limitantes, les pensées qui me distraient...

Avec les lieux : le lieu où je vis, les lieux où j'ai des activités, les lieux où je me déplace, les objets que j'utilise, qui ont de l'importance pour moi.

Les relations : Les bénédictions et vœux pour les divinités que tu aimes, les relations avec qui tu es engagée, Les êtres incarnés, les animaux. Les êtres désincarnés, ascendants, descendants afin de leur montrer de la reconnaissance…

Sur l'amour : ce que tu vis, ce que tu mérites, ce dont tu rêves…

Finis par : Je suis l'éclat initial

Exemple de vœux d'intention et d'accomplissement, de la santé, dans le domaine affectif, pour les déplacements…

Je suis la présence silencieuse,
je suis l'énergie de vie.
Tout se nettoie, tout se purifie.
Préserver la santé et connaître une longue vie
Libre de la condition, tout peut commencer.
Je déploie mon potentiel et réalise mes rêves.
La richesse est partout.
À mes pieds, je la reconnais. De mes mains, je l'accueille.
Je sais que je mérite l'activité qui convient à mon accomplissement.
Celui que je cherche me cherche aussi.
Je te reconnais.
En moi, au-delà d'un temps, tu y demeures déjà.
Je te salue.
Je suis prête à vivre dans la demeure qui est faite pour moi.
C'est le lieu idéal de mon repos.
Paisibles avec l'existence, les ancêtres facilitent les pas.
De maintenant jusqu'à ma destination, les bons esprits m'accompagnent.
Je suis l'éclat initial.

Pratique des salutations et des vœux d'intentions avec l'éclat initial.

« Ici et au-delà, l'énergie de vie œuvre pour le meilleur. ».

Les salutations et les vœux d'intentions sont la pratique matinale des emoras. Elle est aussi employée de différentes façons pour autrui lors des demandes, situations ou évènements particuliers...

Avec la pratique des salutations et des vœux d'intentions, tu vas interagir avec le monde de la forme. Tu affineras ton positionnement, le détachement. Abandonne-toi à l'état de réceptivité et de perception.

Pour débuter avec les salutations et les vœux d'intentions, tu vas utiliser l'éclat initial afin d'associer le geste d'oscillation, cela confirmera ta présence et favorisera ta perception. Ensuite, tu pourras le faire sans l'éclat initial lorsque tu auras acquis de l'expérience.

Usage commun à la pratique des salutations et des vœux d'intentions.

Tu vas maintenant utiliser les salutations que tu as préparées.

Tout d'abord, dessine un éclat initial sur le sol ou sur une feuille. Si tu le dessines sur une feuille, tu peux garder le même éclat initial aussi longtemps que tu le souhaites, un jour, un mois... Puis, utilise un bâton fin ou le crayon que tu utilises pour tracer le symbole pour osciller.

Usage des salutations

Commence par affirmer : « je suis la présence silencieuse » en tournant trois fois ou plus... autour du centre afin de revenir en présence. Ensuite, affirme « Je suis l'énergie de vie » en balayant sur la direction qui commence du centre jusqu'au grand cercle, c'est à ce moment que tu libères l'intention.

Tu peux maintenant commencer ta salutation, en osciller sur **la direction du grand cercle jusqu'au centre.**
Prends le temps de regarder ce que tu perçois lors de ta salutation, comment cela te répond. Le message que tu reçois est **le plus important.** Lorsque tu as ressenti, tu continues à osciller **du centre jusqu'au grand cercle.**

En passant à partir du centre jusqu'au cercle, cela signifie que tout est revenu à l'état initial et se libère avec l'énergie de vie. .
Lorsque tu as fini, effectue la salutation suivante... et ainsi de suite...
Lorsque tu as effectué toutes les salutations que tu souhaitais, tu peux alors conclure par cette affirmation : « Je suis l'éclat initial. ». Tu peux ensuite effectue une lemniscate

Note : *Après avoir effectué ta première salutation, si après un certain temps tu ne ressens rien, alors seulement, effectue la salutation suivante, puis accorde-toi un autre temps d'écoute de la réponse de retour. Si tu ne ressens toujours rien, alors passe à la troisième salutation, puis prends encore le temps d'écouter la réponse. Si tu ne ressens rien, alors tu peux poursuivre ainsi les salutations en t'accordant le temps de recevoir un ressenti ou message en retour. Ne fais aucun effort. Dans le cas où tu as effectué toutes les salutations et que tu n'as rien ressenti. Ce n'est pas grave, c'est que tu ne sais pas encore comment déchiffrer ce que tu perçois.*

Relis tes salutations et regarde celle qui te semble la plus importante pour toi, demande-toi pourquoi elle est importante, ce que tu ressens par apport à cela, la nature de votre relation. Ce que tu ressens est toujours en rapport à une information ou un stimulus que tu as reçu d'une personne, d'un objet ou d'un espace…

*C'est **la clef de la réponse** de ce qu'une partie de toi ressent face à ce que tu salues. Alors, effectue encore une fois une salutation, puis écoute la réponse de ce que tu as salué.*

Lorsque tu salues une personne que tu rencontres dans la vie, naturellement celle-ci te répond, tu entends et vois une réponse. C'est naturel, ça se fait tout seul et ce que tu as reçu comme réponse de salutation te donne déjà un premier sentiment. Avec les salutations que tu as préparées, c'est identique, mais ça demande une perception plus affinée, car c'est une vibration plus fine qui ne communique pas par les sens habituels, mais c'est aussi une vibration que tu peux ressentir.

Pratique des salutations avec l'éclat initial.

QR code 5 video pratique : Temps d'écoute : 5 mn env...

Usage des vœux d'intentions avec l'éclat initial.

Pratique de l'Intention avec l'Éclat Initial

"Expérimente, comprends et oriente le sens avec l'éclat initial. Que ce soit un appel du cœur ou une demande raisonnée, l'intention trouve son expression."

En utilisant l'éclat de vérité, assure-toi que ton intention soit en harmonie avec tes valeurs profondes et ton verbe. Utilise un mot, une phrase, ou ta formulation complète. Commence à osciller de la direction externe jusqu'au centre de l'éclat initial. Prends le temps de ressentir, percevoir et entendre ce qui t'appelle, ainsi que ce que tu projettes, ta présence silencieuse...

En employant l'éclat de compréhension, révèle les profondeurs de ton expérience et son élaboration jusqu'aux fondements de son inférence. Méthode : choisis un mot ou une phrase courte de ton intention, puis commence à osciller.
La direction débute de l'externe jusqu'au centre de l'éclat initial.
À travers l'éclat d'accomplissement, oriente le sens, exprime

ton intention et libère le potentiel des possibles. Affirme l'entièreté de ta position, perçois l'intelligence de la vie qui œuvre autour de toi, et ce qu'elle a déjà réalisé pour toi...

Méthode : choisis un mot ou une phrase courte de ton intention, puis commence à osciller. La direction débute du point central en s'étendant vers le grand cercle.

Méthode pas à pas

Commence par affirmer : « je suis la présence silencieuse » en tournant trois fois ou plus... autour du centre afin de revenir en présence. Ensuite, affirme « Je suis l'énergie de vie » en balayant sur la direction qui commence du centre jusqu'au grand cercle, c'est à ce moment que tu libères l'intention.

Avec le symbole de l'éclat initial, affirme la première phrase de tes vœux en oscillant à partir **du centre jusqu'au cercle**, exactement comme tu le fais avec l'éclat d'accomplissement.

Laisse-toi le temps de ressentir l'énergie qui circule lors de ton affirmation d'intention. Ensuite, tu peux affirmer la deuxième phrase d'intention de tes vœux et ainsi de suite jusqu'à la fin.

Lorsque tu as affirmé toutes les phrases de tes vœux d'intentions, conclue par l'affirmation : « Je suis l'éclat initial» en effectuant une lemniscate.

Usage des vœux d'intentions avec l'éclat initial.

QR code 6 video pratique : Temps 3 mn env...

Tu es de passage...

L'incarnation n'est pas toujours un chemin paisible. Dans ces conditions, acquitte-toi de ce qui te retient, de ce qui cherche à te distraire, te posséder. Éloigne-toi de ta propre crédulité et de tes illusions en explorant les vérités profondes qui dirigent tes pas. Sois libre de la subordination et de l'autorité.

En douceur, réuni tes forces afin de révéler ton pouvoir créateur. Reconnais tes valeurs et fais-toi confiance. Suis avec constance tes désirs, car c'est ce qui dirige l'élan de ton être. Reste bienveillant, respectueux et juste envers ce qui vit. Garde ta lucidité, ta moralité et ta sagesse. Tu es responsable de ta vie, de ce que tu fais.

Lorsque ton expérience sera finie, tu t'élèveras vers les mondes subtils, c'est là que vivent les âmes, les mémoires, les vérités et les croyances... Sache qu'encore, au-delà, libre de la souffrance, de la séparation... Bien au-delà de la vie et de la mort, immuable, tu es l'éternité, tu es l'éclat initial.

Ose

La quête commence par un rêve.
Le moment parfait c'est maintenant.
Si l'envie est avec toi, c'est possible.

fais-le sans effort.
Avec l'élan, c'est facile.
C'est l'enthousiasme qui te porte.
Défi tes déceptions, embrasse tes victoires.
c'est pour ça que tu es là.

Abandonne tes peurs, d'un geste, tout peut changer.
La confiance est le fruit de l'audace.
Loin des regrets, la satisfaction savoure son mérite.
Paisiblement, l'être accompli se repose.

307

Si tu souhaites consulter le manuel essentiel de l'Éclat Initial sur ton ordinateur ou ton téléphone portable, tu peux le télécharger en version améliorée au format PDF en te rendant sur www.eclatinitial.net. Merci.

Que le meilleur soit vers toi

Remerciements

Présentation des collaborateurs

De par son ouverture d'esprit et son dévouement sans faille, Dany Zohar s'est investi avec une patience infinie dans le processus de correction du roman et l'élaboration du projet de l'éclat initial. Son ingéniosité et son sens aigu de l'esthétique ont été des atouts essentiels pour faire émerger chaque nuance du texte. Merci à Evita pour son accueil chaleureux qui a permis la réunion et la réalisation du projet.

Lorsque l'évidence s'est imposée naturellement, l'artiste calligraphe au tracé intemporel, Van Chang, a offert à notre projet une dimension visuelle d'une élégance inégalée. Son style expressif et fluide a insufflé une nouvelle vie au texte manuscrit d'Ina, créant ainsi une fusion parfaite entre les mots et l'art visuel.

Impact de leur contribution

Chaque marque de leur talent unique a profondément enrichi l'expérience de lecture de "L'éclat initial". Les corrections précises et les suggestions perspicaces de Dany ont modelé le récit pour qu'il puisse captiver les cœurs et les esprits.

De son côté, Van Chang a insufflé une émotion tangible dans chaque ligne grâce à son art intemporel.

Partage de l'expérience de travail

Au-delà de leurs compétences extraordinaires, la collaboration avec Dany, Evita et Van a été marquée par des moments de partage et d'inspiration. Leurs idées créatives et leur passion pour l'art littéraire ont transformé ce projet en une aventure humaine captivante.

Perspectives futures
Alors que "L'éclat initial" trouve son chemin vers les lecteurs, je suis empli d'enthousiasme à l'idée de poursuivre cette fructueuse collaboration à l'avenir. Les talents réunis ont enrichi ce projet au-delà de mes attentes, et je suis impatient de ce que nous allons accomplir ensemble à l'avenir.

Remerciements spéciaux
Je tiens à exprimer ma gratitude envers David Martin des éditions Sudarenes pour son soutien et d'avoir rendu possible la réalisation de ce projet ambitieux. Sa confiance envers mon œuvre et sa décision d'inclure à la fois le roman et le manuel de l'éclat initial dans un même volume témoignent de sa compréhension et de son ouverture d'esprit. Sa généreuse initiative d'offrir la possibilité à chacun de télécharger gratuitement le manuel au format PDF sur le site de l'Éclat Initial reflète son souci d'accessibilité à ces enseignements. Sa contribution a enrichi ce projet, et je suis ravi d'avoir eu la chance de collaborer avec une équipe aussi engagée et visionnaire.

Merci à vous qui lisez ce livre
Votre intérêt et votre soutien sont le moteur de cette aventure littéraire. C'est grâce à vous que "L'éclat initial" trouve son éclat et sa signification.

Renseignements complémentaires
Pour en savoir plus sur "L'éclat initial", nous vous invitons à visiter notre site web : www.eclatinitial.net.
Vous pouvez également découvrir nos contenus sur YouTube : Eclat initial.

A la Découverte de l'Auteur

Tony Hemery se révèle être un explorateur passionné de l'esprit humain et des mondes subtils. Au fil de ses explorations, il a expérimenté les sorties hors du corps. Doté d'une sensibilité aiguisée, il a tracé son chemin à travers la compréhension du monde invisible qui nous entoure. Cumulant une riche expérience de consultant au cours des vingt dernières années, Tony Hemery s'est forgé une expertise dans le domaine des capacités de perceptions intuitives. Son parcours l'a conduit à acquérir des compétences pointues ainsi qu'une connaissance approfondie, enrichie par les multiples facettes de son expérience.

Créateur de la méthode de l'éclat initial, Tony Hemery a élaboré une approche novatrice basée sur l'oscillation pour accéder à un état de profonde réceptivité mentale et l'utilisation du verbe créatif. Cette méthode, qui vise à explorer et à comprendre son expérience de vie, permet de révéler les vérités intérieures qui guident chaque être vers l'accomplissement intérieur.

En tant qu'auteur engagé, Tony Hemery dévoile dans ses écrits cette méthodologie unique, offrant aux lecteurs une clé vers la connaissance de soi et l'accomplissement personnel. Convaincu que la quête de soi est un cheminement profondément personnel, il leur propose des outils pour explorer leur propre intériorité en toute clarté. Sa passion pour la découverte de l'invisible et la croissance intérieure transparaît dans ses travaux. Son engagement à partager ces enseignements avec passion fait de ses réalisations une source précieuse pour les chercheurs de vérité et d'épanouissement personnel.

© SUDARENES EDITIONS
Dépôt légal : Second Semestre 2023
ISBN : 9782374644905
Directeur de Publication : David Martin
www.sudarenes.com
www.sudarenes.fr